O CATIVEIRO DA TERRA

Conselho Acadêmico
Ataliba Teixeira de Castilho
Carlos Eduardo Lins da Silva
Carlos Fico
Jaime Cordeiro
José Luiz Fiorin
Tania Regina de Luca

Proibida a reprodução total ou parcial em qualquer mídia
sem a autorização escrita da editora.
Os infratores estão sujeitos às penas da lei.

A Editora não é responsável pelo conteúdo da Obra,
com o qual não necessariamente concorda. O Autor conhece os fatos narrados,
pelos quais é responsável, assim como se responsabiliza pelos juízos emitidos.

Consulte nosso catálogo completo e últimos lançamentos em **www.editoracontexto.com.br**.

O CATIVEIRO DA TERRA

JOSÉ DE SOUZA MARTINS

Copyright © 2010 do Autor

Todos os direitos desta edição reservados à
Editora Contexto (Editora Pinsky Ltda.)

Foto de capa
Família de colonos colhendo café, por Guilherme Gaensly

Montagem de capa e diagramação
Gustavo S. Vilas Boas

Preparação de textos
Evandro Lisboa Freire

Revisão
Dayane Pal

Dados Internacionais de Catalogação na Publicação (CIP)
(Câmara Brasileira do Livro, SP, Brasil)

Martins, José de Souza
O cativeiro da terra / José de Souza Martins. –
9. ed., 4ª reimpressão. – São Paulo : Contexto, 2025.

Bibliografia.
ISBN 978-85-7244-458-3

1. Café – Comércio – São Paulo (Estado) – História 2. História econômica 3. Mão de obra – São Paulo (Estado) – História 4. São Paulo (Estado) – História – Século 19 5. Trabalhadores de cafezais – São Paulo (Estado) – História I. Título.

09-12131 CDD-330.98161

Índice para catálogo sistemático:
1. São Paulo : Estado : Trabalhadores de cafezais :
História econômica 330.98161

2025

EDITORA CONTEXTO
Diretor editorial: *Jaime Pinsky*

Rua Dr. José Elias, 520 – Alto da Lapa
05083-030 – São Paulo – SP
PABX: (11) 3832 5838
contato@editoracontexto.com.br
www.editoracontexto.com.br

*A
Veridiana e Juliana,
minhas filhas,
concebidas na Esperança
que liberta;
ninadas com canções
aprendidas e vividas
no cativeiro da terra,
no cafezal,
por meus avós imigrantes
e colonos.*

Sumário

Prefácio à 9ª edição 9

Apresentação 19

1. A produção capitalista de relações
   não capitalistas de produção:
   o regime de colonato nas fazendas de café 27

   A recíproca dinâmica dos contrários 27

   A metamorfose da renda capitalizada e as formas
   de sujeição do trabalho na grande lavoura 38

   A formação da fazenda de café:
   conversão da renda em trabalho em capital 50

   Desigualdade e propriedade: os marcos do processo
   de valorização do capital no regime de colonato 67

2. A imigração espanhola para o Brasil e a formação
   da força de trabalho na economia cafeeira, 1880-1930 95

   Uma imigração tardia 95

   Características da imigração espanhola 100

   O colono e a propriedade da terra 105

3. Do escravo ao assalariado nas fazendas
de café, 1880-1914: a gênese do trabalhador volante.... 115

    População e produção: quatro problemas... 115

    A dívida e a roça na sujeição do trabalho livre................................... 118

    O colono no ritmo do capital: a produção do produtor...................... 127

    Contradições do colonato 131

    A libertação do salário.. 143

ENSAIO FOTOGRÁFICO I: O café: as mediações do luxo.......... 155

4. As relações de classe e a produção ideológica
da noção de trabalho... 193

    Trabalho livre: a força das origens... 193

    A produção ideológica da noção de trabalho...................................... 199

5. O café e a gênese da industrialização em São Paulo......... 207

    A controvérsia sobre o café e a indústria... 207

    O café e a gestação do empresário 223

6. Empresários e trabalhadores de origem italiana
no desenvolvimento industrial brasileiro
entre 1880 e 1914: o caso de São Paulo............................... 237

    A constituição das relações não capitalistas
    na economia capitalista do café... 237

    O imigrante e a indústria.. 246

    A sobredeterminação da classe pela nacionalidade............................ 255

ENSAIO FOTOGRÁFICO II: O imaginário da ascensão
social pelo trabalho..267

7. A morte do burguês mítico... 275

    A proletarização das aspirações burguesas.. 277

    O aburguesamento das aspirações operárias..................................... 280

    A vida do burguês é a morte do mito... 281

O autor.. 283

Prefácio à 9ª edição

O desenvolvimento capitalista no Brasil não seguiu o modelo consagrado na literatura especializada. Teve sua própria circunstância e nela percorreu o caminho possível. As determinações de origem do capitalismo entre nós não podem ser ignoradas se queremos compreender suas contradições históricas, os bloqueios que até hoje nos desafiam a criar mais do que imitar. Para compreender o substancial dessa singularidade basta levar em conta uma diferença fundamental e radical de origem, que permanece e nos regula. Diante do esgotamento do escravismo e da inevitabilidade do trabalho livre, o Brasil decidiu, em 1850, pela cessação do tráfico negreiro, desse modo abreviando e condenando a escravidão. Optou pela imigração estrangeira, de trabalhadores livres. País continental, com abundância de terras incultas e um regime fundiário de livre ocupação do solo, condenou-se, nesse ato, ao fim do latifúndio, e, consequentemente, da economia escravista que sobre ele florescera, da sociedade aristocrática que dele se nutrira. Duas semanas depois, porém, o Brasil aprovou uma Lei de Terras que instituía um novo regime de propriedade em que a condição de proprietário não dependia apenas da condição de homem livre, mas também de pecúlio para a compra da terra, ainda que ao próprio Estado. O país selecionaria a dedo, por meio de seus agentes na Europa, o imigrante pobre, desprovido de meios, que chegasse ao Brasil sem outra alternativa senão a de trabalhar em latifúndio alheio para um dia, eventualmente, tornar-se senhor de sua própria terra.

O país inventou a fórmula simples da coerção laboral do homem livre: se a terra fosse livre, o trabalho tinha que ser escravo; se o trabalho fosse livre, a terra tinha que ser escrava. O cativeiro da terra é a matriz estrutural e histórica da sociedade que somos hoje. Ele condenou a nossa modernidade e a nossa entrada no mundo capitalista a uma modalidade de coerção do trabalho que nos assegurou um modelo de economia concentracionista. Nela se apoia a nossa lentidão histórica e a postergação da ascensão social dos condenados à servidão da espera, geratriz de uma sociedade conformista e despolitizada. Um permanente aquém em relação às imensas possibilidades que cria, tanto materiais quanto sociais e culturais.

Doze anos depois da opção brasileira, o capitalismo mais desenvolvido, o dos Estados Unidos, obteve pela mão do presidente Abraham Lincoln o Homestead Act, optando pela livre ocupação de suas terras livres para, por esse meio, esvaziar o escravismo americano e mudar os fundamentos de uma sociedade também mutilada pela escravidão. A lei americana de colonização permitia que mesmo os ex-escravos pudessem se tornar proprietários de terra, sem ônus. O oposto do modelo de ocupação territorial e de capitalismo pelo qual o Brasil optara. Lá, a mudança fora presidida pelo capital; aqui, fora presidida pela economia de exportação e o latifúndio, no qual ela se baseava. Lá, o capital se arvorou politicamente contra a propriedade da terra, seguindo a ordem lógica que impusera o fim do antigo regime na Europa. Aqui, a propriedade da terra se institucionalizou como propriedade territorial capitalista, presidiu o processo de instauração, difusão e consolidação do capitalismo entre nós, acasalou terra e capital, concentrou a repartição da mais-valia e avolumou a reprodução ampliada do capital. Foi o modo de acelerar a entrada do país no mundo moderno, o recurso compensatório da pilhagem colonial que nos condenara ao atraso, o modo de acumular mais depressa para mais depressa se modernizar.

Aqui, a transição para o capitalismo teve seu próprio percurso e seu próprio ritmo. Tem sido transição vagarosa, extraviada nos atalhos de inovações sociais e econômicas tópicas, que nos permitem ser o que não somos e chegar aonde não podemos. Saltos sobre o bloqueio do atraso.

O fato singular de que a economia do café, no Brasil, tenha florescido com base no trabalho escravo e tenha tido um segundo desenvolvimento espetacular com base no trabalho livre constitui referência sociológica de fundamental relevância para o estudo crítico de um dos complicados temas das ciências sociais nesse cenário peculiar: o da transição de um modo de produção a outro. No nosso caso foi a transição de um modelo de sociedade fundada no trabalho escravo para um modelo de sociedade fundada no trabalho livre. Não que nesse caso, de modo impropriamente evolucionista, seja possível invocar uma suposta "teoria" dos modos de produção para compreender essa mudança. Em outros lugares de transições históricas de clássica referência, como o da industrialização europeia, as transformações nas relações sociais estiveram associadas a transformações econômicas, à mudança de objeto da economia, se entendermos que o produto da grande indústria era substancialmente outro em relação ao produto da manufatura e, sobretudo, do artesanato. A grande indústria inventou produtos novos no seu novo modo de produzir, seus próprios produtos, e extrapolou o modesto elenco dos bens que podiam ser produzidos com os recursos anteriormente disponíveis. Mesmo na continuidade da produção de artigos já conhecidos, as simplificações e alterações foram tantas que, em todas as partes, surgiu uma cultura que imputou aos novos bens da indústria o estigma de artificial, dos alimentos ao vestuário, às ferramentas e às máquinas. O homem comum reconheceu muito depressa a perda da qualidade dos produtos em favor da quantidade, tomando como referência a valorização pré-moderna das formas artesanais de produzir. Certa recusa cultural da coisa produzida como contrafação do "verdadeiro" e legítimo produto, o do trabalho qualitativo das mãos obreiras em contraposição à operação quantitativa das máquinas.

A compreensão dessa mudança depende da consideração de que a permanência da função do produto não impediu que ele se tornasse outra coisa, até pelo conjunto de suas características. Com o café foi o contrário: a função e o produto permaneceram os mesmos e o processo de trabalho não mudou. O colono continuou a fazer exatamente o mesmo que o escravo fazia, mudando apenas a forma social da organização do trabalho, do trabalho coletivo do eito para o trabalho familiar. Mudou relativamente a forma social de valorização do capital, seja pela eliminação do tráfico negreiro e da figura intermediária do traficante de escravos, seja pela imigração subsidiada pelo Estado, que socializou os custos de formação da nova força de trabalho. Mudança que estimulou a disseminação do cálculo capitalista como fundamento da produção cafeeira, especialmente o cálculo de custo da mão de obra, coisa que o trabalho livre viabilizou numa escala de tempo compatível com a de uma safra. O custo do trabalho não mais regulado pela duração da vida do cativo e, como se dizia, numa referência à animalidade do trabalhador, à da vida do plantel de escravos de uma fazenda.

Aqui, as mudanças se deram nas mediações do processo, no que situou o velho modo de produzir o café no novo modo de reproduzir a riqueza. A mudança se deu com a interiorização dos mecanismos de reprodução capitalista do capital e a transposição do fazendeiro produtor de café do espaço da produção não capitalista do capital para o interior do espaço da sua reprodução capitalista. Ou seja, o Brasil interiorizou os mecanismos da reprodução capitalista num processo que foi o da ampliação do espaço econômico dessa reprodução. As medidas políticas tomadas para proteger e apoiar a economia do café expandiram as condições de uma orientação propriamente capitalista na produção agrícola e criaram as condições da polivalência do empresário que, rapidamente, tomou o capital e não a terra, tampouco o mando sobre seus trabalhadores, como a referência de sua constituição como sujeito social e econômico. O fazendeiro deixou de ser um amansador de gente para se tornar um administrador da riqueza produzida pelo trabalho.

Já na última década do século XIX, os mais abastados fazendeiros de café diversificaram suas aplicações de capital e investiram na construção de ferrovias, na fundação de bancos, de indústrias e de empresas comerciais. Embora, compreensivelmente, tome-se como referência dessa fundamental mudança a biografia de Antônio da Silva Prado, grande empresário paulista, tanto os almanaques anuais do século XIX e início do século XX quanto os documentos de acionistas das empresas que nasciam, registradas na Junta Comercial do Estado de São Paulo, têm extensas listagens de nomes de fazendeiros que aplicaram seus lucros em investimentos alternativos e complementares aos do café e da cana-de-açúcar. Sem contar que fazendeiros provenientes de outros estados, como os do Nordeste, trouxeram seus cabedais para aplicação em São Paulo, em particular na economia do café e nos seus efeitos multiplicadores em outros setores da economia. A migração de cafeicultores fluminenses (e mineiros) para São Paulo, vitimados pelo declínio da produtividade de suas terras esgotadas, que abriram as novas e férteis fazendas na recém-descoberta terra-roxa da região de Ribeirão Preto e da que acabou sendo conhecida como Alta Mogiana, constitui boa indicação de uma mobilidade regida pela dinâmica do capital, de um fazendeiro liberto das amarras da terra e da escravidão. E não foi apenas o milagre da renda-diferencial da terra mais fértil na nova zona de plantio que incrementou a acumulação do capital na economia do café, mas também a introdução de nova variedade da planta, resultante das descobertas do cafeicultor e fazendeiro, médico e cientista fluminense Luís Pereira Barreto, um dos líderes desse deslocamento.

A possibilidade de estudar uma radical mudança pura no modo de produzir, como se deu no café, comparando a produção do mesmo café no escravismo e no colonato, tem excepcional riqueza sociológica porque liberta o pesquisador de considerações hipotéticas e permite-lhe examinar e compreender a transição a partir de fatores propriamente históricos. O alcance teórico dessa circunstância é enorme porque permite retornar à essência última das formulações propriamente marxianas da teoria da transição, aquilo que Marx apontou na dispersão de seus escritos e mesmo numa obra fundamental e inacabada que é *O capital*.

A vulgarização da obra de Marx, particularmente no que se refere à transição do feudalismo ao capitalismo, empobreceu os estudos e interpretações sobre as diferentes realidades sociais e históricas que passaram a ser objeto de interesse de pesquisadores marxistas, na maioria dos casos apenas limitadamente familiarizados com as complexidades da obra do autor alemão, que, por isso mesmo, reduziram-na a uma interpretação evolucionista e linear. Na verdade, Marx está bem longe disso, e sobre essa distância escreveu mais de uma vez, sobretudo para situar historicamente a diversidade das realidades sociais de suas pesquisas, análises e interpretações. O que se aplica em casos como o da sociedade brasileira, caso tópico de transição secundária e residual subjacente à grande, disseminada e, num certo sentido, lenta transição do feudalismo ao capitalismo, que aos trópicos chegou fora de época. A demonstrar uma substância intransitiva na transição, que foram os nossos escravismos, o do índio e o do negro, associados à produção de capital, mas não à reprodução capitalista do capital, atenuada nos interstícios da economia. Um cuidado que não se vê no formalismo do redutivo marxismo contemporâneo, completamente desfigurado na busca de constantes estruturais, que desdenha o que é próprio da compreensão dialética da história da vida social na perspectiva logicamente histórica, que é a multiplicidade dos possíveis e a singularidade das circunstâncias.

A sociedade gestada pelo advento e disseminação da agricultura cafeeira, justamente porque muda não mudando, oferece ao pesquisador a oportunidade desse retorno crítico às premissas mais sólidas do método de Marx, em circunstâncias históricas bem diversas daquelas que foram objeto de referência de sua obra. Diversamente do que fez em relação à Ásia, Marx interessou-se pouco pela América Latina e, nesse pouco interesse, usou fontes pobres, como observou José Aricó, o competente pesquisador argentino, erudito conhecedor e editor das obras do autor alemão em espanhol.[1] Se tivesse tido melhor familiaridade com a realidade latino-americana, em particular com a profunda transição que as relações de trabalho estavam sofrendo no Brasil, seguramente teria alargado sua compreensão do capitalismo e inovado nas interpretações que fez.

Marx tinha consciência das imensas limitações da referência social e histórica de sua obra, como de certo modo confessou nos esboços de cartas para responder à indagação de uma militante populista russa, Vera Zasulich, que lhe escreveu perguntando se sua teoria da possibilidade do socialismo se aplicava também a países como a Rússia, ainda um país agrário. Marx esclareceu que sua teoria da transição se aplicava à Europa Ocidental.[2] No entanto, aparentemente não enviou à destinatária nenhum dos três esboços da carta de resposta, o que teria aberto uma imensa brecha para a crítica marxiana do marxismo e teria criado a oportunidade de uma sociologia crítica das transições, mesmo nos países periféricos da própria Europa. Na história do pensamento marxista, a omissão, o ocultamento e a mutilação da interpretação científica em nome da militância política e em nome do poder estão expostas, documentadas e estudadas em toda a sua escandalosa extensão na célebre obra do historiador marxista italiano Franco Venturi, *Il populismo russo*, escrita com base na rica documentação que examinou na Biblioteca Lenin, em Moscou, logo após a Segunda Guerra Mundial.[3]

Portanto, o estudo das singularidades do colonato, forma de trabalho livre que aqui nasceu socialmente das ruínas da escravidão, corroída pelas carências das próprias formas avançadas de multiplicação do capital, não é simplesmente, nem principalmente, um estudo de história social regional. É antes o retorno à dialética e o exame científico de um tema histórico banalizado, num caso denso de conteúdos reveladores. Suas determinações singulares, no entanto, o tornam objeto privilegiado de conhecimento e a rica referência dessa contribuição a uma teoria das transformações sociais.

Na revisão deste livro para a 9ª e definitiva edição, levei em conta o tempo passado desde o aceso e, num certo sentido, confuso debate latino-americano sobre a transição para o capitalismo. As novas gerações estão, felizmente, distantes das certezas gratuitas do debate de então e mais preocupadas com a consistência científica das interpretações a respeito de nossa singularidade histórica e das nossas possibilidades históricas em comparação com as que se abriram (e se fecharam!) em outras sociedades, aquelas que pesaram decisivamente na formulação das bases interpretativas da sociedade contemporânea.

Nesta edição, fiz alguns extensos acréscimos de informação histórica, resultantes da continuidade de minhas pesquisas sobre a sociedade que nascia no seio mesmo do escravismo. Tanto nos resultados de uma pesquisa sobre a acumulação de capital e a diversificação dos investimentos em São Paulo, no século XIX, quanto nos de outra pesquisa sobre a sociabilidade própria da escravidão indígena e sua superação no século XVIII. As duas escravidões, a indígena e a negra, continham sutis e contrastantes arranjos sociais que ajudam a melhor compreendê-las como realidades sociológicas, em seus respectivos momentos e em suas respectivas e problemáticas heranças sociais. No entanto, têm sido desprezados por uma historiografia predominantemente interessada nas grandes características estruturais da escravidão negra na sociedade escravista e nos seus déficits sociais e morais.

É impossível compreender o salto histórico representado entre nós pela industrialização e por este nosso capitalismo nos trópicos se desconhecermos e não compreendermos essas transformações. Elas foram o resultado de uma complicada engenharia econômica e social, que passou tanto pela sucessão de cativeiros quanto pela invenção de relações de trabalho que nos permitiram adotar o trabalho livre e, ao mesmo tempo, ralentar os seus efeitos emancipadores. A lentidão e a deformidade das nossas relações de classe, marca da nossa modernidade, bem como a forma politicamente deficitária como se constituiu entre nós a classe operária, longe do padrão clássico e da classe operária teórica, não se explicam senão por meio dessa nossa singularidade histórica. É o que obriga o pesquisador a atentar para supostas irrelevâncias e minudências do real, determinações decisivas do que viemos a ser e ainda somos.

Justamente por isso, nesta edição de *O cativeiro da terra* julguei conveniente fazer acréscimos, esmiuçando e desenvolvendo formulações teóricas decisivas em minha interpretação da transição, que a geração da época da primeira edição do livro, naquela era de silêncios compreensíveis e de subentendidos interpretativos, podia compreender com maior facilidade. Na primeira versão do livro, o potencial interpretativo e teórico de várias questões nele levantadas ficou apenas enunciado, tendo em vista as prioridades e características do debate sobre o advento do capitalismo no Brasil. Debate que escondia uma sub-reptícia e equivocada celeuma, porque sem sustentação na pesquisa empírica e no conhecimento histórico, sobre tensões que propunham, na história imediata, uma presumível transição para o socialismo. O tema do livro estava no centro de um intenso debate latino-americano sobre modos de produção. O interesse que continua despertando entre os estudiosos, demonstrado em suas sucessivas edições, dele fizeram um dos poucos sobreviventes do debate inconcluso.

Hoje, porém, a interpretação marxiana já não está em causa, banida por um marxismo de bolso, esquemático e pobre, puramente ideológico, que pretende explicar tudo, como receita de remédio, e que, na verdade, está cada vez mais distante das complexidades antropológicas e sociológicas da sociedade contemporânea, em particular de sociedades como a brasileira. Aqui, a pluralidade dos tempos do processo histórico é maior do que nos países cuja história e cuja realidade dominam a interpretação sociológica e a interpretação histórica, que adotamos sem maior crítica e às quais sucumbimos sem a verificação crítica da pesquisa documental e de campo e sem reconhecer que o conhecimento propriamente científico, nas ciências humanas, depende de pesquisa empírica e da implícita consciência científica da singularidade.

Perdemos o sentido das heranças inevitáveis e da história no contemporâneo porque a dialética foi formalizada num estruturalismo místico e formalista que propõe o homem como mero joguete dos conceitos. No entanto, muito mais do que antes, quando estávamos no notório limiar de possibilidades históricas e políticas, estamos hoje afundados em certezas que baniram de nosso horizonte a história. Disseminam a convicção conservadora e até reacionária de que a história já se fez, de que a história acabou. A convicção, enfim, de que chegamos a uma espécie de eternidade política constituída de funcionários da chamada militância política remunerada, bem longe de quando militantes enfrentavam as incertezas do cárcere e, não raro, a morte. Na Universidade se refletia sobre as determinações históricas do nosso presente e do nosso possível, as limitações que o passado nos impunha, as possibilidades que se nos abriam no marco de um modo de ser em que expressamos nossas singularidades inevitáveis, no modo como aqui se propõe o homem genérico da contemporaneidade.

* * *

Na preparação desta 9ª edição de *O cativeiro da terra*, mudei a estrutura do livro devido ao acrescentamento de três estudos dele decorrentes, escritos posteriormente à sua publicação. Fiz acréscimos ao texto do capítulo 1, para desenvolver temas nele propostos, que na edição original ficaram limitados a formulações concisas, porque complementares em relação ao seu eixo principal. Nesta versão ampliada do texto, procurei suprimir os subentendidos, substituindo-os por explanações mais largas, de modo a estender os benefícios do que penso ser um dos méritos do livro, a sua clareza.

O capítulo 2, agora introduzido, sobre o imigrante espanhol no colonato, alarga a perspectiva do capítulo 1 como contraponto à imigração italiana, que se tornou referencial nos estudos sobre esse regime de trabalho. A diferença de características, de época e de espaço dessa imigração tardia (enviada para as terras novas, menos férteis, ocupadas após o povoamento da região de Ribeirão Preto e da Alta Mogiana) na localização dos espanhóis que a imigração subvencionada trouxe para os cafezais de São Paulo, em relação aos italianos, é um recurso comparativo e metodológico para compreender a dinâmica do colonato e as alterações adaptativas nele ocorridas. Na mesma linha, a inclusão do texto que veio a ser o capítulo 3 analisa outro aspecto essencial da dinâmica do colonato nas contradições que progressivamente libertaram a forma salarial de remuneração do trabalho da trama que fez do colonato um regime laboral peculiar e híbrido. Nesse movimento, a libertação do salário como categoria de mediação nas relações de produção, que se anuncia aos poucos e reclama um sujeito social, o trabalhador assalariado, no complexo processo de produção do café.

O capítulo sobre a produção ideológica da noção de trabalho foi antecipado em relação ao capítulo sobre a gênese da industrialização. Suprimi nele uma das partes, que se tornou redundante por ser tema já tratado em capítulos anteriores. Na nova estrutura e no novo ordenamento do livro, ele fica melhor como capítulo 4 do que ficaria como capítulo 5, que seria a sequência original. A ideologia da ascensão social pelo trabalho, embora geneticamente referida ao colonato, tomou conta também da ideologia operária e urbana e é a melhor evidência de quanto o cativeiro da terra se estendeu ideologicamente ao mundo fabril que nascia com a poderosa acumulação de capital possibilitada pelo café.

Nessa nova estrutura, o capítulo 5, sobre o café e a industrialização, que é um balanço sobre o controvertido conhecimento que entre nós se produziu sobre o modo como a riqueza criada pelo café gerou a figura do empresário capitalista, é o preâmbulo da sequência do livro. O empresário de transição, aí referido, é aquele que encontrou, também na economia urbana – no capital comercial, no capital industrial e no capital financeiro –, o inevitável desdobramento do afã de multiplicação de sua riqueza. Esse capítulo trata das circunstâncias e condições de gestação de uma consciência social e de classe correspondente à peculiar e tendencial unicidade de capital e propriedade da terra, de lucro e renda fundiária, que inaugurou e difundiu rapidamente entre nós a modernidade desse capitalismo singular.

Fiz alterações e acréscimos nesse capítulo 5, em particular para remover o didatismo que, hoje, me parece exagerado. Originalmente, escrito para roteiro de seminários no exterior, ficou marcado pela peculiaridade do público a que se destinava. Removi, substituí e desenvolvi boa parte dos trechos com essa característica, de modo a dar ao texto a fluência que acompanha o restante do livro. Para confirmar, ainda, o que era a intenção original de sua inclusão no volume, a de expor os desencontros das interpretações em relação à industrialização, particularmente em São Paulo, e suas conexões com a riqueza gerada pelo café.

O capítulo 6, um dos acrescentados nesta edição, trata do desenvolvimento industrial, tomando como referência o imigrante italiano nas duas categorias sociais que protagonizaram a nossa industrialização nas suas décadas iniciais. Certa mitificação evolucionista da relação entre o café e a industrialização, de um lado, e o imigrante como personagem destacado do advento do trabalho livre e do advento dos industriais, de outro, pede uma revisão crítica e documentada do tema. É o que aqui pretendi fazer. Embora o limitado consumo dos trabalhadores do café tenha, sem dúvida, criado o mercado interno de que a indústria necessitava para se desenvolver, a pequena e média indústria foi durante décadas o abrigo da classe operária que nascia fora dos marcos da grande indústria e, desse modo, parte ponderável desse mercado. A própria indústria criou parcela não pequena de seu mercado, o que se acentuou com a urbanização e a proliferação e crescimento de cidades, sem dúvida fundadas na prosperidade do café.

Mantive, com cortes, o capítulo sobre o burguês mítico, que é, na verdade, um estudo sobre a projeção da proletária ideologia da ascensão social na figura do imigrante que deu certo e se tornou um grande capitalista.

Na revisão do livro, cuidei para que houvesse nele uma uniformidade de estilo, que não havia na edição original, dado que os diferentes capítulos tinham diferentes datas de redação, escritos em diferentes momentos de minha reflexão sobre seu tema central. Nem por isso, os sete capítulos de agora deixam de ter sua temática própria. Há neles, de certo modo, um retorno insistente ao tema do cativeiro da terra, suas origens e suas decorrências. No conjunto, acrescentei notas e referências necessárias para dar conta das alterações resultantes da revisão.

Notas

[1] Cf. *José María Aricó, Marx y América Latina,* México, Alianza Editorial Mexicana, 1982.
[2] Cf. Karl Marx e Frederick Engels, *Selected Correspondence*, Moscow, Progress Publishers, 1965, p. 339-40.
[3] Cf. Franco Venturi, *Il populismo russo*, 2. ed., Torino, Giulio Einaudi Editore, 1977, 3 v.

Apresentação

Venho orientando a minha pesquisa teórica e empírica pelo problema da produção capitalista de relações não capitalistas de produção no marco da reprodução capitalista do capital de origem não capitalista. Diante dos impasses e simplificações contidos no já cansativo debate sobre feudalismo e capitalismo, como "tipos macroestruturais" pelos quais se poderia definir a sociedade brasileira, no todo ou em parte, conforme o momento, ou a sua "transição", procurei, como tantos outros pesquisadores, trabalhar criticamente sobre o tema.

O que parece nos preocupar a todos é a efetiva natureza das contradições que determinam o movimento desta sociedade, que definem a natureza das suas transformações, ocorridas ou em curso. A mera reflexão teórica, o abusivo ensaísmo de gabinete, não vai nos levar muito longe. Do mesmo modo, o empirismo sem sustentação teórica, de indagações superficiais, só servirá para confundir ainda mais.

Creem alguns que o apego à classificação conceitual, à simples rotulação, é a forma correta de produzir uma explicação dialética. Frutifica daí a multiplicação de *modos de produção* e de *formações econômico-sociais*, não raro meras construções mentais que desprezam as tensões e contradições constitutivas do processo social e histórico. Quanto à primeira noção, vem sendo utilizada como uma espécie de salva-vidas do saber. Alguns autores, ao que parece baseados numa leitura evolucionista d'*O capital*, têm pescado em várias passagens desse livro, particularmente no seu primeiro tomo, o mais lido, não raro o único, referências a múltiplos modos de produção. O exame atento dos três volumes dessa obra mostra, entretanto, que Marx não dá a essa noção o peso formal que lhe dão alguns intelectuais contemporâneos, particularmente na América Latina. Não que a concepção não seja essencial. O que para Marx, nesse caso, não tem grande importância imediata é a rotulação das relações sociais, sua mera nominação. Para ele, o fundamental é a reconstrução científica do *processo social*, do movimento da sociedade. Um modo de produção é um modo como se dá esse movimento, é o modo historicamente singular *como a sociedade se produz* e não meramente o modo *como a sociedade produz*. O conceito vem no final do processo de pensamento e não no começo. Se reduzirmos o modo de produção a um momento, a uma etapa econômica, como faz em Sweezy e os adeptos do que Lukács define como "marxismo vulgar", desfiguramos o processo histórico e introduzimos na sua análise um entendimento economicista, positivista e a-histórico, o de uma história social movida por conceitos e não, propriamente, movida por suas contradições. Por isso mesmo, dependendo do movimento da análise, Marx utiliza diferentes denominações para o mesmo modo de produção – modo de produção capitalista, modo de produção especificamente capitalista ou modo de produção da grande indústria. Algumas vezes, emprega a noção de modo de produção para se referir ao processo de trabalho; outras vezes, emprega-a para tratar do processo de valorização do capital, de extração da mais-valia e de reprodução ampliada do capital. Isso não o faz perder de vista a concepção nuclear de modo de produção, que é a de modo historicamente determinado de exploração da força de trabalho no processo de produção, no qual são produzidas também as relações sociais fundamentais de uma sociedade e as destorcidas representações e ideias que as legitimam e as explicam ideologicamente. Quando ele se refere a modo de produção camponês, está se referindo a processo camponês de trabalho, que não exclui a sujeição do trabalho camponês ao capital, fato que não deveria ser perdido de vista em face de um estudo sobre a produção do capital e sobre a sua reprodução capitalista. Isso não impediu uma alvoroçada gestação de estudos em relação a um suposto modo (histórico) de produção camponês, também aqui no Brasil.

Do mesmo modo, a noção de formação econômico-social foi completamente desfigurada. Petrificada e reificada pelo raciocínio positivista vulgar, substitui hoje em dia a noção funcionalista de *sistema social*, sem qualquer consideração crítica quanto ao método substancialmente diverso que leva às definições em cada caso. Isso pode ser facilmente comprovado. Nos autores em cujos trabalhos se lia "sistema social", na segunda metade dos anos 1950, podia-se ler, vinte anos depois, na segunda metade dos anos 1970, "formação econômico-social", sem que o processo de pensamento subjacente aos conceitos tivesse sofrido transformação correspondente à mudança conceitual.

No período subsequente, um progressivo e disseminado relaxamento nos cuidados metodológicos com a explicação científica na sociologia agregou conceitos ideológicos e vagos, como o de "capitalismo", ao elenco de rotulações propostas como se, por si mesmas, já contivessem a apropriada explanação sociológica – as noções simplificadas nos conceitos e os conceitos reduzidos a palavras e sinônimos. Uma evidência de que estamos diante do que Henri Lefebvre define como *totalidade fechada*, não dialética, é a vinculação do conceito de formação econômico-social a espaços, como a América Latina, como se vê em obras de vulgarização do pensamento de Marx, como a de Marta Harnecker, filiada ao marxismo estruturalista de Louis Althusser. Ou, então, a simplificação de falar em formação econômico-social brasileira, que se lê em diferentes autores dessa mesma filiação. Nessa perspectiva, a concepção de tempo histórico e de processo social é sobreposta pela concepção de espaço.

Em decorrência, a historicidade das relações sociais é recuperada artificialmente pela justaposição de realidades sociais de datas cronologicamente distintas e de modos de produção abstratos e uniformes. A formação econômico-social é proposta, então, como articulação de modos de produção em que o movimento da história é mera abstração, aproximadamente como no cinema a sucessão de imagens estáticas permite a ilusão visual do movimento. Essa visão mecanicista e limitada da obra de Marx difundiu-se no Brasil e na América Latina nos anos 1970, a partir da França, em decorrência de certa pressa na compreensão das tiranias políticas da região e da época, compreensão inviável nas limitações da tradição da sociologia funcionalista. Cenários de escassa tradição do pensamento marxiano e do pensamento propriamente crítico, foram propícios à assimilação do mecanicismo althusseriano, formalista e de assimilação fácil e rápida na perspectiva das linearidades de tradições de pensamento lineares e classificatórias.

A partir da Universidade de Louvain, uma universidade católica responsável pela formação teórica de muitos sacerdotes latino-americanos, identificados com as possibilidades abertas pelo Concílio Vaticano II e engajados nas questões sociais, veio-nos uma outra tendência teórica do althusserianismo, marcada pela articulação dos níveis da realidade, a da estrutura e da superestrutura. Teve ela aqui grande impacto no pensamento dos autores de uma das correntes da Teologia da Libertação. A religião, devidamente protegida no âmbito mecanicista da superestrutura, ganha assim legitimidade no corpo do marxismo, sem diluir-se no materialismo corrosivo que a circunda. Mas perde-se como religião, reduzida a um religiosismo sociológico que a torna mero epifenômeno da suposta materialidade social e histórica, ainda que com a indemonstrável pretensão de sobrepor-se como princípio regulador da práxis.

Podemos ter, assim, tantas formações que quisermos, tal como ocorria com o emprego do conceito de sistema, aplicado a qualquer totalidade arbitrariamente definida. Isso é bem o oposto da utilização dessa noção por autores clássicos que a formularam e desenvolveram, como o próprio Marx e, também, Lenin, que a empregavam em relação à totalidade do processo social do capital e à totalidade do movimento do capital, mas não em relação a uma região determinada ou a um país determinado. O núcleo da formação não é o espaço geográfico no qual se realiza, mas o seu desenvolvimento desigual, não o desenvolvimento econômico desigual das análises dualistas produzidas na perspectiva economicista, e sim o desenvolvimento desigual das diferentes expressões sociais e dos diferentes momentos sociais das contradições fundamentais da sociedade. O marxismo althusseriano acabou se tornando antagônico ao pensamento propriamente marxiano.

Preferi, por essas razões, conduzir minha pesquisa empírica e a exposição teórica de seus resultados pelo caminho metodológico ortodoxo, marxiano e não marxista, que privilegia o concreto, o processo social na sua dimensão propriamente histórica. Decorre desse procedimento o que neste livro possa ser definido como descoberta e como inovação interpretativa quanto às contradições e tensões da difusão do capitalismo no campo. Num plano mais geral, reputo como importante, a partir da retomada da constatação de que o capital é um processo, desenvolvida por Marx, a observação de que o próprio capital engendra e reproduz relações não capitalistas de produção, numa coexistência de tempos sociais de datas entre si diversas. Pode-se chegar a esse ponto especialmente através de reflexão demorada sobre a análise que Marx faz da renda territorial na sociedade capitalista. Sendo a renda da terra de origem pré-capitalista, contradição e obstáculo à expansão e ao desenvolvimento do capital, perde, no entanto, esse caráter à medida que é absorvida pelo processo do capital e se transforma em renda territorial capitalizada. Introduz, assim, uma irracionalidade na reprodução do capital, irracionalidade que a repartição da mais-valia supera, sob a forma de lucro, juro ou renda, quando o capitalista, como no caso brasileiro, se torna proprietário de terra e, portanto, titular de renda fundiária. A determinação histórica do capital não destrói a renda da terra nem preserva o seu caráter pré-capitalista – transforma-a, incorporando-a, em renda capitalizada. Fiz dessa constatação uma hipótese que abrangesse não apenas relações pré-capitalistas, mas o que o próprio Marx e, mais tarde, Rosa Luxemburg definiram como relações não capitalistas. Foi o que me permitiu desenvolver a análise do regime de colonato nas fazendas de café, constituído de relações de trabalho que foram historicamente criadas na própria substituição do trabalhador escravo, conforme as necessidades do capital, sem que no final viesse a se definir um regime de trabalho assalariado nos cafezais. Da mesma forma, esse processo não recuperou relações de produção *pré-capitalistas*.

Outra interpretação inovadora neste trabalho é a do tratamento do escravo como *renda capitalizada* e não como capital fixo. Estou convencido de que essa é uma formulação fundamental para repensarmos a questão da exploração do trabalho, da Colônia à atualidade, e a questão da renda fundiária no Brasil. Recorro ao próprio Marx, que situa a escravidão no marco teórico da renda fundiária. Não deixa de causar grande espanto que reputados autores brasileiros tenham sistematicamente omitido de suas análises qualquer referência ao problema da renda territorial, que na obra de Marx é mais do que apenas uma teoria da questão agrária, como redutivamente a interpretou Karl Kautsky.[1] Essa omissão tem representado não somente um atraso teórico nas análises das ciências humanas entre nós, mas, sobretudo, um atraso político. As primeiras tentativas que fiz nesse sentido foram recebidas com um desdém que é revelador da gravidade dessa omissão, pois há os que preferem fazer dela fé de ofício, ainda que contra toda a tradição teórica e metodológica que supostamente seguem em seus trabalhos. A tendência de encarar a renda da terra como se fosse capital e, sobretudo, modalidade pré-moderna de capital que o próprio capitalismo superará e modernizará, reduz, limita e bloqueia a compreensão do que é o capitalismo entre nós, seus limites e suas possibilidades. Reduzir a interpretação sociológica aos parâmetros de uma sociedade binária composta de burguesia e proletariado é adulterar a realidade. É impossível entender a dinâmica de uma sociedade de classes, em suas determinações e singularidades, como a sociedade brasileira, tão diversa das sociedades de referência das tradições sociológicas, mesmo da de Marx, se não se leva em conta que a renda territorial é um dos fatores da diferenciação social e da constituição das classes e de seus antagonismos e conflitos. O próprio Marx dedicou à complexidade da renda fundiária e suas implicações sociais e políticas parte considerável de sua obra, a começar d'*O capital* e da obra conexa e essencial, os *Grundrisse*, sem a qual a própria compreensão sociológica d'*O capital* fica impossível.

Julgo necessário esclarecer que minha pesquisa sobre o regime de colonato nas fazendas de café foi, ao mesmo tempo, uma pesquisa sobre a industrialização em São Paulo. Pude refazer e completar as investigações que realizei durante anos sobre o segundo tema. A opção metodológica que adotei, por imposição da própria natureza dos dados colhidos, e das situações que por eles se evidenciavam, colocaram-me numa relação antagônica com as orientações dualistas que separam o rural e o urbano e que imputam ao rural a anomalia do atraso em face da suposta modernidade do urbano. De fato, entre nós, essa polarização é, frequentemente, postiça.

No Brasil, particularmente em São Paulo, a transição do escravismo para o trabalho assalariado se deu de modo planejado, controlado e relativamente lento, um processo de quase 40 anos, por iniciativa dos próprios fazendeiros de café. Através da figura de Antônio da Silva Prado, ministro do Império, foram eles que propuseram no Parlamento o fim da escravidão no formato que assumiu entre nós, como transição para o trabalho livre, mas não necessariamente para o trabalho assalariado no campo. Esses fazendeiros, que passavam temporadas anuais na Europa culta e desenvolvida e até mandavam seus filhos estudar nas universidades americanas e europeias, não raro já eram também investidores em empreendimentos do transporte ferroviário, do comércio, das finanças e da indústria, o que revestiu aqui o processo do capital de singularidades históricas que o diferenciam substantivamente do modelo de referência da literatura histórica e sociológica.

Situei o tema da produção capitalista de relações não capitalistas de produção, na pesquisa que deu origem a este livro, no movimento do capital em seu conjunto. Ao mesmo tempo, identifiquei seus momentos singulares e diferençados na gestação das formas sociais que constituíram as mediações da reprodução ampliada do capital. Nessa perspectiva, foi-me possível propor uma compreensão dialética do que é o capitalismo neste país, tendo como referência a contemporaneidade das relações de trabalho socialmente atrasadas do colonato das fazendas de café, enquanto momento da intensa e ampla acumulação de capital, que fez entre nós a nossa revolução industrial. Essa orientação é atualíssima. Sem ela, continuaremos a pensar o Brasil como realidade mutilada, de historicidade castrada, condenada ao repetitivo de seu insidioso atraso.

O primeiro capítulo, sobre "A produção capitalista de relações não capitalistas de produção", que propõe o livro, foi escrito no início de 1978 e, em abril daquele ano, apresentado em Cuernavaca, México, num seminário organizado pela Universidad Nacional Autónoma de México que reuniu praticamente todos os autores mais ativos do inflamado debate que então se travava sobre modos de produção na América Latina. Foi uma boa oportunidade para trocar ideias sobre o assunto com diversos dos pesquisadores presentes, que devo a Raúl Benitez Zenteno, do Instituto de Investigaciones Sociales. Neide Patarra foi a comentadora do trabalho naquela reunião e eu lhe agradeço muito as referências e indagações. Oriowaldo Queda e João Carlos Duarte discutiram o trabalho comigo, levantando problemas, o que me foi útil na revisão do original para publicação. Do mesmo modo, sou agradecido a Margarida Maria Moura pela leitura e comentário do texto. Beneficiei-me ainda com as indagações dos pesquisadores do Museu Nacional na oportunidade de uma exposição desse trabalho no seu seminário das quintas-feiras. Esta monografia já estava pronta para publicação quando chegou ao meu conhecimento que Verena Martinez-Alier e Michael Hall haviam preparado dois curtos estudos sobre o colonato e sobre as greves nas fazendas, quase ao mesmo tempo que eu preparava o meu. Tivemos oportunidade de trocar ideias sobre o trabalho de Verena, ainda numa versão preliminar em inglês, quando pudemos confrontar as constatações feitas pelos três. A importância desses trabalhos está reconhecida na contribuição que representaram na elaboração de outros capítulos do livro. A José Sebastião Witter agradeço o apoio que me deu na fase da pesquisa no Departamento do Arquivo do Estado, de que era diretor na época. No rico acervo da Biblioteca Municipal Mário de Andrade, de São Paulo, encontrei o capital cultural que viabilizou e, até mesmo, estimulou minha decisão de escrever este livro, nas várias e decisivas obras raras que estão citadas nos diferentes capítulos.

Na elaboração do capítulo 6, pude consultar relatórios e estudos sobre o Brasil, particularmente sobre São Paulo, do Department of Commerce, dos Estados Unidos, relativos aos anos 1920. A meu pedido, foram enviados de Washington e colocados à minha disposição, para leitura e anotações, no consulado americano de São Paulo. Sou agradecido aos funcionários que, lá e aqui, se envolveram nessa operação, o que me permitiu conhecer os informativos documentos que resultaram do monitoramento americano da industrialização brasileira naquele período.

Os capítulos 4 e 5 foram escritos como textos básicos de referência, e preparatórios para a pesquisa que resultou no capítulo 1. O tempo e a oportunidade para produzi-los, em meio a outras atividades, foram propiciados pela Universidade de Cambridge, que me distinguiu com um convite para tornar-me "visiting scholar" do seu Centre of Latin American Studies durante o Lent e o Easter Term de 1976. Além de discuti-los no seu seminário semanal, tive a respeito uma proveitosa troca de ideias com os participantes do seminário sobre o Brasil, da Universidade de Londres, e dos seminários sobre a América Latina, da Universidade de Oxford e da Universidade de Glasgow. Devo minha presença nessas três últimas universidades, respectivamente, a Leslie Bethell, Alan Angell e Peter Flynn. Sou imensamente agradecido a David Brading e a David Lehmann pelo convite para a estada em Cambridge e pelo calor humano com que me acolheram.

Nota

[1] Refiro-me ao economicismo de Karl Kautsky, em *La cuestión agrária* (Estudio de las tendencias de la agricultura moderna y de la política agraria de la socialdemocracia), Paris, Ruedo Ibérico, 1970. Sobre a minimização política do campesinato em Kautsky e no leninismo, cf. Chantal de Crisenoy, *Lenine face aux moujiks*, Paris, Éditions du Seuil, 1978, p. 13.

A produção capitalista de relações não capitalistas de produção: o regime de colonato nas fazendas de café

A recíproca dinâmica dos contrários

É lugar-comum, hoje, em trabalhos de historiadores, sociólogos, economistas e cientistas políticos que estudam as transformações da sociedade brasileira em face da crise do trabalho escravo, a afirmação de que a servidão negra foi substituída pelo trabalho assalariado. Um dos mais prestigiosos historiadores brasileiros, Caio Prado Júnior, observa que a lavoura cafeeira baseou-se "na grande propriedade monocultural trabalhada por escravos negros, substituídos mais tarde [...] por trabalhadores assalariados".[1] Mais adiante, acrescenta que, com o abandono do sistema de parceria, a remuneração do trabalho "deixará de ser feita com a divisão do produto, passando a realizar-se com o pagamento de salários".[2]

Um sociólogo não menos prestigioso, que é Florestan Fernandes, autor de trabalhos notáveis a respeito do negro e da escravidão, assinala que, com a abolição da escravatura, em 1888, "as tendências de reintegração da ordem social e econômica expeliram, de modo mais ou menos intenso, o negro e o mulato do sistema capitalista de relações de produção no campo".[3]

Essas afirmações de autores clássicos da literatura brasileira de ciências sociais, pesquisadores conscienciosos e reputados, que realizaram demoradas investigações sobre a escravidão e seu desaparecimento, além de suscitarem novos e problemáticos temas para pesquisa, tiveram desdobramentos em trabalhos de autores recentes, com um teor mais enfático. Um deles afirma que "com a imigração massiva, o trabalho escravo cedeu lugar ao trabalho assalariado nas plantações de café".[4] Outro registra que "já no início da década de 1880, grande parte da nova expansão cafeeira de São Paulo se dava, em grande medida, com trabalho assalariado".[5] E completa, mais adiante, que "o primeiro grande salto da expansão cafeeira de São Paulo, entre 1875 a 1883 [...] já seria feito, parcialmente, dentro (sic) de relações capitalistas de produção...".[6]

Outro autor, ainda, afirma que "o momento decisivo em que se constituíram relações capitalistas de produção na área de São Paulo ocorreu com a liquidação final do sistema escravista e a entrada das grandes levas de imigrantes".[7] O mesmo autor, em outro trabalho, leva essa premissa às últimas consequências, dizendo que da "empresa cafeeira concentrada no oeste paulista nasceria uma nova classe assentada em relações capitalistas de produção, com consciência de seus interesses e um projeto de estruturação política do país", acrescentando que a produção cafeeira apoiava-se em bases capitalistas, sendo que, por isso, "as relações típicas entre colono e fazendeiro tinham esse caráter".[8] Esse mesmo autor completa o seu raciocínio com a constatação de que a natureza capitalista das relações de produção na fazenda de café se expressa "na compra da força de trabalho – pagamento de trabalho necessário (salário) – apropriação do excedente, sob a forma de mais-valia, embora o salário proviesse de fontes monetárias e não monetárias".[9] Nessa interpretação, mesmo as fontes não monetárias da retribuição patronal pelo trabalho do colono são reduzidas à forma salarial da incorporação do trabalho à produção. Um pesquisador, já citado, completa suas formulações, nessa mesma direção, ao indicar que o trabalho livre assumiu, na substituição do escravo, diferentes formas.[10]

O historiador Caio Prado Júnior já havia, aliás, em vigorosa contestação, questionado a orientação dos que definiam como feudais ou semifeudais as relações de produção no campo. Indicava como, na verdade, relações do tipo da parceria e do colonato, teriam se constituído em variantes de relações capitalistas de produção.[11]

Nos anos 1960 e 1970, época em que o tema teve seu maior destaque, tais definições foram, direta ou indiretamente, marcadas e estimuladas por um confuso debate intelectual sobre a transição do feudalismo ao capitalismo como processo definidor do momento histórico brasileiro. Por sua vez, justificaria a tática política de lutar pela remoção dos chamados "restos feudais", que se evidenciariam em diferentes relações de trabalho no meio rural, quase todas, de modo geral, originadas da extinção do trabalho escravo.[12] A questão da transformação das relações de produção foi remetida, pois, ao terreno cediço do falso argumento de que não sendo formalmente feudais, seriam formalmente capitalistas as relações de produção posteriores ao escravismo e amplamente vigentes, ainda hoje, em muitos setores econômicos e em muitas regiões do país. Obviamente, a classificação de tais relações como feudais violava o conhecimento que se tem sobre o feudalismo, parecendo antes procedimento primário e simplista e, por isso, equivocado, meramente nominativo. Foi quase como decorrência natural que tais situações e relações passaram a ser *a priori* definidas como capitalistas,[13] caindo-se no formalismo oposto e, muitas vezes, no ardil de considerá-las formas disfarçadas de relações capitalistas de trabalho. É claro que tais polarizações e equívocos têm muito pouco a ver com a reconstrução histórica da realidade e muito mais com os dilemas e impasses políticos do momento, da atualidade dos autores. Por isso mesmo é que trabalhos sérios e significativos, como os que foram citados, entre outros, acabam, de alguma forma, marcados por tais dilemas, sem deixar, porém, de expressar as dificuldades que tais definições envolvem.

De fato, à medida que os próprios pesquisadores descrevem as relações de trabalho que predominaram na substituição do escravo pelo trabalhador livre, baseadas na produção direta dos meios de vida necessários à reprodução da força de trabalho, já se constata que tais relações não podem ser definidas como capitalistas (nem o trabalho como assalariado) senão através de muitos e questionáveis artifícios. Essa é, na verdade, uma questão de método. O procedimento classificatório descarta a reconstituição das relações, tensões e determinações que se expressam nas formas assumidas pelo trabalho.

Melhor, portanto, reconstituir a diversidade de mediações e determinações das relações de produção que configuraram o regime de trabalho que veio a ser conhecido como regime de colonato, sob o qual, durante cerca de um século, até fins dos anos 1950, foi realizada a maior parte das tarefas no interior da fazenda de café.

O primeiro ponto, o ponto de partida, é o de que na crise do trabalho escravo foi engendrada a modalidade de trabalho que o superaria, isto é, o trabalho livre, sendo essa a sua única e inicial adjetivação, e não a de trabalho assalariado. É verdade que o trabalhador livre já era conhecido amplamente na sociedade brasileira, sobretudo porque, por diferentes meios e motivos, negros já haviam sido libertados por seus senhores. E também porque o cativeiro indígena, o do índio administrado, já havia sido alcançado por diferentes supressões, desde o século XVII, a mais importante das quais foi a determinada pelo *Diretório que se Deve Observar nas Povoações dos Índios do Pará, e Maranhão*, de 3 de maio de 1757, cujos efeitos foram estendidos a todo o Brasil pelo alvará de 17 de agosto de 1758, aquela porção do território brasileiro do Piauí para o sul. Atenuado, o cativeiro indígena retornará por Carta Régia de 1798, para os casos de indígenas capturados em "guerras justas", o que, aparentemente, não afetava a situação jurídica dos antigos índios administrados, alcançados pelas disposições do Diretório.[14]

Dessas libertações sem emancipação proveio uma extensa população de índios libertos e aculturados e de mestiços de índia e branco, definidos desde logo como bastardos, que vieram a ser conhecidos como caboclos e caipiras, geralmente agregados de grandes fazendeiros.[15] Até o século XVIII tinham uma língua própria, o nheengatu, e, a partir da proibição dessa língua, no mesmo século, passaram a falar português com sotaque nheengatu, o chamado dialeto caipira. Embora a sua relação com as fazendas se baseasse sobretudo no pagamento de renda em trabalho, nela se combinava, também, o pagamento de renda em espécie e, eventualmente, o assalariamento temporário. Um conjunto de flexibilizações não só no plano laboral, mas também no plano cultural e na organização patriarcal da família que representou profunda, prévia e lenta amenização da transição da escravidão negra para o trabalho propriamente livre. O que a escravidão do africano incorporou em muito menor escala, como foi o caso do direito a cultivo próprio nos domingos e dias santos, cujos modestos rendimentos permitiam ao escravo fazer despesas ou formar pecúlio. O escravismo colonial combinou-se com a exacerbação, sobretudo a partir do século XVIII, da herança estamental que já diferençava os brancos, tanto em Portugal quanto no Brasil. Uma diferenciação social ditada pelo nascimento e não pela condição econômica, diversa da condição de escravo ditada pela dimensão jurídica de propriedade e coisa, objeto de compra e venda, própria do cativo.

Tal precedência, porém, não deve ser confundida com o trabalho livre produzido diretamente na crise da escravidão negra. Sua presença quantitativa na sociedade escravista, presença complementar e integrativa, não foi fator da desagregação dela. Na verdade, esse trabalhador livre desagregou-se também quando o mundo do cativeiro se esboroou, porque a sua liberdade era essencialmente fundamentada na escravidão de outros, no sistema escravista.

O trabalho livre gerado pela crise da escravidão negra diferia qualitativamente do trabalho livre do agregado, pois era definido por uma nova relação entre o fazendeiro e o trabalhador. O trabalhador livre que veio substituir o escravo dele não diferia por estar divorciado dos meios de produção, característica comum a ambos. Mas diferia na medida em que o trabalho livre se baseava na separação do trabalhador de sua força de trabalho, que no escravo se confundiam, e nela se fundava sua sujeição ao capital personificado no proprietário da terra. Entretanto, se nesse ponto o trabalhador livre se distinguia do trabalhador escravo, num outro a situação de ambos era igual. Refiro-me a que a modificação ocorrera para preservar a economia fundada na exportação de mercadorias tropicais, como o café, para os mercados metropolitanos, e baseada na grande propriedade fundiária.[16]

A contradição que permeia a emergência do trabalho livre se expressa na transformação das relações de produção como meio para preservar a economia colonial de exportação, isto é, para preservar o padrão de realização do capitalismo no Brasil, que se definia pela subordinação da produção ao comércio. Tratava-se de mudar para manter.

Convém, a propósito, ter presentes as insistentes referências de Marx à personificação do capital na pessoa do capitalista,[17] suscitando um tema que, mais tarde, seria retomado por Weber na análise do espírito do capitalismo.[18] O problema da personificação do capital não deve ser descartado, muito pelo contrário, sua consideração é indispensável para entendermos as formas mediadoras da reprodução do capital. Entretanto, se essas formas são o ponto de partida, não podem ser ao mesmo tempo o ponto de chegada da análise, dado que se, de um lado, temos a expressão das relações sociais, de outro precisamos ter as relações explicadas, reconstituídas no seu movimento dialético. Por outro lado, a função da forma é a de revestir de coerência aquilo que é contraditório e tenso. É, por isso, negação mediadora das relações que expressa.

A personificação do capital pelo capitalista acoberta as relações que engendraram esse mesmo capital, revestindo de uma linearidade utópica a descontinuidade tensa em que se dá a exploração do trabalho. Ora, o capital comercial também se personifica no capitalista, que assume a sua racionalidade na busca incessante do lucro. Nessa condição é que o fazendeiro de café entrava na teia de relações produzidas por sua mercadoria tropical, como negociante. É significativo, como veremos mais adiante, que a sua contabilidade fosse toda organizada com base nos livros de contas-correntes. Dificilmente se pode encontrar uma contabilidade de custos nas fazendas dessa época. Isso basicamente indica que a racionalidade do capital personificada pelo fazendeiro esgotava-se no nível da circulação das mercadorias. Inferir, simplesmente, as relações de produção ou qualificá-las com base no capital personificado pelo fazendeiro é um procedimento que necessariamente acoberta a real natureza do trabalho nas fazendas, levando quase inadvertidamente à definição das suas relações de produção como capitalistas. Tal fato constitui a projeção do capital personificado sobre as relações de que tal capital resulta. O importante, porém, é descobrir que forma de capital o fazendeiro personificava.

As relações sociais que engendravam o fazendeiro-capitalista não eram estritamente as relações de produção no interior da fazenda, mas, também e significativamente, as relações de troca que ele mantinha fora da fazenda com os comissários de café e, mais tarde, já no final do século XIX, com os exportadores.[19] É por essa razão que a transformação das relações de trabalho na cafeicultura originou-se na esfera da circulação, na crise do comércio de escravos, que produziu seus efeitos mais drásticos no Brasil a partir de 1850, quando o tráfico negreiro foi definitivamente proibido. A hegemonia do comércio na determinação das relações de produção na economia de tipo colonial, nesse caso particular, deve ser ressaltada. Essa economia não se definia apenas pelo primado da circulação, mas também pelo fato de que o próprio trabalhador escravo entrava no processo como mercadoria.[20] Portanto, antes de ser o produtor direto, ele tem que ser objeto de comércio. Por isso, tem que *produzir lucro* já *antes* de começar a produzir mercadoria e não apenas depois, quando começa a trabalhar. Pode-se, pois, dizer que, na economia colonial, o processo de constituição da força de trabalho é regulado, antes de mais nada, pelas regras de comércio. Por isso mesmo, a transformação das relações de produção tem menos a ver, num primeiro momento, com modificações no processo de trabalho da fazenda de café e mais a ver com modificações na dinâmica de abastecimento da força de trabalho de que o café necessitava.

Essas modificações, porém, alteraram a qualidade das relações do fazendeiro com o trabalhador, alteraram as relações de produção. No regime de trabalho escravo, a jornada de trabalho e o esforço físico do trabalhador eram crua e diretamente regulados pelo lucro do fazendeiro. A condição cativa já definia a modalidade de coerção que o senhor exerce sobre o escravo na extração do seu trabalho. O mesmo não ocorria com o trabalhador livre que, sendo juridicamente igual a seu patrão, dependia de outros mecanismos de coerção para ceder a outrem a sua capacidade de trabalho.

Através do cativeiro, o capital organizava e definia o processo de trabalho, mas não instaurava um modo capitalista de coagir o trabalhador a ceder a sua força de trabalho em termos de uma troca aparentemente igual de salário por trabalho. Já que a sujeição da produção ao comércio impunha a extração do lucro antes que o trabalhador começasse a produzir, representando, pois, um adiantamento de capital ao traficante, ele não entrava no processo de trabalho como vendedor da mercadoria força de trabalho, e sim diretamente como mercadoria; mas não entrava também como capital, no sentido estrito, como meio econômico para movimentar a produção, e sim como equivalente de capital, como renda capitalizada, como tributo ao fornecedor de mão de obra. A exploração da força de trabalho se determinava, pois, pela taxa de juros no mercado de dinheiro, pelo emprego alternativo do capital nele investido antecipadamente, isto é, o cálculo capitalista da produção era mediado por fatores e relações estranhos à produção.

Nesse sentido, as relações de produção entre o senhor e o escravo produziam, de um lado, um capitalista muito específico, para quem a sujeição do trabalho ao capital não estava principalmente baseada no monopólio dos meios de produção, mas no monopólio do próprio trabalho, transfigurado em renda capitalizada. Como acontece quando o capital é imobilizado improdutivamente na compra da terra ou no pagamento de aluguel por ela para que ela se torne disponível para a produção, mesmo que seja produção orientada pelo capital. A renda é, nesse caso, um tributo ao proprietário de terra para remunerar de modo não capitalista o seu monopólio territorial. De outro lado, essas relações, sendo desiguais – não sendo fator, mas condição do capital –, produziam um trabalhador igualmente específico, sua gênese não era mediada por uma relação de troca de equivalentes (não era mediada pelo fazendeiro-comerciante), mas sim pela desigualdade que derivava diretamente da sua condição tributária de renda capitalizada, de uma sujeição previamente produzida pelo comércio (era mediada, pois, pelo fazendeiro-rentista, extensão da lógica econômica do traficante de escravos). A escravidão definia-se, portanto, como uma modalidade de exploração da força de trabalho baseada direta e previamente na sujeição do trabalho, através do trabalhador-mercadoria, ao capital comercial.

Tal como acontece com a terra, o trabalho não é produto do próprio trabalho, nenhum dos dois é produto do trabalho, não tem valor, embora a terra possa ter preço e a própria pessoa do trabalhador possa ter preço no regime escravista ou, ainda, a sua força de trabalho possa ter preço no regime de trabalho assalariado. Neste último, o preço da força de trabalho do operário é medido pelo tempo de trabalho necessário à sua reprodução como trabalhador, isto é, o tempo representado pelo valor criado que retorna ao trabalhador sob a forma de meios de vida. Já sob o trabalho escravo, além do tempo de trabalho necessário à reprodução do trabalhador, é preciso antecipar uma parte de seu trabalho excedente para pagar ao traficante o seu uso, a sua incorporação à produção, sua exploração como produtor de valor. Mas, do mesmo modo que na renda territorial capitalizada, o proprietário espera extrair de seu escravo um rendimento econômico que é medido pelo lucro médio, que deve ao menos equivaler ao rendimento que seu dinheiro lhe daria se fosse aplicado em outro negócio. A exploração do escravo no processo produtivo já está, pois, precedida de parâmetros e relações comerciais que a determinam. Essa exploração não abrange apenas o lucro médio de referência de um capitalista puro, mas também a conversão de capital em renda capitalizada, a parcela do excedente que o escravo pode produzir e que é antecipadamente paga ao mercador de escravos, o fundamento não capitalista da reprodução do capital. A coerção do cativeiro encarrega-se de transferir para o próprio escravo o ônus desse trabalho, fazendo do fazendeiro um comerciante residual da escravidão. Desse modo, o regime escravista apoia-se na transferência compulsória de trabalho excedente, sob a forma de capital comercial, do processo de produção para o processo de circulação, instituindo a sujeição da produção ao comércio. Entretanto, como o lucro do fazendeiro é regulado pelo lucro médio, seu cativo não representa uma forma pré-capitalista de renda – trata-se efetivamente de renda capitalizada, de uma forma capitalista de renda, renda que se reveste da forma de lucro. Exatamente por isso é que o fazendeiro não pode ser definido como um rentista de tipo feudal, um arrecadador e consumidor de rendas.

Para ser lançado nas relações sociais da sociedade escravista, o trabalhador era despojado de toda e qualquer propriedade, aí incluída a propriedade de sua própria força de trabalho, que era a deu próprio corpo. Diversamente do que se dá quando a produção é diretamente organizada pelo capital (e não pela mediação da renda), em que o trabalhador preserva a única propriedade que pode ter, que é a da sua força de trabalho, condição para entrar no mercado como vendedor dessa mercadoria, esse despojamento é a pré-condição para que o trabalhador apareça, na produção, como escravo. Por isso, o fim da escravidão e o advento do trabalho livre, que ganhou substância na imigração, não foi processo igual para o escravo e para quem não fora escravo, para o imigrante europeu. Com ele, o primeiro ganhou a propriedade da sua força de trabalho; enquanto o segundo, expulso da terra ou dela desprovido, liberado da propriedade, tornou-se livre, isto é, despojado de toda propriedade que não fosse a da sua força de trabalho. Para um, a força de trabalho era o que ganhara com a libertação; para outro, era o que lhe restara.

Para o escravo, a liberdade não era o resultado imediato do seu trabalho, isto é, trabalho feito por ele, mas que não era seu. A liberdade era o contrário do trabalho, era a negação do trabalho;[21] ele passava a ser livre para recusar a outrem a força de trabalho que agora era sua. Para o homem livre, quando e porque despojado dos meios de produção, ao contrário, o seu trabalho era condição da liberdade. Era no trabalho livremente vendido no mercado que o trabalhador recriava e recobrava a liberdade de vender novamente a sua força de trabalho. É claro que se está falando aqui, tanto num caso como no outro, de uma liberdade muito específica: a liberdade de vender a força de trabalho. A libertação do escravo não o libertava do passado de escravo; esse passado será uma das determinações da sua nova condição de homem livre.[22] Do mesmo modo, o homem livre que foi proprietário ou coproprietário das suas condições de trabalho, ao ser despojado dessas condições não se libertava da sua liberdade anterior, a liberdade de se realizar no trabalho independente, ainda que sob o preço de um tributo em trabalho, em espécie ou em dinheiro.

As mudanças ocorridas com a abolição da escravatura não representaram, pois, mera transformação na condição jurídica do trabalhador; elas implicaram a transformação do próprio trabalhador. Sem isso não seria possível passar da coerção predominantemente física do trabalhador para a sua coerção predominantemente ideológica e moral. Enquanto o trabalho escravo se baseava na vontade do senhor, o trabalho livre teria que se basear na vontade do trabalhador, na aceitação da legitimidade da exploração do trabalho pelo capital, pois, se o primeiro assumia previamente a forma de capital e de renda capitalizada, o segundo assumiria a forma de força de trabalho estranha e contraposta ao capital. Por essas razões, a questão abolicionista foi conduzida em termos da substituição do trabalhador escravo pelo trabalhador livre, isto é, no caso das fazendas paulistas, em termos da substituição física do negro pelo imigrante. Mais do que a emancipação do negro cativo para reintegrá-lo como homem livre na economia de exportação, a abolição o descartou e minimizou, reintegrando-o residual e marginalmente na nova economia capitalista que resultou do fim da escravidão. O resultado não foi apenas a transformação do trabalho, mas também a substituição do trabalhador, a troca de um trabalhador por outro. O capital se emancipou, e não o homem.

As novas relações de produção, baseadas no trabalho livre, dependiam de novos mecanismos de coerção, de modo que a exploração da força de trabalho fosse considerada legítima, não mais apenas pelo fazendeiro, mas também pelo trabalhador que a ela se submetia. Nessas relações não havia lugar para o trabalhador que considerasse a liberdade como negação do trabalho, mas apenas para o trabalhador que considerasse o trabalho como uma virtude da liberdade.

Uma sociedade cujas relações fundamentais foram sempre relações entre senhor e escravo não tinha condições de promover o aparecimento desse tipo de trabalhador. Seria necessário buscá-lo em outro lugar, onde a condição de homem livre tivesse outro sentido. É nessas condições que tem lugar a vinculação entre a transformação das relações de trabalho na cafeicultura e a imigração de trabalhadores estrangeiros que ocorreu sobretudo entre 1886 e 1914.

Nesse sentido, o que me proponho a fazer neste capítulo é analisar o processo de constituição da força de trabalho e das relações de produção que se definiu com a crise do escravismo no final do século XIX. Essa crise deu lugar a um regime de trabalho singular,[23] que ficou conhecido como regime de colonato, como mencionei, que abrangeu a cultura de café, mas que também alcançou a de cana-de-açúcar em São Paulo. Ele não pode ser definido como um regime de trabalho assalariado, já que o salário em dinheiro é, no processo capitalista de produção, a única forma de remuneração da força de trabalho.[24] Isso porque o colonato se caracterizou, como se verá em detalhe mais adiante, pela combinação de três elementos: um pagamento fixo em dinheiro pelo trato do cafezal, um pagamento proporcional em dinheiro pela quantidade de café colhido e produção direta de alimentos, como meios de vida e como excedentes comercializáveis pelo próprio trabalhador, portanto, um componente camponês pré-capitalista na relação laboral. Além do que o colono não era um trabalhador individual, mas um trabalhador familiar, modo camponês de trabalhar, estranho ao mundo do assalariamento e aos requisitos de sua efetivação. É, porém, a produção direta dos meios de vida, com base nesse trabalho familiar, que impossibilita definir essas relações como relações propriamente capitalistas de produção. A prévia mercantilização de todos os fatores envolvidos nessas relações, mediante a qual o salário não pode ser um salário aritmético, isto é, disfarçado, mas deve ser salário em dinheiro para que os meios de vida necessários à produção da força de trabalho sejam adquiridos e regulados socialmente pela mediação do mercado, é condição para que as relações de produção se determinem como relações capitalistas de produção. Tal condição, porém, não se dá neste caso. O salário aritmético é um salário que entra nos cálculos e na cabeça do capitalista, mas que não entra no bolso do trabalhador, não produz uma relação social.

Minha hipótese é a de que o capitalismo, na sua expansão, não só redefine antigas relações, subordinando-as à reprodução do capital, mas também engendra relações não capitalistas, igual e contraditoriamente necessárias a essa reprodução. Marx já havia demonstrado que o capital preserva, redefinindo e subordinando, relações pré-capitalistas. Provavelmente, o caso mais significativo é o da renda capitalista da terra, como já mencionei. Sendo a terra um fator natural, sem valor porque não é o resultado do trabalho humano, teoricamente não deveria ter preço. Mas, antes do advento do capitalismo, nos países europeus, o uso da terra estava sujeito a um tributo, ao pagamento de renda em trabalho, em espécie ou em dinheiro. Essas eram formas pré-capitalistas de renda decorrentes unicamente do fato de que algumas pessoas tinham o monopólio da terra, cuja utilização ficava, pois, sujeita a um tributo. O advento do capitalismo não fez cessar essa irracionalidade. Ao contrário, a propriedade fundiária, ainda que sob diferentes códigos, foi incorporada pelo capitalismo, contradição essa que se expressa na renda capitalista da terra. Tal renda nada mais tem a ver com o passado pré-capitalista, não é mais um tributo individual e pessoal do servo ao senhor; agora é um pagamento que toda a sociedade faz pelo fato de que uma classe preserva o monopólio da terra.[25] A nova forma que ela assume é caracteristicamente capitalista, é oposta ao tributo historicamente anterior: nem os burgueses, nem os proletários deduzem e transferem diretamente uma parte de seus lucros ou de seus salários aos proprietários. Entretanto, a composição orgânica diferencial do capital entre agricultura e indústria, entre o setor atrasado e o setor moderno, entre o que se baseia em maior proporção de salário em relação ao capital do que de capital em relação a salário, encarrega-se de fazer aparecer nas mãos do proprietário a renda absoluta que aparentemente não é extraída de ninguém. O lucro médio encarrega-se de equalizar o valor criado em setores da economia que produzem desiguais quantidades de valor, viabilizando a conversão de parte dessa transferência em renda territorial.[26]

A produção capitalista de relações não capitalistas de produção expressa não apenas uma forma de reprodução ampliada do capital, mas também a reprodução ampliada das contradições do capitalismo – o movimento contraditório não só de subordinação de relações pré-capitalistas ao capital, mas também de criação de relações antagônicas e subordinadas não capitalistas. Nesse caso, o capitalismo cria a um só tempo as condições de sua expansão, pela incorporação de áreas e populações às relações comerciais e os empecilhos à sua expansão, pela não mercantilização de todos os fatores envolvidos, ausente o trabalho caracteristicamente assalariado. Um complemento da hipótese é que tal produção capitalista de relações não capitalistas se dá onde e enquanto a vanguarda da expansão capitalista está no comércio. Em suma, onde o capitalismo não se realiza plenamente, como no caso do colonato, dissemina a dinâmica capitalista e até uma híbrida mentalidade capitalista que fazem com que a economia funcione como economia capitalista, mesmo não o sendo plenamente, a sociedade ainda organizada com base em relações sociais e valores de orientação pré-modernos. É nos marcos dessa lógica híbrida que nasce, na mesma época do nascimento do colonato no café, a peonagem e o regime do barracão na economia da borracha, na Amazônia. Uma forma de servidão que persiste no Brasil e representa a incorporação de mecanismos de acumulação primitiva na formação e disseminação da grande e até moderna empresa agrícola, extrativa e pecuária. Em ambos os casos, o próprio empresário criou inventivamente ajustamentos econômicos que lhe permitiam ganhar como capitalista e pagar como senhor de escravos, embora livre da renda capitalizada representada pela imobilização de capital no verdadeiro escravo, uma tênue mudança em relação ao regime de escravidão.[27]

A primeira etapa da expansão do capitalismo é a produção de mercadorias, e não necessariamente a produção de relações de produção capitalistas. O processo que institui e define a formação econômico-social capitalista é constituído de diferentes e contraditórios momentos articulados entre si: num deles temos a produção da mercadoria e a produção da mais-valia organizados de um modo caracteristicamente capitalista, dominado pela mais-valia relativa; num outro temos a circulação da mercadoria, subordinada à produção; num outro temos a produção subordinada à circulação. Mas esses momentos estão articulados entre si num único processo, embora possam estar disseminados por espaços diferentes. Estou, portanto, trabalhando com a premissa de que a mercadoria dá um caráter mundial ao capitalismo. Ao mesmo tempo, o meu intuito é o de ir além de procedimentos mecanicistas que transplantam do plano teórico para o plano empírico da realidade histórica as etapas da transformação social. Marx assinalou, em mais de uma ocasião, a questão do ritmo das transformações históricas com o advento do capitalismo, indicando que as relações capitalistas de produção, uma vez instauradas, se disseminam pouco a pouco, de forma até imperceptível, como se nenhuma transformação estivesse ocorrendo.[28] O problema do ritmo e das formas de disseminação do capitalismo é a referência mais fundamental deste trabalho.

No Brasil, o estabelecimento das novas relações de produção combinou-se com a imigração de trabalhadores europeus, como recurso não só para constituir a força de trabalho necessária à cultura do café, mas também como recurso para pôr no lugar do trabalhador cativo um trabalhador livre cuja herança não fosse a escravidão. Mais de 1 milhão e 600 mil imigrantes vieram para o país num período de pouco mais de 30 anos, entre 1881 e 1913, a maioria dos quais para trabalhar como colonos nas fazendas de café. Devido, justamente, à modalidade das relações de produção aí vigentes, no chamado colonato, a imigração constituiu um requisito de importação constante e maciça de trabalhadores em grupos familiares. O colonato, diversamente das relações de produção caracteristicamente capitalistas, que criam a superpopulação relativa na indústria, o excesso de procura de emprego em face da oferta, criou uma *subpopulação relativa* no campo, que tornou a imigração subvencionada pelo Estado um dos seus ingredientes básicos.

A metamorfose da renda capitalizada e as formas de sujeição do trabalho na grande lavoura

A renda capitalizada foi a principal forma do capital da fazenda cafeeira, tanto sob o regime do trabalho escravo quanto sob o regime do trabalho livre. Por isso podia, a um só tempo, fazer do fazendeiro um empresário-capitalista e da fazenda um empreendimento baseado principalmente em relações não capitalistas de produção. Parece-me que os principais autores que se dedicaram ao estudo da economia do café, na tentativa de definir o caráter capitalista da produção cafeeira, não lograram, de fato, decifrar a contradição entre as bases capitalistas da atuação do fazendeiro e as relações não capitalistas da produção do café por não terem incluído em suas análises a problemática da renda capitalizada, isto é, da metamorfose do capital no seu oposto ainda que mantendo a *aparência* de capital.

A palavra "fazenda", tomada no seu sentido coevo, e não no sentido que tem hoje, teria ajudado a chegar a este ponto. De fato, "fazenda" significava o conjunto dos bens, do que foi feito, a riqueza acumulada; significava sobretudo os bens produzidos pelo trabalho e o trabalho personificado no escravo. Estava, pois, muito próxima da noção de capital e muito longe da de propriedade fundiária, que é o sentido que tem hoje.

Um fazendeiro fluminense no século XIX, grande cafeicultor, ao dar um balanço nos seus bens falava no "estado da nossa fazenda", incluindo no inventário objetos que ninguém hoje em dia associaria à concepção de fazenda. Um comissário de café dizia em carta de 1864 a um seu cliente no Vale do Paraíba: "zelo sempre com muita solicitude na fazenda de meus amigos e comitentes".[29] Referia-se, pois, aos bens do fazendeiro depositados em suas mãos – além de dinheiro, café e outras mercadorias – o que hoje se chama de capital de terceiros. Fazendeiro significava, aliás, desde o século XVII, pelo menos, o homem que administra a riqueza, mesmo não sendo o proprietário dela. "Padre-fazendeiro" é a designação que frequentemente se encontra nos documentos setecentistas do Mosteiro de São Bento, de São Paulo, para os monges que administravam suas fazendas no subúrbio, fazendo-as produzir. Era diferente do feitor dos escravos, a quem incumbia organizar o trabalho dos cativos e zelar por sua disciplina, recebendo por isso um salário, mesmo quando era ele um escravo. Somente há pouco mais de um século é que a palavra fazendeiro perdeu sua antiga conotação para significar estritamente o proprietário de terra, não raro o latifundiário. De certo modo, o próprio desenvolvimento do capitalismo entre nós decantou as palavras para dar-lhes sentido mais preciso, conforme a circunstância histórica, distinguindo o mero proprietário de terras do empresário e investidor rural.

Nas diferentes análises observa-se, em geral, que as formas do capital são tratadas como se constituíssem uma única, uma espécie de capital genérico, que na produção não podia originar senão relações capitalistas. Isso impossibilita que se estabeleça qual é o vínculo entre relações de produção, que por suas características não podem ser classificadas como capitalistas, e o capital. Por outro lado, a definição da escravatura no latifúndio cafeeiro como simples instituição, devido à dificuldade de conceituá-la como modo de produção escravista,[30] pode ter como uma das implicações a redução do problema do escravo e das relações de produção à sua mera expressão jurídica, sem alcançar as bases concretas e históricas do trabalho cativo.

Entendo, pois, que o ponto nuclear da análise das relações de produção no café está em identificar as transformações ocorridas com a renda capitalizada, o capital imobilizado improdutivamente na coisa que lhe é objeto, e o seu vínculo com as transformações do trabalho. O rentismo estava na propriedade do escravo, carecendo o fazendeiro de capital adicional para fazê-lo produzir. Tenha-se em conta que na maior parte do período de vigência da escravidão o uso da terra não dependia de compra, e sim de cessão de uso do domínio do que de fato pertencia à Coroa. Não existia, propriamente, a não ser como exceção, a propriedade fundiária, que só se formalizará com a Lei de Terras de 1850. Durante a crise do trabalho servil, o objeto da renda capitalizada passa do escravo para a terra, do predomínio num para a outra, da atividade produtiva do trabalhador para o objeto do trabalho, a terra. Nessa mudança sutil, persiste a dimensão propriamente rentista da economia de exportação, o que é diverso do propriamente capitalista. Porém, libertando do rentismo o trabalho e transferindo o rentismo para a propriedade da terra.

Na vigência do trabalho escravo, a terra era praticamente destituída de valor. Genericamente falando, ela não tinha a equivalência de capital, alcançando às vezes um preço nominal para efeitos práticos, sobretudo quando pequenas indenizações eram oferecidas a posseiros encravados no interior das sesmarias, para pagamento de seus roçados,[31] e não da terra, uma vez que a Lei de Terras reconheceu seu direito de posse das terras de seu cultivo, mesmo como enclaves de terras sesmariais. Isso porque a ocupação da terra seguia dois caminhos distintos: de um lado, o pequeno lavrador que ocupava terras presumivelmente devolutas; de outro, o senhor de escravos e grande fazendeiro que, por via legal, obtivera cartas de sesmarias, enquanto vigia esse regime fundiário, mesmo em áreas onde já existiam posseiros. A carta de sesmaria tinha precedência sobre a mera posse, razão porque em geral o sesmeiro ou comprava a roça do ocupante, ou o expulsava ou, era a regra mais geral, em tempos mais recuados, o incorporava como agregado de suas terras. Agregado ou capanga, como ouvi na região caipira de Bragança Paulista, que não queria dizer pistoleiro, e sim aquele que está sempre junto de outro, pois é o nome que ainda se dá em algumas regiões ao embornal, porque carregado a tiracolo, bem junto ao corpo. Quando a presença de posseiros era muito grande, a desocupação da terra podia ser onerosa, não compensando a confirmação da sesmaria obtida.[32] No período anterior à Lei de Terras, a aplicação de dinheiro na compra da terra envolvia um grande risco por falta de mercado imobiliário. Sendo as terras devolutas abundantes, mesmo após a extinção do regime de sesmarias com a Independência, a sua mera ocupação era expediente simples e eficaz.

Em 1882, a Associação Comercial de Santos estimava que, do valor de uma fazenda de café, uns 20% poderiam corresponder à avaliação da terra.[33] Mas o historiador Affonso d'E. Taunay assinala que as avaliações inventariais imputavam ao terreno preços meramente nominais, não realizáveis. Quando muito, inferiores a essa estimativa.[34] Mais valiosos que a terra eram os escravos.[35] Isso porque "antes do seu aparecimento ali *o valor venal da terra era nulo*. Assim, a fazenda nada mais representava senão o trabalho escravo acumulado".[36] Na verdade, tinha valor o bem sujeito a comércio, coisa que com a terra ocorria apenas limitadamente. Esse fato marcará, como veremos adiante, a história do café posterior à abolição da escravatura. A fazenda consistia, pois, no conjunto dos bens essencialmente constituídos pelos frutos do trabalho.

Esse trabalho era, como sabemos, trabalho compulsório. Entretanto, o caráter compulsório do trabalho não provinha da escassez absoluta de mão de obra, mas do fato de que a oferta desses trabalhadores no mercado era regulada pelo comércio negreiro.[37] Daí decorria a um só tempo a coerção física e a escassez relativa de trabalhadores. Portanto, os mecanismos reguladores da organização econômica da fazenda não dependiam imediatamente da oferta e procura dos bens por ela produzidos, café ou açúcar, mas da oferta e procura de trabalhadores cativos. Ao proibir a escravidão indígena em 1757-1758, apesar das burlas a essa proibição, a Coroa, na verdade, arrecadadora de tributos do tráfico negreiro, confirmou e consolidou um senhorio rentista que a fez sócia maior da escravidão negra e assegurou por longo tempo o caráter meramente residual das determinações capitalistas dos negócios coloniais.

Nesse sentido, o principal capital do fazendeiro estava investido na pessoa do escravo, imobilizado como renda capitalizada, isto é, tributo antecipado, em relação à produção, ao traficante de negros, com base em mera probabilidade de ganho futuro sobre mercadoria viva e de risco. O fazendeiro comprava a capacidade de o escravo criar riqueza, mas para que a criasse tinha que comprar também a pessoa perecível do cativo, coisa exatamente oposta à do trabalho assalariado, em que não é preciso comprar o trabalhador para ter o seu trabalho. De fato, a terra sem trabalhadores nada representava e pouco valia em termos econômicos; enquanto isso, independentemente da terra, o trabalhador era um bem precioso. Ao fazerem empréstimos aos fazendeiros, no século XIX, os financistas e bancos preferiam ter como garantia principal a hipoteca dos escravos e não a hipoteca das fazendas.[38]

O escravo tinha dupla função na economia da fazenda. De um lado, sendo fonte de trabalho, era o fator privilegiado da produção. Por esse motivo era também, de outro lado, a condição para que o fazendeiro obtivesse dos capitalistas (nome reservado aos emprestadores de dinheiro), dos comissários (intermediários na comercialização do café) ou dos bancos o capital necessário, seja ao custeio seja à expansão de suas fazendas. O escravo era o penhor do pagamento dos empréstimos. Por isso, praticamente todo o capital de custeio provinha de hipotecas lançadas sobre a escravaria das fazendas.[39] Tendo o fazendeiro imobilizado nas pessoas dos cativos, os seus capitais, sob forma de renda capitalizada, subordinava-se uma segunda vez ao capital comercial mediante empréstimos, para poder pôr em movimento os seus empreendimentos econômicos, para que a fazenda produzisse sob a canga de juros e rendas. O mesmo se dava quando abria nos sertões novas fazendas, formava os cafezais, montava a infraestrutura e adquiria os equipamentos de benefício do café.

Esse fato teve significativas implicações na economia cafeeira. Quando foi proibido o tráfico negreiro, em 1850, houve uma acentuada e compreensível elevação no preço dos escravos.[40] Um levantamento de preços realizado junto à região de fazendas novas, no oeste paulista, apresenta o seguinte resultado:

Preço médio do escravo – 1843/1887

Período		*Preço em mil-réis*
1843-1847	....	550$000
1848-1852	....	649$500
1853-1857	....	1:177$500
1858-1862	....	1;840$000
1863-1867	....	1:817$000
1868-1872	....	1:792$500
1873-1877	....	2:076$862
1878-1882	....	1:882$912
1883-1887	....	926$795

Fonte: Warren Dean, *Rio Claro – A Brazilian Plantation System, 1820-1920*, Stanford, Stanford University Press, 1976, p. 55.

Com a cessação do tráfico, os preços se elevaram a quase o dobro. Como o preço do escravo era o fundamento das hipotecas, isso representou desde logo um grande aumento no capital disponível para os fazendeiros, renegociado pelas casas comissárias junto aos bancos. Esse capital, aliás, provinha da própria desimobilização de recursos antes aplicados no tráfico negreiro, como observa um dos maiores empresários da época.[41] Tudo indica que essa expansão de oferta de capitais é o que explica a intensificação do avanço dos cafezais do Rio de Janeiro sobre os municípios paulistas limítrofes à província fluminense, no Vale do Paraíba, já que um dispositivo legal circunscrevia os empréstimos hipotecários à região do Rio de Janeiro, de Minas Gerais, do Espírito Santo e áreas próximas. Além desses limites, os comissários sozinhos ou os capitalistas individuais tinham que arcar com os riscos de adiantamentos em dinheiro aos fazendeiros. Tais recursos garantiam a importação de escravos das províncias do Nordeste e do Sul, que vinham suprir a crescente demanda das áreas cafeeiras.

Ao mesmo tempo, porém, os fazendeiros e os comissários sabiam do caráter conjuntural dessa situação favorável. A possibilidade de crescimento da oferta de mão de obra por meio do tráfico interprovincial era visivelmente limitada e a curto prazo e, por isso, desproporcional à expansão territorial e ao crescimento da economia cafeeira. De fato, a expansão do crédito, que aparentemente beneficiava a produção, encerrava uma contradição: a elevação do preço do escravo incrementava a base de obtenção de empréstimos hipotecários ao mesmo tempo que a expansão dos empréstimos ao café ficava na dependência de uma maior imobilização de capital, sob a forma de renda capitalizada na pessoa do cativo. Essa situação, portanto, não beneficiava o fazendeiro, mas sim o traficante agora dedicado ao tráfico entre as províncias, incrementando a irracionalidade econômica do tributo que a produção devia pagar-lhe e pagar ao comércio.

A dupla função da escravatura, como fonte de trabalho e como fonte de capital para o fazendeiro, suscitava, na conjuntura da expansão dos créditos e dos cafezais, o problema de como resolver a contradição que nela se encerrava. Objetivamente falando, a solução inevitável seria a abolição da escravatura. Com a demanda crescente de trabalho escravo e a consequente elevação do preço do cativo, os fazendeiros teriam que imobilizar parcelas crescentes de seus rendimentos monetários, sob a forma de renda capitalizada, pagando aos traficantes de negros um tributo que crescia desproporcionalmente mais do que a produtividade do trabalho.

Não só os traficantes recebiam sob forma de renda parte ponderável dos lucros do café, mas pelo mesmo mecanismo do tráfico interprovincial de escravos, os fazendeiros do Nordeste e do Sul que tinham estoques substituíveis da mão de obra cativa beneficiaram-se largamente do seu inesperado senhorio sobre os cafezais do Rio de Janeiro e de São Paulo, sem dispenderem um centavo, puro rentismo. Aquelas regiões foram beneficiadas por essas transferências de renda das duas províncias, ao mesmo tempo que, no caso do Nordeste, puderam mobilizar e empregar no cultivo da cana a numerosa população de moradores, os agregados descendentes dos índios administrados que foram libertados no século XVIII. Não é estranho que, mais tarde, capitalistas do Nordeste e do Sul tenham se transferido com seus cabedais para São Paulo, aplicando-os em fazendas, imóveis urbanos e ações das empresas que proliferaram após a abolição da escravatura. Esse é um tema sobre o qual não se fala, o que dificulta uma compreensão abrangente na dinâmica do capital, nesse período, na sociedade brasileira.

Aquele círculo vicioso atingia diretamente os elementos do cálculo de lucro do fazendeiro, que se norteava menos pela avaliação direta e explícita de custos do que pela comparação dos seus rendimentos líquidos com a taxa de juros do mercado de dinheiro.[42] Segundo essa orientação, Delden Laërne estimava que já em 1882, seis anos antes da abolição da escravatura, o resultado líquido do empreendimento cafeeiro correspondia a uns 8,5% do capital investido, quando a taxa de juros paga pelo mesmo fazendeiro oscilava entre 10 e 12% ao ano.[43] A consequência direta desse fato foi a intensificação da jornada de trabalho do escravo, aumentando o número de pés de café de que um trabalhador devia cuidar.[44]

Entretanto, a abolição da escravatura não envolvia apenas desonerar a fazenda da renda capitalizada, o capital imobilizado nos escravos, do tributo que ela pagava aos traficantes de negros para obter a sua mão de obra. Tudo indica que tais problemas já eram previstos por ocasião de oficializar a cessação do tráfico negreiro da África para o Brasil, em 1850. No mesmo ano foi promulgada uma lei que estabelecia uma política de imigração de colonos estrangeiros, sobretudo europeus, que produzisse uma oferta de trabalhadores livres nas épocas de maior demanda de força de trabalho por parte das fazendas de café, que eram as da carpa e da colheita. Mas a ampla faixa de terrenos devolutos no país, sujeitos a uma prática de prévia e simples ocupação para posterior regularização, por parte dos interessados, poderia constituir um grande entrave não só à libertação dos escravos como à entrada de trabalhadores livres de origem estrangeira.[45] Até às vésperas da Independência, tinha vigência o regime de sesmarias, em que a concessão de terras devolutas, de domínio da Coroa, a particulares, baseava-se em requisitos estamentais que dificultavam a legalização da ocupação indiscriminada dos terrenos a quem não fosse branco, puro de fé e senhor de escravos. Com a suspensão desse regime, em 1822, e a falta de uma legislação fundiária, os obstáculos deixaram de existir. Somente em 1850 é que o governo legislou sobre o assunto, estipulando que a terra devoluta não poderia ser ocupada por outro título que não fosse o de compra.

Há abundantes indicações de que tais preceitos não foram respeitados. Os ocupantes de terras e os possuidores de títulos de sesmarias ficaram sujeitos à legitimação de seus direitos, o que foi feito em 1854 através do que ficou conhecido como Registro Paroquial. Tal registro validava ou revalidava a ocupação da terra até essa data. Isso não impediu o surgimento de uma verdadeira indústria de falsificação de títulos de propriedade, sempre datados de época anterior ao registro paroquial, registrados em cartórios oficiais, geralmente mediante suborno aos escrivães e notários.[46] Até as primeiras décadas do século XX, esses documentos estavam na raiz de grandes conflitos de terra nas frentes pioneiras de São Paulo. Tais procedimentos, porém, eram geralmente inacessíveis ao antigo escravo e ao imigrante, seja por ignorância das praxes escusas, seja por falta de recursos financeiros para cobrir despesas judiciais e subornar autoridades (essas despesas eram provavelmente ínfimas em relação à extensão e ao valor potencial das terras griladas, mas eram também desproporcionais aos ganhos do trabalhador sem recursos).

A impossibilidade de ocupação legítima, sem pagamento, das terras devolutas, recriava as condições de sujeição do trabalho que desapareceriam com o fim do cativeiro. Mas, não resolvia outro problema que preocupava o fazendeiro em igual extensão: uma nova garantia para o crédito hipotecário, base do capital de terceiros necessário à manutenção e expansão de seus negócios.

Formalmente, a legislação territorial acentuava as garantias de negociabilidade das terras. Mas, isso não revogava a desimportância do mercado imobiliário em face do mercado de escravos. Em 1873, o governo estendera o crédito hipotecário a todos os municípios das províncias de São Paulo, Paraná e Santa Catarina, tendo como suporte a fazenda, representada sobretudo pelas plantações e pelas instalações.[47] Esse procedimento é seguramente uma das causas da intensificação da expansão do café em direção ao oeste de São Paulo, para a região de Campinas e mais além. Essa expansão tem sido atribuída exclusivamente à mentalidade capitalista dos fazendeiros do oeste em contraste com a de seus iguais do Vale do Paraíba, que supostamente não possuíam tal atributo, sendo os do oeste mais empresários capitalistas e os do Vale mais senhores de escravos.

É bem verdade que no que era então a extensa região campineira, desde o século XVIII, havia surgido uma elite de plantadores de cana-de-açúcar, senhores de engenho, na qual tiveram origem as primeiras grandes fortunas de São Paulo. Época em que a escravidão de negros africanos se disseminou na nova região canavieira da capitania como mão de obra característica, bem diversa da dos escravos indígenas, os chamados índios administrados, libertados por essa época, e da população de agregados caipiras, os chamados bastardos de índia e branco, sujeitos à servidão disfarçada dos oriundos do cativeiro indígena. Portanto, período em que a difusão da escravidão negra representou um salto histórico em direção a uma economia de exportação mais próxima do padrão capitalista, sobretudo porque por meio dela foi possível adotar uma disciplina do trabalho na produção agrícola que não fora possível na outra escravidão. É significativo que um modelar empresário capitalista dessa época, cuja economia se situava em parte nessa região, Antônio da Silva Prado, o futuro Barão de Iguape, viesse a ter um neto do mesmo nome que foi, por sua vez, um modelar empresário capitalista do século XIX e início do século XX, um dos grandes responsáveis pelo fim da escravidão negra e pela política de imigração subvencionada que viabilizaria o nosso capitalismo agrário pós-escravista, justamente o do regime de colonato. O mesmo Barão de Iguape preferia investir seus capitais no comércio e não na agricultura, procurando incrementar mais rapidamente seus lucros nos setores intermediários entre a produção e a exportação.[48]

A substituição da cana pelo café demandava capital.[49] Tanto os fazendeiros de cana-de-açúcar do oeste quanto os fazendeiros de café do Vale do Paraíba dependiam do trabalho escravo e estavam, portanto, basicamente sujeitos à mesma forma limitante de capital, a renda capitalizada no cativo. Personificavam, tanto num lugar quanto no outro, o rentista e o comerciante. Não só no oeste mas também no Vale era possível encontrar capitalistas ativos, cuja mentalidade e cuja orientação econômica de modo algum se baseava numa vinculação emocional e afetiva à terra.[50] Por outro lado, tanto no oeste quanto no Vale era possível encontrar na mesma época escravistas empedernidos, que não viam outro modo de organizar a produção de cana-de-açúcar ou de café senão com base no trabalho escravo e que, por isso, temiam o trabalho livre.

A extensão do crédito hipotecário a todo o território paulista, com base agora nos imóveis, abria assim a possibilidade de substituição do escravo não só como trabalhador mas também fonte de capital de custeio. Ainda que a terra nua continuasse sendo considerada pouco relevante na garantia hipotecária dos empréstimos em relação ao que era o capital propriamente dito da fazenda de café, como os cafezais, as instalações e as máquinas. Entretanto, quando as primeiras hipotecas foram executadas, surgiram também as primeiras dificuldades com essa inovação. Os comissários, os bancos, os comerciantes não estavam interessados em se tornar fazendeiros. Alguns alegavam até que nem mesmo sabiam como lidar com uma fazenda de café.[51] Os próprios comissários haviam trabalhado pela criação da carteira hipotecária do Banco do Brasil, modo de se livrarem das arriscadas funções bancárias que mantinham com seus clientes. Mas a legislação estabelecera "a adjudicação forçada do imóvel penhorado e executado ao credor, na última praça de liquidação e na ausência de licitantes".[52] Ora, tal solução não interessava aos credores dos fazendeiros insolventes, dado que o que tinha curso no comércio e constituía o objetivo de todo o aparato era o café, a mercadoria em condições de ser comercializada, quase como dinheiro. Obtiveram com isso, em 1885, modificações nas leis, de modo que, no lugar da hipoteca do imóvel, lhes fosse garantida a penhora do fruto pendente e do fruto colhido.[53] Essas alterações nas condições de financiamento da produção de café eram necessárias igualmente porque, como se vê no quadro anterior, depois da acentuada alta decorrente do fim do tráfico, a queda no preço dos escravos, ante o fim previsível e iminente do regime servil, diminuía a capacidade dos fazendeiros de levantarem capitais junto a seus credores em proporção ao volume de seus negócios. Basicamente, as relações comerciais tendiam a desorganizar a produção.

Tais modificações expressavam outras, relativamente ao valor da propriedade e à sua realização no mercado imobiliário, definidas a partir, até, de sofisticadas formulações teóricas. Na própria década da abolição da escravatura, já estava claro que o trabalho criava valor e que esse valor não se confundia com a pessoa do escravo, mas era o que se materializava nas coisas produzidas pelo trabalho, fosse ele escravo ou livre.[54] Surgiram, por isso, no debate político da época, duas tendências quanto à forma de substituir o trabalho escravo pelo trabalho livre. Todos estavam de acordo que era preciso criar um fluxo substitutivo de força de trabalho e que, portanto, o Brasil precisava aumentar a sua população. Mas, para alguns, a questão importante era a de criar condições para que a propriedade fundiária substituísse o escravo como garantia do crédito hipotecário para capital de custeio. Isso poderia ocorrer se, além da criação de valor pela incorporação de trabalho à terra, surgissem condições para permitir a realização desse valor. Tal concepção implicava advogar a fragmentação da propriedade e a criação de uma agricultura de pequenos proprietários, com colonos imigrados da Europa. O incremento da demanda de terra por parte desses colonos provocaria artificiosamente uma elevação no preço das terras, de modo a aproximar valor e preço, a evitar que o frágil mercado fundiário reduzisse o preço da terra a menos do que valia e deprimisse, portanto, a capacidade do fazendeiro de obter os créditos necessários à produção do café. Desse modo, os bancos e comissários teriam novamente uma contrapartida valorizada para os seus capitais, tal como ocorrera com o escravo antes que seu preço começasse a deteriorar rapidamente em virtude da perspectiva de um fim iminente para o cativeiro.[55]

Reagiram os grandes fazendeiros, sem descartar a possibilidade de os imigrantes se tornarem proprietários de pequenas glebas. Entendiam que o acesso direto à propriedade não deveria consumar-se com a pretendida facilidade, pois houve no Parlamento quem advogasse até pela entrega gratuita, pura e simples, das terras aos possíveis colonos.[56] A fórmula que propunham e que acabaram implantando era a de que o imigrante deveria conquistar a propriedade da terra pelo trabalho, presumivelmente trabalho na grande lavoura. Nesse caso, o trabalho prévio na fazenda de café entrava como condição para que o trabalhador obtivesse os meios para se tornar proprietário de terra.

Combinavam-se de novo, sob outras condições históricas e, portanto, de outra forma, aparentemente invertidos, os elementos de sustentação da economia de tipo colonial. A renda, até então capitalizada no escravo, tornava-se renda territorial capitalizada. *Se no regime sesmarial, o da terra livre, o trabalho tivera que ser cativo; num regime de trabalho livre a terra tinha que ser cativa.* No Brasil, a renda territorial capitalizada não é essencialmente uma transfigurada herança feudal. Ela é engendrada no bojo da crise do trabalho escravo, como meio para garantir a sujeição do trabalho ao capital, como substituto da expropriação territorial do camponês, que, no advento do capitalismo, criou a massa de deserdados apta a entrar no mercado de trabalho da nova sociedade. Aqui, a propriedade teve a função de forçar a criação da oferta de trabalho livre e barato para a grande lavoura. Foi aqui o meio substituto da acumulação primitiva na produção da força de trabalho, com a mesma função: a expansão do capitalismo só seria possível com o surgimento de uma massa de trabalhadores livres porque livres dos meios de produção para trabalhar por conta própria, sujeitos, portanto, à necessidade de trabalhar para o capital para sobreviver.

A renda territorial surge da metamorfose da renda capitalizada na pessoa do escravo; surge, portanto, como forma de capital tributário do comércio e não do traficante, como aquisição do direito de exploração da força de trabalho, em oposição ao direito de propriedade sobre a pessoa do trabalhador. A propriedade do escravo se transfigura em propriedade da terra como meio para extorquir trabalho do trabalhador e não para dele extorquir renda em trabalho e produto. A renda territorial capitalizada não se constitui como instrumento de ócio, mas instrumento de negócio. Engendra, portanto, um capitalista que personifica o capital produtivo subjugado pelo comércio, a produção cativa da circulação. A melhor evidência está no fato de que o proprietário de terra que vive do arrendamento de suas propriedades a arrendatários capitalistas é fenômeno relativamente raro ainda hoje na sociedade brasileira, que se difunde nos setores mais caracteristicamente empresariais da economia agrícola. No mais, na pessoa do fazendeiro convive a condição de proprietário com a de capitalista.

Claro está que esse processo não representou uma simples inversão, mera substituição da renda capitalizada no escravo pela renda capitalizada na terra. Ao contrário, ocorre aí uma transformação historicamente decisiva. O trabalho libertado do trabalhador cativo e, portanto, da condição de renda capitalizada, deixa de ser componente do capital para contrapor-se objetivamente ao capital. Nesse processo, ao libertar o trabalhador, o capital se libertou a si mesmo.

A primeira e fundamental consequência dessa transformação foi a de que se alterou o polo dinâmico da fazenda de café. Quando a renda capitalizada era representada pelo escravo, a atividade nuclear da fazenda estava no trato do cafezal e na colheita do café. A formação da fazenda (derrubada da mata, limpeza do terreno, plantio e formação do cafezal) era atribuída aos homens livres que coexistiam com os escravos, que eram os caboclos e caipiras, remanescentes da escravidão indígena formalmente extinta no século XVIII. Remunerados mediante pagamentos ínfimos, completados com a possibilidade de utilizarem a terra intersticial entre os cafeeiros jovens para produção de alimentos e até mesmo a de fazerem a primeira colheita de café, entregavam depois o cafezal formado ao fazendeiro. Essa forma rentista e pré-capitalista de implantação das novas fazendas deprimia o capital variável necessário à formação do cafezal, permitindo ao fazendeiro receber como sua uma plantação que valia muito mais do que havia pagado por ela. Recurso semelhante foi largamente usado depois do advento do trabalho livre, o próprio colono não raro empregado na formação da fazenda. Por outro lado, o benefício do café, até 1870 mais ou menos, ainda era feito por maquinismos toscos de madeira, fabricados na própria fazenda, o que deprimia, também, o capital constante na fazenda empregado. Essa ênfase econômica no trato e na colheita responde em grande parte pela lenta expansão dos cafezais ao longo do Vale do Paraíba, porque justamente o setor no período alcançado pela crise do trabalho escravo.

Já quando o capital anteriormente empregado no escravo se transfigura em renda territorial capitalizada, a ênfase do empreendimento econômico do café passa a ser a formação da fazenda, pois o seu valor de mercado estará nos frutos que poderá produzir, no trabalho materializado nas plantações. O capital deixa de se configurar no trabalhador para configurar-se no resultado do seu trabalho. O valor da fazenda se contará, pois, pelo número de cafeeiros e por sua produtividade, pela quantidade de arrobas de café que se pode obter de uma árvore em média. Ainda assim, estamos principalmente, mas não exclusivamente, em face da renda capitalizada na terra e não apenas em face de capital constante. Muitos fazendeiros passaram a ter preferência pela abertura de fazendas em terras novas, recém-desmatadas, onde a produtividade do cafeeiro era imensamente maior do que em regiões ocupadas há mais tempo, como nas esgotadas terras do Vale do Paraíba.[57] Fazendeiros deslocavam-se para novas regiões em busca de terras mais férteis. O capital que antes era pago aos traficantes de escravos passou a ser pago às companhias imobiliárias e aos grileiros que, com base em documentos falsos, depois de 1854, apossaram-se de extensas áreas devolutas ou ocupadas por posseiros, revendendo-as a novos e potenciais fazendeiros. A principal fonte de lucro do fazendeiro da frente pioneira, como a de Ribeirão Preto e da Mogiana, foi, nos anos da expansão, a renda diferencial da terra produzida pela maior fertilidade natural das terras novas, algo que não dependia de investimentos de capital.

O surto ferroviário a partir de 1866 tem como elemento explicativo essencial a renda diferencial decorrente do encurtamento das distâncias entre o lugar da produção do café e o porto do embarque para exportação. Não é casual que, excetuada a construção da São Paulo Railway, entre Santos e Jundiaí, que era inglesa, boa parte da rede ferroviária paulista tenha sido construída e financiada pelos próprios fazendeiros de café. Lucravam os produtores de café com a economicidade que essa aproximação dava a suas fazendas. Os lucros das companhias ferroviárias procediam sobretudo da renda diferencial que elas incrementavam, incluindo áreas inacessíveis dentro de um circuito de rentabilidade que tinha como referencial o porto de Santos.

Mas, uma outra consequência da transformação apontada antes foi um incremento de inversões no equipamento de benefício de café, como máquinas, secadores etc. Esses investimentos passaram a ser valorizados na concessão de empréstimos hipotecários em substituição aos empréstimos garantidos pela propriedade de escravos. Ao mesmo tempo, começou a adquirir importância econômica o pagamento em dinheiro do trato e do café feitos por colonos. Em suma, a transformação apontada tornou possível a conversão de parte da renda capitalizada na pessoa do escravo em capital constante e capital variável, ou seja, em plantações, equipamentos e instalações, de um lado, remuneração de trabalho de outro. É significativo que a modernização do equipamento de benefício de café tivesse início mais ou menos em 1870, quase ao mesmo tempo que os empréstimos hipotecários eram liberados para os municípios vizinhos da província do Rio de Janeiro. Pouco depois, o escravo foi substituído pela fazenda como garantia das hipotecas. Quase simultaneamente tem início a imigração em massa subvencionada pelo governo, que libera o fazendeiro de imobilizar recursos, sob forma de renda capitalizada, na pessoa do cativo. Tudo isso ocorreu no curso prazo de 18 anos, entre 1870 e 1888. São indicações de mudanças objetivas nas condições de produção do café, que deram um significativo suporte à transformação da mentalidade do fazendeiro, de modo a liberá-la da peia representada pelo escravo na sua lógica econômica.

A transformação da renda capitalizada recriou as condições de sujeição do trabalho ao capital, engendrando ao mesmo tempo um sucedâneo ideológico para a coerção física do trabalhador, o do imaginário da ascensão social pelo trabalho, na sua conversão de colono em proprietário de terra.

A formação da fazenda de café: conversão da renda em trabalho em capital

A Lei de Terras, de 1850, e a legislação subsequente codificaram os interesses combinados de fazendeiros e comerciantes, instituindo as garantias legais e judiciais de continuidade do padrão de exploração da força de trabalho, mesmo que o cativeiro entrasse em colapso. Na iminência de transformações nas condições do regime escravista, que poderiam comprometer a sujeição do trabalhador, criavam as peculiares condições que garantissem, ao menos, a sujeição do trabalho na produção do café.[58] Importava menos a garantia de um monopólio de classe sobre a terra do que a garantia de uma oferta compulsória de força de trabalho à grande lavoura. De fato, porém, independentemente das intenções envolvidas, a criação de um instrumental legal e jurídico para efetivar esse monopólio, pondo o peso do Estado do lado dos interesses econômicos do grande fazendeiro, dificultava o acesso à terra aos trabalhadores sem recursos. Criava artificialmente a superpopulação relativa de que o café necessitava na real escassez relativa de mão de obra.

A extensão e a abundância de terras devolutas, teoricamente desocupadas, virtualmente disponíveis para serem incorporadas pela grande lavoura, tanto antes da lei de 1850 quanto já na sua vigência, não eram fatores suficientes para dar continuidade à expansão do café. Além da disponibilidade de terras, era necessária a abundância de mão de obra de trabalhadores dispostos a aceitar o mesmo trabalho que até então era feito pelo escravo.

Trabalhar para vir a ser proprietário de terra foi a fórmula definida para integrar o imigrante na produção do café. Esse imigrante estava essencialmente em antagonismo com o cativeiro, que temia e repudiava, se não para o negro, ao menos para si. Repudiava, igualmente, qualquer identificação com o negro. O próprio fazendeiro acautelava-se para não dispensar ao imigrante o mesmo tratamento que dispensava ao escravo quando ambos chegaram a conviver na fazenda. Inaugurando um novo secador de café, um fazendeiro de Campinas promoveu uma grande comemoração devidamente hierarquizada, que é uma significativa indicação a respeito: "à tarde foi servido, no terreiro da fazenda, um grande jantar aos escravos ... [...] Às 6 horas da tarde foi servido o banquete aos convidados, na sala de jantar ... [...] Às 7 horas foi servido, em outra sala do prédio, o lauto jantar aos colonos ...".[59] Os do terreiro, os de fora, não eram iguais aos de dentro da casa. Mas dentro da casa havia o jantar do fazendeiro e o jantar do colono, o que come antes e o que come depois. Embora desiguais, fazendeiro e imigrante são vinculados entre si por uma igualdade básica, a identidade de quem come na casa-grande. Nesse plano, o imigrante está contraposto à senzala. Condenado a trabalhar, o seu trabalho, na sua interpretação, é radicalmente diferente do trabalho do negro cativo. Na lúcida observação de um contemporâneo "a escravatura [...] desonrou o trabalho, enobreceu a ociosidade ...".[60] A condição de homem livre para ser concebida como condição compatível com o trabalho tinha que passar por redefinições ideológicas radicais, pois, para o negro, "a liberdade era [...] a liberdade de nada fazer ...".[61] É claro que, para o branco, tais avaliações tinham como parâmetro o negro escravizado, o negro sem vontade própria, cujo querer era o querer de seu senhor. Quando o negro, libertado, fazia valer a sua liberdade, era acoimado de vagabundo, porque, para o branco, querer de negro era querer de sujeição, embora para o negro fosse afirmação e consciência da liberdade.

Do mesmo modo que, para o fazendeiro, também para o imigrante ser livre era o mesmo que ser proprietário. A sua designação como colono já era parte de um ardil ideológico que o comprometia com a propriedade. Nos lugares de emigração, na Europa, colono era a denominação de quem ia colonizar as regiões novas dos Estados Unidos ou da Austrália.[62] No Brasil, entretanto, colono passou a ser sinônimo de empregado. Por oposição ao escravo, o colono entra na produção do café pela valorização moral do trabalho, não só porque o trabalho fosse uma virtude da liberdade, mas porque era condição da propriedade. Essa vinculação ideológica entre trabalho e propriedade, essa identificação básica entre a colônia e a casa-grande, terá repercussões na vida da fazenda e na elaboração das relações de produção com base no trabalho livre.

Ao contrário do que parece crer a maioria dos autores que tem feito referências à substituição do trabalho escravo pelo trabalho livre, essa passagem foi relativamente complicada e tensa.[63] Embora uma suposta mentalidade escravista do fazendeiro possa ter oferecido dificuldades no relacionamento com o imigrante, a verdade é que as condições objetivas da substituição do negro pelo branco sofreram de imediato poucas modificações em relação às condições do trabalho escravo. Como a escravidão não era mera instituição, mas sim uma relação real e cotidiana fundada em condições históricas definidas, a sua supressão jurídica ou a mera incorporação produtiva do trabalho do homem livre não era suficiente para alterar o teor do vínculo entre o fazendeiro e o trabalhador. A mentalidade do fazendeiro tinha, pois, raízes sociais definidas e expressava a forma de capital que estava na base de seu empreendimento. Isso valia tanto para os fazendeiros do Vale do Paraíba quanto para os do oeste de São Paulo, onde justamente havia claras dificuldades para incorporar o imigrante ao trabalho das fazendas, como demonstrou o caso da Fazenda Ibicaba.[64]

Por esse motivo, a simples possibilidade de trazer para o Brasil imigrantes, trabalhadores livres que se integrassem na produção do café, não era suficiente para efetivar a inversão da combinação contraditória de trabalho cativo e terra livre. O avanço da cultura cafeeira sobre novas áreas dependia fundamentalmente de mão de obra, sem o que a terra tinha pouca utilidade. Mas, na crise de transição, trabalho livre também tinha um sentido muito particular para o fazendeiro, que de modo algum se explicitava plena ou principalmente na sua formulação jurídica. O trabalho livre era concretamente o trabalho liberto do tributo ao traficante, da transferência de capital da produção ao comércio, era o trabalho liberto da condição de renda capitalizada; era o trabalho que entrava no processo produtivo completamente desonerado. No entanto, o capital empregado na "importação" do branco imigrante não estava necessariamente livre da condição de tributo, conquanto fosse o trabalhador juridicamente livre.

É quase uma regra argumentar pela superioridade do trabalho livre da região de Campinas em relação ao trabalho escravo do Vale do Paraíba. Tal argumento, porém, acoberta um fato crucial: o trabalho livre que se implanta na região de Campinas, no que muito depressa viria a ser o antigo oeste com o desbravamento de novas regiões, não é radicalmente diferente do trabalho escravo no Vale. O trabalhador entra no processo produtivo como renda capitalizada, já que o fazendeiro tinha que custear transporte, alimentação e instalação do colono e sua família. Esse dispêndio podia ser inferior ao preço do escravo, mas alterava em muito pouco a qualidade da relação entre o fazendeiro e o colono. O trabalho livre era ainda o trabalho de um trabalhador que continuava assumindo a forma de renda capitalizada do fazendeiro, mediante antecipações de capital aos traficantes de imigrantes. Isso instituía uma modalidade de servidão por dívida do colono em relação à fazenda. O que o fazendeiro nele gastava não era salário, era investimento. Quando houve desinteligência entre o colono e o fazendeiro, não foi incomum que este vendesse a outro fazendeiro a dívida do trabalhador, repassando-o, em consequência como se fosse coisa sua.

O colono foi incorporado à economia cafeeira nos termos de costumes e de um processo de trabalho que não mudara em relação à escravidão, apesar da mudança no processo de valorização, no modo de extração do excedente econômico do trabalhador e no modo de sua circulação e acumulação. Em boa parte porque na região campineira o café não se disseminou com base na incorporação de terras novas, como ocorreria no oeste novo, com significativa incidência na institucionalização do regime de colonato, como veremos adiante. Ali, muitas fazendas de café resultaram da substituição de culturas em antigas fazendas de cana-de-açúcar.[65] Essas terras antigas haviam sido obtidas por cartas de sesmarias ainda no século XVIII, quando muito no começo do século XIX, e geralmente haviam permanecido no patrimônio das famílias através da herança. Na apropriação da terra e em seu cultivo não havia propriamente a incidência do novo e de fatores de inovações profundas.

A questão da relação entre a terra e o trabalho vai surgir plenamente no oeste novo, depois de 1870, após o desaparecimento da renda capitalizada na pessoa do trabalhador, ao final de um processo relativamente demorado e complicado que culminaria com a imigração subvencionada no lugar da imigração promovida por particulares, como ocorrera na já citada Fazenda Ibicaba, do senador Vergueiro, e muitas outras fazendas na região de Campinas.[66] O mestre-escola e colono suíço Thomas Davatz afirmou cruamente, em suas memórias, que, "apenas chegados ao porto de Santos [...] os colonos já são, de certo modo, uma propriedade da firma Vergueiro".[67] E acrescentou, mais adiante: "dessa forma o colono se apercebe finalmente de que acaba de ser comprado".[68] Somente com esse desaparecimento, com a libertação do trabalhador da peia que o prendia por dívida ao fazendeiro e o fazendeiro aos que de algum modo lhe asseguravam a mão de obra de que necessitava, é que se tornaria possível desvendar a importância do monopólio de classe sobre a terra no processo de formação não capitalista do capital do café. Não era a dívida apenas que prendia o colono ao cafezal, mas o fato de ser um trabalhador livre de meios de produção, sem alternativa senão a de trabalhar nas fazendas da grande lavoura.

Já com a cessação do tráfico negreiro teve início a adoção do regime de parceria em várias fazendas, experimentado inicialmente com imigrantes suíços na Fazenda Ibicaba, da firma Vergueiro & Cia., em Limeira, na região campineira.[69] Na parceria, conforme o contrato assinado com os colonos suíços, "vendido o café por Vergueiro & Cia., pertencerá a estes a metade do seu produto líquido, e a outra metade ao [...] colono".[70] Entretanto, o parceiro era onerado com várias despesas, a principal das quais era o pagamento do transporte e gastos de viagem, dele e de toda a sua família, além da sua manutenção até os primeiros resultados de seu trabalho. Diversos procedimentos agravavam os débitos, como a manipulação das taxas cambiais, juros sobre adiantamentos, preços excessivos cobrados no armazém pelos bens de consumo do colono (em comparação com os preços das cidades próximas), além de vários abusos e restrições. Esses meios de intensificação da exploração do trabalho, através do incremento da dívida contraída junto ao fazendeiro, protelavam a remissão dos débitos dos colonos, prolongando a servidão virtual em que se encontravam.

Aos olhos de um dos colonos, tais fatos significavam que "o colono europeu só vale mais do que os negros africanos pelo fato de proporcionar lucros maiores e de custar menos dinheiro".[71] O colono Thomas Davatz, em suas conhecidas memórias, infere daí toda a problemática realização do trabalho livre nas condições da economia brasileira. O princípio da propriedade tendia a dominar todos os fatores envolvidos no processo produtivo: "o solo é propriedade do patrão e os moradores o são de certo modo..".[72] Isso se devia basicamente a que, tendo feito despesas na importação da mão de obra, o fazendeiro sentia-se impelido a desenvolver mecanismos de retenção dos trabalhadores em suas terras, como se fosse seus donos: "os patrões [...] quase não dão dinheiro aos seus colonos, a fim de prendê-los ainda mais a si ou às fazendas".[73] Desse modo, o trabalhador não entrava no mercado de trabalho como proprietário da sua força de trabalho, como homem verdadeiramente livre. Quando não estava satisfeito com um patrão, querendo mudar de fazenda, só podia fazê-lo procurando "para si próprio um novo comprador e proprietário",[74] isto é, alguém que saldasse seus débitos com o fazendeiro.

O caráter opressivo do sistema de parceria adotado pela firma Vergueiro & Cia. era manifesto sobretudo no fato de que, embora os colonos fossem juridicamente livres, não o eram economicamente, do que resultava uma situação similar à do escravo. A aguda consciência que tinham desse fato culminou com uma sublevação a 24 de dezembro de 1856, acoimada de comunista pelo próprio Nicolau Vergueiro, em carta ao vice-presidente da província apenas seis semanas após a ocorrência.[75] A sublevação comprometeu a parceria como meio de introdução do trabalho livre nas plantações de café. De fato, ante a possibilidade de enfrentarem problema idêntico em suas fazendas, os outros cafeicultores introduziram modificações nos critérios econômicos de absorção do trabalho dos colonos, o que abriu caminho para o que se pode definir apropriadamente como a invenção do regime de colonato.

Na carta de Vergueiro, o que chama a atenção é a modernidade do vocabulário político que utiliza para definir os imensos riscos contidos no protesto de seus colonos, que vieram para o Brasil claramente motivados pela aspiração de se tornarem proprietários de terra. Vergueiro via por trás da manifestação dos colonos a ação de clubes comunistas, supostamente sediados no Rio de Janeiro. A atualidade dessa impressão é espantosa, pois o *Manifesto comunista*, de Marx e Engels, fora lançado apenas oito anos antes. E não se tratava de vaga notícia a respeito das ideias subversivas que se difundiam na Europa. Vergueiro definia o acontecimento de Ibicaba como revolta e nela via uma afronta à nossa "dignidade nacional ofendida pelos proletários da Suíça". Invocava perigos maiores do que os de uma simples greve de trabalhadores rurais. Mandara espionar Davatz e seus seguidores e, com base no que coligiu, falava num plano de tomada da província de São Paulo por uma aliança de colonos suíços alemães, escravos e "também alguns brasileiros descontentes" que, no fim, republicanizariam o Brasil.[76]

O documento de Vergueiro demonstra o quanto os fazendeiros tinham consciência da enorme distância social e histórica que separava as relações escravistas que praticavam em suas fazendas em face da outra ponta da mesma economia, a realidade industrial europeia constituída sobre relações de trabalho livre e salarial. A questão da invenção de relações de trabalho substitutivas do escravismo nos cafezais de São Paulo é significativa indicação de quanto sabiam os fazendeiros em relação à intensidade da exploração do trabalho que queriam adotar em função da acumulação de capital que por meio dela queriam alcançar.

No fundo, o debate sobre o trabalho livre e as técnicas sociais que foram usadas para implantá-lo (como a de escolher colonos de sociedades atrasadas e pré-modernas, socializados em culturas de sujeição, organizados em família e não imigrados individualmente, o que os tornava dóceis e temerosos de ficarem sem trabalho) sugere que buscavam instituir uma espécie de "índice de amansamento e sujeição do trabalhador". Era a contrapartida da potencial acumulação capitalista que dela resultaria. Um indicador que seria, como foi, largamente usado no recrutamento e na seleção social, cultural e nacional dos trabalhadores livres pelos arregimentadores e traficantes de mão de obra para isso contratados.

Os fazendeiros paulistas do chamado oeste novo eram empresários capitalistas não porque fossem simplesmente capazes de adotar relações mais modernas de trabalho do que as da escravidão (como se tem dito), mas porque foram capazes de adotar as relações mais atrasadas e mais baratas que podiam na circunstância do trabalho livre inevitável. Desse modo poderiam alcançar a maior acumulação de capital que calculadamente seria possível e, ao mesmo tempo, realizar um salto histórico em direção à modernidade do capitalismo industrial, que compensasse a lentidão do desenvolvimento econômico decorrente dos séculos de atraso representado pela escravidão e pela dominação colonial. Portanto, como estruturalmente já ocorrera com a escravidão, a junção do máximo atraso possível nas relações de trabalho com o máximo de adianto possível no emprego capitalista do capital delas extraído. A invenção do trabalho livre sobre as ruínas da escravidão, por esses capitalistas historicamente bifrontes, era presidida por uma consciência social singular, equivalente entre nós à função histórica que a ética protestante tivera, também singularmente, no nascimento e difusão do moderno capitalismo na Europa.[77]

Nesse esquema, as relações de trabalho continham um potencial de atualização, em face do desenvolvimento capitalista, que foi e vem se realizando lentamente por cerca de um século e meio, permitindo antecipações políticas das inovações sempre que as tensões trabalhistas avançam além dos limites dessa prudência empresarial. Foi assim por exemplo, nos desdobramentos da Greve Geral de 1917, foi assim na Revolução de 1930, foi assim na viabilização da reforma agrária pelo regime militar, em 1965, e foi assim nas greves e manifestações operárias dos anos 1970.

É nessa perspectiva que se pode compreender a variedade de esquemas de relacionamento entre colonos e fazendeiros que surgiu no lugar da experimental e problemática parceria, quando a escravidão negra entrou em crise com a cessação do tráfico negreiro.[78] Esquemas que culminariam no que ficou conhecido como regime de colonato. Uma fórmula que adquiriu notoriedade foi a das colônias particulares. Ela diferia da parceria na modalidade de pagamento do trabalho. A família de colonos recebia um pagamento fixo em dinheiro pelo trato da parte do cafezal a seu cargo, tendo que fazer de 5 a 6 carpas por ano nas leiras de café, para remover as ervas daninhas. Pela colheita, recebia uma quantia determinada por alqueire de café colhido, o que representava uma importância variável a cada ano, dependendo da produtividade do cafezal.[79] Tal critério não removeu a questão da liberdade do colono, ainda sujeito ao pagamento de débitos, juros e multas.[80] Sua melhor aceitação em relação ao regime de parceria deveu-se à melhora nos ganhos do colono, acelerando a remissão dos débitos e tornando viável a independência econômica do trabalhador.

Isso não impedia, entretanto, a ocorrência de dificuldades nas relações de trabalho, derivadas basicamente do fato de que o fazendeiro, tendo subvencionado a vinda do imigrante, considerava o colono propriedade sua. O Visconde de Indaiatuba, cafeicultor na região de Campinas, que era um liberal, referia-se aos trabalhadores de sua fazenda como "meus colonos".[81] Essa concepção de propriedade sobre o trabalhador tinha graves implicações sobre a liberdade civil do colono, já que com isso todas as suas relações sociais e não econômicas ficavam sujeitas aos critérios da exploração econômica. Indaiatuba assinala, indignado, por exemplo, que outro fazendeiro, em 1874, "promovera casamento entre um seu colono e uma colona minha".[82] Essa era, na verdade, uma técnica de aliciamento de trabalhadores. Por esse meio, um fazendeiro podia obter mão de obra sem fazer investimento de capital no recrutamento e transporte de imigrantes estrangeiros, já que esses gastos haviam sido feitos por outro fazendeiro.

A partir de 1870 essa dificuldade seria atenuada com o início da imigração subvencionada pelo governo imperial e, alguns anos mais tarde, pelo governo da província de São Paulo.[83] Os imigrantes, entretanto, eram de preferência assentados em colônias oficiais, em regime de pequena propriedade. O governo pagava as despesas de transporte para o Brasil até a localidade de fixação do imigrante e sua família. Além de custear e financiar a terra e as despesas iniciais de manutenção da família, mantinha um regime de tutela sobre o colono geralmente durante um período de dois anos. Esse critério não visava ampliar o número de plantadores de café, já que o problema não estava no número de proprietários, mas no número de trabalhadores necessários à cultura cafeeira. Os colonos foram geralmente colocados em terras impróprias para café ou cana, na esperança de que se dedicassem à produção de alimentos baratos, como milho, feijão, arroz e mandioca. Esses alimentos, embora muito consumidos, não tinham um mercado significativo, já que todas as fazendas e sítios os produziam para seu próprio consumo. Basicamente, essa produção garantiria a alimentação da família imigrante e o excedente seria consumido pelo incipiente mercado urbano. A aquisição de roupas, remédios e, eventualmente, outras mercadorias, dependentes de dinheiro, teria que ser feita mediante ganhos com a parte da remuneração revestida de forma salarial. O governo, constituído, aliás, de grandes fazendeiros e seus representantes, procurava organizar viveiros de mão de obra que se oferecesse às fazendas de café para o trabalho sazonal de trato e colheita, à medida que isso fosse necessário.

Foram muitas as queixas contra tal sistema, pois nem sempre as colônias eram localizadas junto às grandes fazendas mais necessitadas de trabalhadores. A imigração subvencionada para criação de colônias oficiais teve, porém, uma grande importância. Fundamentalmente, instituiu a intervenção do Estado na formação do contingente de força de trabalho, como uma espécie de subvenção pública à formação do capital na grande fazenda. Esse era um ponto de grande resistência política, pois implicava desviar recursos públicos para um único setor da economia, o do café, além de tudo muito localizado regionalmente, no sudeste do país.

Por isso, todo o debate parlamentar sobre a abolição da escravatura foi, ao mesmo tempo, um debate sobre a propriedade fundiária e sobre a colonização. A diversidade de interesses econômicos, por exemplo entre os fazendeiros de cana do Nordeste e os fazendeiros de café do Sudeste do país, complicava-se com a diversidade de interesses entre os fazendeiros de café da região fluminense e os fazendeiros de café da região paulista. Os primeiros haviam constituído suas fazendas estritamente com base no trabalho escravo, enquanto os segundos o fizeram já no bojo da crise dessa modalidade de exploração da força de trabalho. As garantias de créditos eram diversas num caso e no outro e toda a economia da fazenda, em cada uma dessas situações, girava em torno de lógicas econômicas diversas e até opostas. A imigração subvencionada, ao menos ainda na vigência da escravidão, beneficiava as fazendas do oeste paulista com o que era, na prática, um subsídio do Estado para uma economia já beneficiada por produtividade superior à da região fluminense.

A solução do problema foi encontrada com a manutenção, em linhas gerais, das relações de trabalho instituídas com as colônias particulares instaladas no interior das fazendas. O fazendeiro não teria que arcar com as despesas da imigração, que passaria a ser subvencionada pelo governo, ficando liberado da imobilização de capital que fazia na pessoa do colono, sob a forma de renda capitalizada, com os dispêndios junto a agenciadores, companhias de transporte marítimo etc.[84] Em vez de encaminhar os imigrantes recrutados por agenciadores a serviço do governo para colônias oficiais, eles passaram a ser encaminhados para as próprias fazendas de café, mediante requisição dos fazendeiros ao serviço de imigração. Um dos maiores cafeicultores e empresários da época, seguramente o maior responsável pela fórmula que viabilizou o fim da escravatura, o paulista Antônio da Silva Prado, assinalava no Senado do Império, em 1888, poucos meses depois da abolição, o que a imigração subvencionada representava para a economia da fazenda de café. Dizia ele não conhecer outro meio para atender a demanda de braços para o trabalho senão aquele que o governo se tem esforçado para empregar em larga escala, isto é, a introdução de imigrantes, e pelo modo por que pretende dirigi-la, fornecendo trabalhadores à lavoura sem que os lavradores tenham necessidade de, para este fim, dispender capitais.[85]

Como muitos fazendeiros pretendiam receber indenização do Estado pelos lucros cessantes advindos da extinção da escravatura, já que tinham imobilizado seus capitais nas pessoas de seus escravos, a resposta oficial representou uma significativa recusa da mentalidade baseada na renda capitalizada. Mais importante do que a propriedade sobre o trabalhador era assegurar o trabalho que cria a riqueza, que cria valor.[86] Contra a opinião de muitos fazendeiros de mentalidade escravista, o governo legislava corretamente pela cabeça dos fazendeiros-empresários. Separava, finalmente, o trabalho e a pessoa do trabalhador, libertando, enfim, o próprio trabalho como fator de criação de riqueza. Uma abolição no interior da abolição, sem a qual a abolição da escravatura perdia todo o sentido. Os fazendeiros não deixaram de receber uma indenização muito mais significativa do que aquela que pretendiam. Eles não foram pagos "pela reposição de seu suprimento de trabalho; mas, foram pagos pela totalidade da população, incluindo os homens livres".[87] Ao contrário, pois, receberam a garantia de um fluxo contínuo de trabalhadores sem o menor dispêndio de capital. Somente com a intervenção do Estado foi possível quebrar o circuito do trabalho cativo, procedendo-se a uma socialização dos custos de formação da força de trabalho e criando-se as condições para que se instituíssem o trabalho livre e o mercado de trabalho.[88] A intervenção do Estado na formação do contingente de mão de obra para as fazendas de café representou, de fato, o fornecimento de subsídios para a formação do capital do empreendimento cafeeiro.

É comum encontrar-se referências, nos estudos sobre o fim da escravidão negra, à importância desse acontecimento na racionalização interna das atividades da fazenda de café, dado que a partir de então teria sido possível instituir uma contabilidade de custos da força de trabalho absorvida na produção. Teriam surgido, assim, as condições para dar à ação do fazendeiro o seu caráter capitalista ou as condições para que a mentalidade do fazendeiro se transformasse em mentalidade capitalista. Essa suposição teoricamente clara é, no entanto, empiricamente improvável, pois, a teoria, nesse caso, tem pouco a ver com a complexidade da situação em que se deu a transformação do regime de trabalho no café. As relações de produção instituídas na fazenda de café, com o advento do trabalho livre, como já mencionei, não eram relações integral e caracteristicamente mediadas pelo salário em dinheiro, único meio de integrá-las numa contabilidade de custos da fazenda. Quase no final do século XIX, um técnico constatava, a propósito, que:

> O sistema de colonos e o modo de pagamento a ele inerente tornam de antemão impossível uma determinação exata do custo de produção do café nas fazendas, pois, grande parte dos fatores de que se compõe o 'pagamento' neste caso escapa a um cálculo até aproximativo. Não há meio que permita avaliar e exprimir em dinheiro as vantagens oferecidas aos colonos em forma de casa de morada, pastos, terrenos para plantar mantimentos etc. Também os contratos de empreitada dificultam bastante uma análise clara do dispêndio em mão d'obra de um lado e em dinheiro de outro lado.[89]

Ou seja, a contabilidade das fazendas, que não obstante havia, era mutilada pela falta de tradução monetária do que o colono recebia e não pagava e das formas disfarçadas de trabalho de que a empresa cafeicultura se beneficiava e deixava de remunerar e de contabilizar.

Nesse caso, é de outra ordem a explicação para a expansão econômica do café, principalmente a partir de 1870. Sendo o escravo, como se viu, renda capitalizada, nele se imobilizavam grandes somas de capitais. Tais imobilizações continuaram a ocorrer, ainda que provavelmente em escala menor, no trabalhador livre, trazido para o Brasil pelo fazendeiro, como se fosse verdadeira mercadoria. Somente com a imigração subvencionada pelo governo é que essa parcela de capital da fazenda de café foi liberada para funcionar como verdadeiro capital. Mas, tal liberação não se dava, é claro, em relação aos trabalhadores já possuídos pela fazenda e que ainda não houvessem saldado seus débitos com o fazendeiro. Quem quisesse receber esse subsídio, representado pelo trabalhador alocado na fazenda sem nenhum custo para o fazendeiro, teria que encontrar meios de incorporar novos e maiores contingentes de imigrantes subvencionados (ou mesmo, é claro, dos chamados imigrantes espontâneos, que arcavam com seus próprios débitos de viagem).

Com a imigração subvencionada, o fazendeiro não poupava capital, como pretendia Antônio Prado, mas recebia capital, dado que cada trabalhador chegado à fazenda representava um efetivo dispêndio em dinheiro feito com recursos públicos. O trabalhador arregimentado, transportado e colocado na fazenda tinha um custo. De fato, uma doação do Estado que, livrando o fazendeiro dessa despesa, o liberava da imobilização improdutiva de parte de seu capital na aquisição de mão de obra. Ora, a forma de incorporar essa modalidade de capital ao processo produtivo era a abertura de novas fazendas, a ampliação dos cafezais. A imigração subvencionada funcionava como um incentivo econômico à expansão dos cafezais. Durante mais de um século, a "falta de braços para a lavoura" foi a mais reiterada reclamação dos fazendeiros, mesmo em momentos de crise de superprodução e de baixa nos preços do café, como ocorreu na passagem do século XIX para o século XX. Isso era mais do que a reposição cíclica da mão de obra, já que o colono tinha uma existência transitória na fazenda.[90] A reivindicação constituía, na verdade, o meio de pressão para uma permanente obtenção do subsídio disfarçado, na imigração subsidiada, que ampliava a oferta de trabalhadores em relação à procura. Trabalhadores motivados por aspirações crescentes de ascensão social, e tendencialmente inconformados com as condições de trabalho que a tolhiam, eram assim rotativamente substituídos, o que deve ter pesado muito na relativamente baixa ocorrência de greves e de protestos trabalhistas. Podiam ser substituídos com facilidade por trabalhadores recém-chegados, ainda nas fases incipientes dessa motivação e ainda dominados pelo conformismo das condições adversas da sociedade de origem.

Sob essas condições, a formação de fazendas novas, ou a ampliação de antigas que ainda dispunham de terras virgens, transformou-se num novo e grande negócio. *Além de produzir café, o fazendeiro passou a produzir, também, fazendas de café*. A febril abertura de novas fazendas, depois da efetiva liberação da mão de obra, o deslocamento contínuo de fazendeiros de um lugar para outro em busca de novas terras, a rápida ocupação de regiões que ainda não haviam sido absorvidas pela economia de exportação, produziram, muito depressa, já no começo do século XX, uma grande elevação no preço das terras.[91] O que em 1880 era apenas especulação teórica, tendo em vista um substituto para as hipotecas feitas sobre os escravos, vinte anos depois era realidade: a terra havia alcançado alto preço, assumindo plenamente a equivalência de capital, sob a forma de renda territorial capitalizada.

A procura de terras novas foi, porém, um complicado componente da história das fazendas de café. Como indiquei antes, uma verdadeira indústria de grilagem de terra surgiu e ganhou corpo, principalmente a partir de 1870, a ponto de que algumas medidas legislativas foram tomadas em São Paulo até o final do século, ampliando o prazo de legitimação de posses que cessara em 1854. Todo um conjunto de atividades lícitas e ilícitas tinha um preço e esse passou a ser o principal componente do preço da terra. As despesas realizadas com subornos, demarcações, tocaias a possseiros intransigentes, pagamentos a topógrafos e jagunços, constituíam o fundamento do preço que a terra adquiria através do grileiro no preâmbulo do nosso capitalismo agrário.[92] Em troca, o fazendeiro recebia a terra livre e desembaraçada, cuja propriedade dificilmente seria contestada judicialmente. A renda capitalizada passou a ser, em parte, contrapartida do tributo pago pelo fazendeiro ao grileiro. Formalmente, o avanço da propriedade privada sobre as terras devolutas aconteciam por meio da compra, através de títulos reconhecidos pelos tribunais.[93] As coisas ocorriam desse modo para preservar o capital representado pelo café; para que a eventual contestação não levasse à perda do cafezal. Por isso, a transformação da terra em propriedade privada, que pudesse ser comprada pelo fazendeiro, antes de se converter em renda territorial capitalizada, era objeto de outro empreendimento econômico – o do grileiro, às vezes verdadeiras empresas de conversão de terra alheia ou devoluta em papel limpo e passado, carimbado e registrado. No processo de transformação da terra em propriedade privada e do capital em renda capitalizada, a seu modo, o grileiro substituiu o antigo traficante de escravos.

A imigração em massa não se destinava, em geral, à abertura de novas fazendas. O colono não era, via de regra, ao menos nos primeiros tempos, formador de cafezal, circunscrevendo-se ao trato e à colheita. Mas a possibilidade de formação de novos cafezais dependia, ainda assim, desse imigrante. É que de nada adiantava formar cafezais se não houvesse quem deles cuidasse depois e, principalmente, quem colhesse o café. Garantida a entrada contínua de trabalhadores para a cafeicultura, tornava-se possível expandir as plantações. Para essa tarefa eram mobilizados caboclos e caipiras ou outros trabalhadores "nacionais", como se dizia.[94] Ao menos o trabalho do desmatamento, da queimada e da limpeza do terreno era invariavelmente feito por esses trabalhadores. Nesse sentido, quase não havia diferença entre a época de vigência do trabalho escravo e a da vigência do trabalho livre. A preparação da terra, na escravidão, era preferencialmente feita por homens livres, agregados das fazendas ou antigos posseiros das áreas em que as fazendas vieram a se estabelecer.[95]

A formação da fazenda compreendia a derrubada da mata virgem, a limpa e preparação do terreno, o plantio do café e a formação dos arbustos. Se o plantio fosse de semente, apenas depois de 6 anos o cafezal era considerado formado. Se fosse, porém, de muda, isso ocorria já aos 4 anos.[96] No regime de trabalho escravo, os fazendeiros empregavam de preferência caboclos ou caipiras, na derrubada da mata. Esses trabalhadores livres, conhecidos como "camaradas", eram pagos à razão de 2 mil a 2 mil e 500 réis por dia, com comida, entre 1883 e 1884. Entretanto, para evitar o ônus da fiscalização do trabalho e do cumprimento das tarefas atribuídas ao trabalhador, os fazendeiros preferiam dar o serviço em regime de empreitada, mediante pagamento por área derrubada e limpa.[97] Couty considerava módico, em 1883, o preço pago por esses serviços feitos geralmente por caboclos que raramente faziam as plantações de café.[98]

Os fazendeiros preferiam, na medida do possível, poupar seus escravos dessas tarefas. Fala-se, frequentemente, que essa orientação decorria do risco a que o trabalhador estava sujeito, sobretudo na fase da derrubada das mata, o que poderia comprometer o capital imobilizado no escravo. Tudo indica, porém, que a razão era outra. O longo período de formação do cafezal, de 4 a 6 anos, antes que começasse a produzir em escala comercial, exigiria grande imobilização de capital se o trabalho tivesse que ser inteiramente executado por escravos. Por isso, o trabalho cativo ficava, preferencialmente, restrito ao trato do cafezal e à colheita do café, tarefas inadiáveis, mas de retorno econômico rápido, quanto muito um ano. As dificuldades de obtenção de capitais a longo prazo eram notórias. Os bancos estrangeiros, por exemplo, só faziam empréstimos para a fase de comercialização da safra, pois dependiam do retorno dos capitais emprestados a fim de removê-los para o Nordeste e financiar a safra de açúcar ou para o Sul e financiar o comércio de charque. Um pequeno atraso na recuperação desses capitais provocava crises econômicas de grande repercussão.[99] Os comissários, também dependentes dos bancos, não podiam arcar com financiamentos de longo prazo.

Por essas razões, o fazendeiro optava pelo trabalho de homens livres, agregados de sua fazenda ou não, caboclos ou caipiras. O dispêndio monetário era restrito, dado que os trabalhadores deslocavam-se com suas famílias para os locais de derrubada, onde armavam seus ranchos. Sua subsistência era fornecida pelo fazendeiro e descontada da quantia pela qual fora feita a empreitada. Entretanto, há casos assinalados de empreiteiros que empregavam seus escravos nessas tarefas, o que sugere variações no regime de empreitada adotado nessa fase de formação dos cafezais.[100]

O advento do trabalho livre, quanto às relações de produção, afetou menos a formação do cafezal do que o funcionamento da fazenda já instalada. No começo dos anos 1880, Delden Laërne observara que "de modo algum são os colonos *plantadores* de café, eles apenas o *colhem*".[101] Nessa mesma época, um fazendeiro escrevia uma carta dizendo que colonos "só posso ter Brasileiros e estes só formam (quando formam) café, depois é preciso estrangeiros".[102] Esses trabalhadores brasileiros procediam até mesmo de regiões distantes, como centenas de baianos trazidos em 1885, para plantar meio milhão de pés de café na Fazenda Guatapará.[103]

Denis observava, no começo do século XX, que

> o plantador pobre de capitais e desejoso de evitar todas as atribulações de um trabalho que não se tornaria produtivo senão após vários anos, tratava com um empreiteiro. O empreiteiro recebia a terra

virgem e se propunha a devolvê-la quatro anos mais tarde plantada de cafeeiros. Ele fazia a derrubada, cultivava o milho entre as plantas ainda jovens e, ao fim de quatro anos, recebia do proprietário a soma de 400 réis por pé de café. Às vezes eram os alemães que trabalhavam nessas derrubadas, mais seguidamente, porém, os brasileiros, os naturais de Minas.[104]

Entretanto, o imigrante também podia ser empregado na derrubada do mato e na queimada, além de fazer a plantação. Um contrato de empreitada, de 1897, para plantio de 200 mil pés de café na Fazenda São Martinho, contém várias indicações sobre algumas das características da empreitada. A primeira delas é a de que os empreiteiros podiam contratar os serviços de terceiros, menos "de colonos e camaradas que tenham deixado o serviço da fazenda". Concluída a plantação do café, que não deveria levar mais do que 8 meses e a construção das casinhas sobre cada planta (espécie de caieira armada sobre a cova para sombreamento do cafeeiro), podiam "plantar uma carreira de milho em cada rua do café, e poderão renovar esta plantação mais uma vez". O milho, aliás, também servia para sombrear os cafeeiros em formação. Teriam que conservar a plantação de café durante 4 anos, mantendo-a limpa e replantando as falhas. As picadas para a derrubada da mata e as sementes de café seriam de responsabilidade do fazendeiro. De sua responsabilidade era também a construção de "uma pequena casa de morada para os empreiteiros e fornecer telhas, tábuas e batentes necessários para execução dos ranchos suficientes para acomodação de seu pessoal". Os empreiteiros receberiam Rs. 1$500 por pé de café de quatro anos, pagos em parcelas até o final do período.[105]

Qualquer café produzido durante esse tempo, pois a planta frutifica já no quarto ano, pertencia aos proprietários da fazenda. Segundo todas as indicações, já na safra seguinte ao recebimento do cafezal formado pelo empreiteiro puderam os fazendeiros recuperar todas as despesas monetárias realizadas. Na pior das hipóteses, isso ocorreu na segunda safra de responsabilidade da fazenda.[106] Quase à mesma época, fazendas com cafezais formados eram vendidas à razão de Rs. 4$000 a 5$000 o pé de café.[107] Portanto, um proprietário podia duplicar o seu capital em quatro anos simplesmente formando novos cafezais, enquanto o mesmo dinheiro colocado a juros levaria uns 10 anos para duplicar.[108]

Nessa fase, porém, os fazendeiros tinham pouco interesse em vender seus cafezais, a não se por preços exorbitantes. Um observador notava, aliás, que com a crise de 1896, que produzira uma queda nos preços do café, um terço dos fazendeiros de São Paulo estava com débitos excessivos devido, entre outros fatores, aos preços descriteriosos pagos por suas propriedades.[109]

O que parece ter sido a modalidade mais frequente de formação do cafezal (que tanto podia ser uma nova fazenda, quanto a ampliação de uma antiga) já sob o regime de trabalho livre, consistia em atribuir ao imigrante a formação de um determinado número de pés de café, com direito à colheita dos frutos obtidos no período (geralmente havia uma pequena safra no quarto ano), situação que melhorava quando os contratos de formação era de seis anos. Além do que, os trabalhadores tinham permissão de plantar feijão e milho nas ruas entre os pés de café (às vezes podiam plantar arroz e até algodão nesse espaço). Na entrega do cafezal ao fazendeiro, o colono recebia uma quantia em dinheiro que representava o dispêndio monetário com o estabelecimento da plantação.

A formação do cafezal nessas condições despertava grande interesse nos colonos. Em primeiro lugar, porque podiam usufruir amplamente das terras mais férteis das regiões de matas recém-derrubadas, cultivando gêneros alimentícios necessários à sua subsistência, cujos excedentes eram comercializados com o próprio fazendeiro ou com os comerciantes das povoações e cidades próximas. A colheita do café, no último ano ou nos últimos anos de formação da planta, acrescentava, na economia do trabalhador, recursos monetários ao pagamento final do seu trabalho. Um observador otimista assinalava, em 1914, que os rendimentos do café "dão margem para enriquecer todo e qualquer colono que se aplique à sua cultura, pois na área ocupada pelo café, durante a época da formação, o colono pode plantar toda a sorte de cereais que darão para as suas despesas ..".[110]

Quem realmente obtinha grandes resultados com esses critérios era, porém, o próprio fazendeiro. Um dos mais lúcidos estudiosos da economia do café observou que, na formação do cafezal,

> durante os 4 ou 5 anos do contrato, os colonos vivem principalmente do produto do milho (além do feijão, o arroz e batata etc. em menor escala), cultivados, conforme dissemos, entre os cafeeiros e que, graças à fertilidade do solo, oferece abundantes colheitas, vendidas diretamente ou utilizadas na criação e engorda de suínos e aves domésticas. Eis aí como, em prazo relativamente curto – 4 ou 5 anos – pode um proprietário de boas terras, no oeste de S. Paulo, tornar-se possuidor de um belo e rendoso cafezal, mediante pequena paga, ou nenhuma.[111]

Se no regime escravista os recursos investidos na compra de escravos representavam a parcela principal do capital da fazenda, no regime de trabalho livre a parcela principal passou a se constituir do cafezal. Esse capital tinha, pois, uma clara procedência não capitalista, obra de trabalhadores teoricamente livres, sem dúvida, mas não de relações capitalistas de produção. A propriedade capitalista da terra assegurava ao fazendeiro a sujeição do trabalho e, ao mesmo tempo, a exploração não capitalista do trabalhador. Com base no monopólio sobre a terra, o fazendeiro de fato não empregava o formador do cafezal como seu trabalhador.

Na prática, ele lhe arrendava, como se autônomo fosse, uma porção do terreno para cultivos alimentares e recebia em pagamento o cafezal formado. Uma renda em trabalho que se traduzia e se convertia em capital do novo empreendimento agrícola. Durante os quatro anos do contrato, o colono plantava no terreno os seus cereais, armava o seu rancho, e ali vivia com sua família. O pagamento que recebia pela formação de cada cafeeiro era inferior ao preço que esse mesmo cafeeiro obteria se a fazenda fosse negociada pelo fazendeiro. O pagamento do cafeeiro por menos do que valia embutia, sem dúvida, uma relação trabalhista. Escamoteada, porém, pelos componentes propriamente camponeses do vínculo de empreitada com o fazendeiro, como arrendamento de terra alheia para agricultura própria. Não era o fazendeiro quem pagava ao trabalhador pela formação do cafezal. Era o trabalhador quem pagava com cafezal ao fazendeiro pelo direito de usar as mesmas terras na produção de alimentos durante a fase dessa formação.

A principal forma de capital absorvida na formação da fazenda de café era o trabalho – trabalho que se convertia diretamente em capital constante, no cafezal, sem ter entrado no processo propriamente como capital variável e sim como tributo. De fato, na gênese do capital do fazendeiro estava uma modalidade de renda, o trabalho nela embutido, sem assumir a forma salarial própria da relação capitalista. Mas que não se confunde com a exploração pré-capitalista da terra, pois que se convertia imediatamente em capital constante.

Esse era o segredo da acumulação de capital na economia do café, o processo do capital contendo e escondendo permanentemente a acumulação primitiva de sua origem. A fazenda produzia, a partir de relações não capitalistas de produção, grande parcela do seu próprio capital. Nesse sentido é que a grande lavoura se transformou numa indústria de produção de fazendas de café, além de produzir o próprio café. Desse modo, é que na economia cafeeira a reprodução do capital assumiu a forma de reprodução extensiva de capital, pela incorporação contínua e progressiva de novas terras à produção. Como disse antes, o segredo estava na conversão imediata de renda em trabalho em capital, na contínua recriação da necessidade de mais mão de obra, pois a necessidade de trabalhadores para a formação do cafezal tinha um efeito multiplicador: cada formador de café implicava um número muito maior de tratadores e colhedores logo que o café estivesse formado. Tendo a formação da fazenda se transformado no objetivo econômico dos fazendeiros, a expansão dos cafezais quanto mais gente absorvia, mais gente necessitava.

Os próprios mecanismos do mercado incumbiam-se de reduzir ainda mais a importância relativa de qualquer dispêndio monetário efetuado com a formação do cafezal. Basicamente, os financiamentos porventura obtidos junto a comissários e bancos eram operados como capital de custeio e, raramente, como capital fixo. Além do recebimento do cafezal praticamente sem custos, como renda em trabalho, o grande empenho na formação de novas fazendas também trazia para o fazendeiro uma renda diferencial, no benefício decorrente da exploração de terras novas mais férteis ainda que mais distantes do porto de Santos, distância compensada pelo crescimento da rede ferroviária. O deslocamento amplo de fazendeiros de velhas regiões para a fronteira econômica esteve fortemente marcado pela busca de terras mais férteis, como a terra roxa, encontrada em 1870, no que veio a ser a Alta Mogiana, que triplicavam a produtividade do café e, às vezes, até decuplicavam em relação aos terrenos cansados do Vale do Paraíba.[112] Nesse caso, a fertilidade natural do solo, por meio do trabalho do formador do cafezal, incrementava os ganhos do fazendeiro, quase sem investimento de capitais próprios. Por esse meio e através do repasse de suas antigas fazendas, os cafeicultores que se deslocavam com a frente pioneira podiam formar grandes capitais em relativamente curto tempo. O único segredo dessa acumulação estava nas relações de produção estabelecidas na formação e no trato dos cafezais: com um regime de trabalho assalariado essa acumulação não teria sido possível na forma e na escala em que se deu.

Desigualdade e propriedade: os marcos do processo de valorização do capital no regime de colonato

O capital que permitia movimentar os elementos do processo de produção no interior da fazenda era basicamente capital de custeio, procedente das casas comissárias, os intermediários na comercialização do café que estavam em direto contato com os fazendeiros. Na própria formação do cafezal, o componente principal do capital constante do fazendeiro, em geral, operava esse tipo de capital ânuo, de natureza essencialmente comercial. Ele era envolvido no processo produtivo apenas para incorporar o produto agrícola ao processo de circulação das mercadorias. Operava, pois, como mediador na conversão do café em mercadoria. Somente através da transferência do ônus de formação do cafezal para o próprio trabalhador, responsável pela produção direta dos seus meios de vida, é que o fazendeiro podia arrecadar, com os limitados recursos do capital de custeio, o seu capital constante, extorquido diretamente do formador de café.

A forma essencial de capital que subordinava a produção agrícola era, portanto, a do capital comercial, na estrita racionalidade do capital que opera fundamentalmente na movimentação da safra agrícola. A partir daí, o fazendeiro entrava no circuito do capital como proprietário de mercadorias, como manipulador de capital-mercadoria. Era nessa condição que ele se relacionava com o principal intermediário na comercialização de café, o chamado comissário. Este era, na verdade, ao menos no início, uma espécie de agente comercial que atuava em nome do fazendeiro junto aos exportadores, mediante uma remuneração geralmente de 3% sobre o valor do negócio, um corretor. Teoricamente, ao menos, o comissário agia em defesa dos interesses do fazendeiro, classificando o café, formando ligas, e jogando sempre na alta dos preços.[113]

Uma sutil transformação ocorreu na relação entre comissários e fazendeiros que veio a alterar esse papel de aliado. Em tempos recuados, ainda em relação aos fazendeiros do Vale do Paraíba, quando menor parece ter sido a dependência financeira destes em relação aos seus agentes, comissários havia que se prontificavam a cuidar dos interesses de seus comitentes, sem cobrança de comissão alguma, contentando-se unicamente com os ganhos que proviessem dos fretes.[114] Nessa altura, o fazendeiro estava geralmente em crédito junto ao comissário. Mas, nos anos 1880, a situação aparentemente se inverteu, provavelmente devido ao preço do trabalho, já que capitais maiores tiveram que ser imobilizados sob a forma de renda capitalizada na pessoa do trabalhador. Em última instância, ganhavam os banqueiros, financiadores dos comissários. Couty constatava, em 1883, a

> intervenção da dívida em todas as relações [...], dívidas dos fazendeiros em relação aos comissários, dos comissários em relação aos bancos, dos bancos em relação a todos, dos consumidores em relação aos importadores e dos importadores na Europa.[115]

Os fazendeiros deploravam a dependência em que se encontravam em relação ao comissário, não mais tido como o representante pessoal que cuidava de todos os negócios externos da fazenda e até mesmo dos negócios de família do fazendeiro, mas definido como explorador.[116] Empenhavam-se os fazendeiros, aliás, em obter a criação de bancos de custeio agrícola como meio de livrarem-se do intermediário inconveniente. De qualquer modo, além da proliferação de bancos envolvidos nos negócios do café a partir dos anos 1890, os comissários começaram a ser alijados dos negócios pela intervenção dos exportadores na compra direta de café nas fazendas. O fazendeiro caía, assim, sob controle direto do capital financeiro dos bancos, dado que os exportadores eram simples compradores que atuavam na baixa do café para o fazendeiro, eliminando o intermediário que era o comissário. Na falta deste, os bancos vieram a suprir as suas funções bancárias.

Tais fatos não representaram um maior envolvimento do capital no processo produtivo. Ao contrário, a fazenda, já no começo do século XX, ficava quase que inteiramente sujeita aos bancos e exportadores, estes, na maioria, estrangeiros, interessados em retirar das mãos dos comissários, e ampliá-lo, o lucro extraordinário advindo da exploração de relações não capitalistas de produção. A maior dependência em relação a essas formas de capital apenas acentuava a característica da fazenda como empreendimento voltado para a produção de mercadoria com base nas condições de exploração da força de trabalho que já foram indicadas.

Essas alterações não modificaram, pois, o fato de que o fazendeiro era um capitalista que operava essencialmente a partir do capital-mercadoria no qual se exprimia o trabalho pretérito,[117] obtido através de relações não capitalistas de produção. A fazenda se organizava, em suas relações internas, pela intervenção do capital de custeio, do capital para movimentação das safras. Por isso, a relação entre o fazendeiro e o colono envolvido no trato e colheita do café era uma relação semelhante à que mantinha com o comissário – uma relação de crédito e débito, uma relação de contas correntes, como se o próprio trabalhador fosse outro comerciante.[118]

Enquanto no regime de trabalho assalariado, nas relações de produção capitalistas, a relação entre o empresário e o proletário é uma relação de igualdade que esconde a desigualdade, em que a ocultação da exploração se dá no próprio processo de trabalho, no regime de colonato a igualdade formal não se dá no processo de trabalho, mas fora dele. Dizendo de outro modo, no primeiro a igualdade é o ponto de partida do relacionamento entre o patrão e o operário. Este entende que o que vende àquele, expresso em salário, é equivalente aos meios de vida necessários à sua reprodução e de sua família. Entretanto, aquele compra o uso do trabalho, cuja utilidade está em produzir mais valor do que aquele que contém, medido nos dispêndios com os meios de vida de sua reprodução. Ao fim do processo de trabalho, o que se tem é que ele é ao mesmo tempo processo de valorização do capital, em que o capital entra como valor que se valoriza a si mesmo. A mais-valia assim extraída, sob a forma de lucro, aparece aí como fruto do capital e não como fruto do trabalho.[119]

No regime de colonato, as coisas não ocorriam dessa forma, embora, é claro, houvesse um lucro do fazendeiro. É que a mais-valia aparecia sob a forma de lucro comercial, já que, para fazer uma distinção que se fazia na época, havia uma grande distância entre o valor e o preço da fazenda. Couty, o perspicaz agrônomo, iludia-se quando afirmava que o preço que as fazendas podiam alcançar em seu tempo era inferior ao valor que tinham, isto é, ao trabalho materializado nas plantações, construções e equipamentos e às mercadorias que produziam. Para ele, a diferença expressava a problemática falta de demanda de terras e de um mercado imobiliário. Ledo engano, pois tal diferença expressava, em verdade, a ausência do mercado como mediador na formação do capital da fazenda, como vimos, extorquido diretamente do trabalhador sob a forma de renda em trabalho.

A diferença procedia fundamentalmente da desimportância dos dispêndios monetários na formação do capital da fazenda. A mais-valia expressava todo o trabalho pretérito não pago desde a formação do cafezal, oculto numa relação comercial, mas surgia somente na transação do fazendeiro com o intermediário. Para o fazendeiro a mais-valia se materializava na coluna do "haver" das suas contas-correntes com o agente comercial, como expressão de segunda instância de um jogo contabilístico que tivera sua primeira instância no que ele mesmo tratava como relação comercial que era sua relação com os trabalhadores que formavam e com os que tratavam de suas plantações.

Assim como fechava anualmente sua conta com o intermediário, também anualmente a fechava com seu colono. Após o final da safra, o fazendeiro fazia o acerto com o chefe da família trabalhadora. A formalização da igualdade própria do trabalho livre ocorria nesse plano, no plano da contabilidade que mediava a relação de ambos, no plano dos ganhos monetários. Aí o colono aparecia como fornecedor de mercadorias e, eventualmente, como trabalhador diarista, de que provinha parcela mínima dos seus rendimentos. Aparecia, também, como comprador de mercadorias ao fazendeiro, no barracão ou no armazém onde adquiria os fornecimentos ao longo do ano, ou como devedor de adiantamentos. O item principal de sua receita provinha dos alqueires de café colhido e dos talhões tratados, o trabalho de enxada na limpa do cafezal, a remoção das ervas daninhas das leiras entre os cafeeiros. Acentuava essa característica o fato de que ao colono cabia uma caderneta que deveria reproduzir fielmente os registros da sua conta corrente com o fazendeiro. Nessa relação, o trabalho não entra fundamentalmente na qualidade de trabalho social e abstrato; ele entra revestido ainda da forma de mercadoria, de trabalho materializado em valores de uso e de troca, com o caráter de trabalho pessoal e concreto. A troca igual não entra no começo da produção, mas unicamente no seu final. Por essa razão, não se pode reduzir ao menos parte da remuneração do colono à categoria de salário por peça. É que no colonato, como já foi indicado, o colono se envolvia em uma complexa relação com o fazendeiro, que não podia ser resumida numa das variantes teóricas do salário. Complexa, também, porque não se resumia a uma temporalidade, a do salário, mas se distribuía pelos tempos de sua diversidade, a começar de arcaísmos de sua relação laboral criados, precisamente, pelo próprio capital e em nome do capital.

A igualdade formal entre o colono e o fazendeiro, estipulada com base nos elementos da conta corrente entre ambos, mediante a troca de dinheiro pelo produto do trabalho (o café), era a simples igualdade entre compradores e vendedores no próprio ato de compra e venda. Mas, essa igualdade episódica, de acerto de contas, acobertava uma efetiva relação desigual no processo de trabalho.

No interior da fazenda, apenas uma parcela da população trabalhadora, aquela que se dedicava ao benefício do café, da secagem ao ensacamento, tinha suas relações com o fazendeiro estabelecidas com base no pagamento de salário.[120] Mesmo na vigência do trabalho escravo, várias das tarefas de beneficiamento do café, sobretudo após a introdução de equipamentos modernos nos anos 1870, eram realizadas por operários especializados livres, reafirmando uma tendência que vinha desde antes.[121] Desse modo, tanto a formação do cafezal quanto o benefício do café já eram efetuados por trabalhadores livres antes da formalização do fim da escravatura. A grande alteração nas relações de produção ocorreu, pois, no trato e na colheita do café, momento de maior demanda de mão de obra no processo de trabalho, onde não se instituiu o salariato nem mesmo com o advento do trabalho livre. Os colonos constituíam a grande massa dos trabalhadores do café, o que fazia do assalariamento um vínculo proporcionalmente de menor importância na economia das fazendas. Algumas delas chegaram a possuir 5, 6, 8 mil colonos instalados dentro de uma mesma propriedade, em vários e distintos agrupamentos, as chamadas colônias. No conjunto das fazendas de um mesmo fazendeiro ou de uma mesma família de fazendeiros, o número de trabalhadores podia ultrapassar a dezena de milhar, número que a indústria paulista só alcançaria a partir dos anos 1950.

Num estudo sobre uma dessas grandes fazendas, com base na documentação escrita da propriedade, a autora supõe que uns 75% dos trabalhadores estiveram sob o regime de colonato.[122] Em outro estudo sobre a mesma fazenda, um pesquisador verificou que 41,4% dos dispêndios monetários de 1896 a 1899 haviam sido feitos com colonos e o restante com diversas modalidades de assalariados.[123] O menor dispêndio com a maior parte dos trabalhadores, aqueles sob o regime de colonato, não resultava de salários mais baixos pagos aos trabalhadores da lavoura. Resultava de que as relações de produção do colono eram distintas daquelas que vinculavam os demais trabalhadores ao fazendeiro. Basicamente, na agricultura intercalar de alimentos ou na sua sucessora, a cultura em terras da fazenda não empregadas no cultivo do café, a família de colonos obtinha sua própria subsistência e excedentes para comercialização, o que atenuava, para o fazendeiro, significativamente, os gastos em dinheiro.

Era, pois, diretamente no processo produtivo que se travavam relações de trabalho distintas do salariato, que não podiam ser definidas como relações de produção capitalistas. No processo de trabalho, o vínculo entre o patrão e o colono era um vínculo que não escondia a desigualdade econômica do relacionamento entre ambos, cuja visibilidade estava no fato de que um era o dono da terra e o outro, o que nela trabalhava, não era; um era o morador da casa-grande e o outro era o morador da colônia que em torno dela gravitava. A questão que se propõe é a de saber como se dava a aceitação da desigualdade pelo colono. Na escravidão era por meio da chibata. Em outras palavras, de que modo o trabalhador legitimava a exploração, revelada nessa desigualdade, contida no processo de trabalho? Que forma assumia o processo de valorização do capital na trama de mediações tão diversas das relações propriamente capitalistas de produção?

O colono não era um trabalhador individual, mas um trabalhador coletivo que combinava as forças de todos os membros da família: o marido, a mulher, os filhos com mais de sete anos.[124] Enquanto na escravatura o trato do cafezal era no eito, era efetuado por turmas de escravos, já era uma tarefa socializada, no regime de colonato passou a ser organizado em base familiar. Esse trabalho não se dissolvia no esforço comum da coletividade dos trabalhadores, às vezes milhares dentro de uma mesma fazenda. Preservava a "individualidade" do seu trabalho.[125] Recebia uma parcela do cafezal com a incumbência de mantê-la livre de ervas daninhas, o que representava 5 a 6 carpas anuais.[126] Também se incumbia da colheita do café e aí mais intensivo se tornava o trabalho familiar.[127] É que o trato era combinado à base de uma quantia determinada de dinheiro por mil pés de café tratados. Cada família recebia um número determinado de pés de café para tratar, à base de 2 mil pés por trabalhador masculino adulto. Mulheres e menores acima de 12 anos podiam incumbir-se de mil pés de café. Já na colheita o pagamento era feito com base numa quantia determinada por alqueire de 50 litros de café colhido e entregue no carreador, onde era recolhido e levado para o terreiro para secagem. Quanto maior o número de trabalhadores, maior era a quantidade de café colhido pela família e maior o ganho familiar. Havia até uma divisão familiar do trabalho para realizar a colheita: o homem, sobre uma escada de tripé, colhia nas partes altas do cafeeiro, a mulher nas médias e as crianças nas partes mais baixas, na saia da planta. Em ambos os casos, no trato e na colheita, o rendimento monetário anual do colono dependia do grau de intensificação do trabalho que podia impor à sua família.[128]

O colono combinava a produção do café com a produção de uma parte substancial dos seus meios de vida. Especialmente nos cafezais novos era-lhe permitido plantar milho e feijão e, em menor escala, arroz de sequeiro, batatas, legumes etc. Essa produção lhe pertencia inteiramente, em grande parte consumida pela família e em parte vendida aos comerciantes ou, até mesmo, ao fazendeiro.[129] Quando o cafezal era velho em geral não se recomendava a cultura intercalar. Nesse caso, o fazendeiro colocava à disposição de cada família de colono um pedaço de terra em outro lugar, geralmente terrenos baixos, impróprios para o café, a fim de que se dedicasse ali ao cultivo dos gêneros de subsistência. Outras vezes, o fazendeiro cedia ao colono esse lote fora do cafezal e, ao mesmo tempo, autorizava o plantio de algum gênero entre as leiras do cafezal, em condições determinadas.[130] Às vezes, a área fora do cafezal correspondia, em extensão, a uma outra fazenda, somadas as culturas de todos os colonos.

Não era indiferente que a cultura de subsistência fosse realizada dentro ou fora do cafezal. Sendo plantada entre as linhas de café, poupava trabalho ao colono. Se dentro, ao mesmo tempo que o colono procedia à limpa do cafezal, podia cultivar o milho ou o feijão, ou outra planta que tolerasse a consorciação. O processo de trabalho do café era, nesses casos, um processo combinado de cultivo, a um só tempo, de plantas diferentes. Na mesma jornada, o colono, desse modo, intensificava o resultado do seu trabalho. Trabalhava para o fazendeiro ao mesmo tempo que trabalhava para si.

Quando isso não era possível, então, de fato, ocorria uma extensão da jornada de trabalho ou o aparecimento de uma segunda jornada de trabalho do colono na sua própria cultura de subsistência ou na sua roça, como se dizia. "Se é preciso plantar o milho num campo separado, é dobrar a pena sem dobrar o resultado", dizia Denis.[131] Daí decorria um interesse maior dos colonos pelos cafezais das zonas novas, havendo quem os recriminasse severamente porque os considerava responsáveis únicos pela expansão dos cafezais, sem expansão proporcional do consumo e dos mercados, levando à superprodução, cujos primeiros sinais surgiram em 1896 e que levaram à tácita proibição do plantio de novos cafezais em 1903, impedimento que, aliás, durou vários anos.[132]

A alimentação do colono provinha em grande parte dessas culturas acessórias. Trabalhando fora do cafezal para prover sua subsistência e a da família, duplicava a jornada de trabalho. A intensificação do processo de exploração do trabalhador nessa variante do regime de colonato deixava nítida a peculiar e oculta exploração do trabalho que nela havia. O tempo de trabalho necessário à reprodução da força de trabalho e o tempo de trabalho excedente, de que o fazendeiro se apropriava no fruto desse verdadeiro e complexo sistema de produção, que era o café, não se efetivavam num único processo de trabalho.

Nesse caso, ao trabalhar no cafezal, no trato e na colheita, o produtor tinha consciência de que estava trabalhando para o outro, o fazendeiro, pois se defrontava objetivamente com o instrumento de sua sujeição como coisa alheia.

Nas zonas novas, em que o processo de trabalho era único, na produção comercial e na produção de subsistência, o tempo de trabalho necessário se materializava, sem dúvida, em objetos distintos daquele em que assumia forma o tempo de trabalho excedente, que era o café. Mas a cultura consorciada de alimentos e de café, o que era do colono e o que era do dono, embaralhava o processo de trabalho nele atenuando as objetivas condições de consciência do que separava e antepunha um e outro. É claro que o colono podia vender os excedentes dos gêneros que produzisse e de fato o fazia. Mas esses gêneros não tinham custo[133] e eram vendidos por qualquer preço, para completar o rendimento em dinheiro necessário à aquisição de uma ou outra mercadoria não produzida diretamente pelo colono. Não era raro que os excedentes fossem consignados a um comerciante próximo, para que o colono retirasse outras mercadorias, na medida de suas necessidades, ou então que entregasse os produtos já em pagamento de aquisições a crédito. Por outro lado, é claro também que o colono recebia pagamentos em dinheiro pelo café colhido e entregue ao fazendeiro. Mas esses pagamentos estavam muito aquém dos salários urbanos. O que um operário ganhava em um mês era geralmente o que o colono recebia em um ano para cuidar de mil pés de café. É certo, porém, que havia outros rendimentos monetários para o colono, pois em geral podia ele cuidar de dois mil pés de café, além dos ganhos proporcionais à colheita que fizesse com sua família.

Em 1911, a produção direta dos gêneros de subsistência era avaliada, em termos monetários, em 37% do ativo de uma família composta do casal e quatro filhos em condições de trabalhar. Mas, no passivo da família, no efetivo dispêndio de recursos com os meios de vida, essa parcela correspondia a 46,4% das despesas. Numa família menor, a parcela alcançava 32,8%.[134] A diferença era coberta com ganhos diretamente monetários.

Eram variadas as fontes de rendimento de uma família de colonos, mas o principal procedia da colheita de café, que se estendia geralmente por um período de até cinco meses, de fins de maio até setembro, no máximo, e do trato do cafezal. Na caderneta de um colono, relativa ao ano de 1906, observa-se que 54,9% dos seus ganhos corresponderam à colheita, 37,6% ao trato, 3,8% a 32 dias de trabalho avulso em jornadas de 10 horas, 1,7% de 14 dias e meio de carpa de talhões de outros colonos, 1,4% de 12 dias de trabalho na limpeza de terrenos e 0,6% da venda de feijão ao fazendeiro.[135]

Como se vê, o colono podia ainda trabalhar como diarista na fazenda, a que estava, aliás, obrigado por contrato desde que fosse solicitado, especialmente para trabalhos no terreiro, na secagem do café.

Além disso, estava geralmente sujeito a determinadas modalidades de trabalho gratuito. Um autor registrou, na época de sua referência, três dessas modalidades: conserto da estrada da fazenda à estação ferroviária; limpeza do pasto da fazenda e reparos periódicos na cerca do pasto. Estimava-se que para cada uma dessas tarefas seriam destinados dois dias de trabalho, totalizando seis dias por ano.[136]

Esse elenco de vínculos monetários, não monetários e gratuitos e o caráter familiar do trabalho do colono não permitem que se defina as relações de produção do regime de colonato como relações especificamente capitalistas de produção ou mesmo como relações capitalistas de produção, na diferenciação dessas relações proposta por Marx.[137] A presença do dinheiro nessas relações obscureceu para os pesquisadores o seu caráter real. Ao produzir uma parte significativa dos seus meios de vida, em regime de trabalho familiar, o colono subtraía o seu trabalho às leis do mercado e, de certo modo, impossibilitava que esses meios de vida fossem definidos de conformidade com os requisitos de multiplicação do capital. É certo que o índice de exploração da força de trabalho na economia cafeeira, sob o regime do trabalho livre, foi sempre estabelecido mediante o controle do tempo do trabalhador, na sua distribuição entre a *cultura do fazendeiro* e a *cultura do colono*. Uma intensificação do trabalho na lavoura da fazenda, mediante o aumento do número de pés de café que o colono deveria cuidar, foi recurso usado e muito, como já ocorrera, aliás, sob a escravatura, para incrementar o produto do fazendeiro com menor número de trabalhadores. Com isso, subtraía-se ao colono tempo para que se dedicasse à lavoura de subsistência quando ela foi deslocada para fora dos cafezais.

Quando não se retém a especificidade das relações de produção no regime de colonato, fica impossível entender os mecanismos ideológicos que definem a singularidade do processo de valorização do capital nessas condições, isto é, do processo de acumulação. É que a modalidade de extração da mais-valia tinha que assumir uma forma congruente com a modalidade de exploração da força de trabalho na fazenda de café. A produção direta dos meios de vida pelo trabalhador indicava apenas que o capital não se assenhoreara diretamente do processo de produção, mas fazia-o indiretamente, convertendo o seu produto em mercadoria. A determinação capitalista dessas relações não capitalistas de produção se dava essencialmente no fato de que o trabalhador produzia diretamente os seus meios de vida para produzir um excedente, o café, que, por estar já subjugado pelo capital comercial, surgia das mãos do colono como propriedade alheia, como mercadoria do fazendeiro. Enquanto, regularmente, supõe-se que a atividade inicial do trabalhador corresponde a tempo de trabalho necessário à sua reprodução como trabalhador e o restante a tempo de trabalho excedente, a ser apropriado pelo capitalista, na fazenda ocorria o inverso. O fazendeiro extraía primeiramente o tempo de trabalho excedente, definindo a prioridade do cafezal como objeto de trabalho do colono. Somente depois da extração do trabalho excedente é que cabia ao colono dedicar-se residualmente ao trabalho necessário à sua reprodução como trabalhador, sob a aparência de que trabalhava para si mesmo. Ainda assim estava trabalhando para o fazendeiro, garantindo as condições de sua própria reprodução como produtor de trabalho excedente.

Tal ordenamento intensificava a exploração do trabalho, ao mesmo tempo que a obscurecia. A produção de gêneros pelo colono estrangeiro, para si mesmo, trazia fartura a sua casa, fartura que ele imediatamente contrapunha à fome e à miséria que padecera no país de origem, submetido a duras regras de parceria.[138] Quanto mais o colono trabalhava para si mesmo – duplicando a jornada de trabalho, subtraindo os filhos à escola, antecipando a exploração do trabalho infantil, intensificando o trabalho da mulher por sua absorção nas tarefas do cafezal – mais ele trabalhava para o fazendeiro. É que os rendimentos monetários do trabalho apareciam para o colono revestidos de uma qualidade que derivava da própria separação subjetiva e objetiva entre lavoura do colono e lavoura do fazendeiro; apareciam como o supérfluo, o secundário, o que vem depois da reprodução da vida.[139] Nesse caso, as pressões por uma remuneração monetária maior do trabalho, em face de uma elevação geral dos preços, parece que existiram apenas escassamente.[140] Até porque a elevação dos preços dos alimentos beneficiava o colono pois era ele produtor desses gêneros e vendedor de seus excedentes, raramente comprador.

A carestia que atormentava a classe operária urbana, como se viu nas grandes greves da primeira metade do século XX, chegava ao colono com o sinal invertido, beneficiando-o. Enquanto entre 1895 e 1905, entre as vésperas da primeira crise de superprodução de café e as vésperas do programa de valorização proposto no Convênio de Taubaté, houve acentuada queda nos preços do café, os pagamentos monetários dos colonos quase não tiveram variação. Isso provavelmente porque já eram pagamentos muito inferiores ao valor da riqueza criada pelo trabalho no cafezal, abaixo do qual o colonato seria inviável. Denis registra que o pagamento

> pelo trato de mil pés de café era, em 1895, de 90 mil réis e de 600 réis pela colheita de cinquenta litros de frutos. Numa pesquisa agrícola feita em 1907 [...] o relator dá como cifras médias de 60 a 100 mil réis por mil pés de café e de 500 a 600 réis por cinquenta litros colhidos.[141]

Quinze anos depois, os preços tinham sofrido reduzida alteração.[142] Na medida em que a existência do colono não era inteiramente determinada pelas condições do mercado, pelo preço dos meios de vida, sua remuneração monetária podia manter-se baixa, quase sem oscilações mesmo num período de crise que começava a afetar significativamente as condições de existência do operariado urbano. Entre o rendimento monetário e a cultura intercalar, preferia o colono, aliás, as vantagens desta última. Denis registrou um diálogo tido com um grupo de colonos que decidira retirar-se de uma fazenda para trabalhar em outra, que é elucidativo:

> É verdade que vocês vão trabalhar na fazenda de ... no ano que vem? – Sim. – Por que motivo vocês vão mudar de fazenda? Vão ganhar mais na outra? Vocês não recebem aqui 80 mil réis por mil pés? – Sim. – Quanto lhes oferecem lá? – Somente 60 mil réis. – Então, por que vão sair? – É que lá pode-se plantar milho entre os cafeeiros.[143]

Portanto, o número reduzido de greves de colonos, que seriam indicativas das características do processo de valorização do capital na fazenda de café, não deve ser imputado à dispersão dos colonos "por fazendas isoladas, impossibilitando contatos que reforçassem a tomada de consciência de uma condição comum e o esboço de uma ação reivindicatória".[144] Na verdade, dentre as várias dificuldades para que os trabalhadores rurais se exprimissem como os operários urbanos estavam as próprias relações de produção completamente distintas. É preciso ter em conta que se os colonos estavam dispersos por várias fazendas, constituíam, entretanto, grandes aglomerados dentro da mesma fazenda. Enquanto a maior fábrica do estado, em 1918, a Tecelagem Mariângela, da família Matarazzo, tinha 1.830 operários,[145] fazendas havia no começo do século que tinham 8 mil trabalhadores, distribuídos em colônias. Não só vivenciavam uma mesma situação social, como conviviam no espaço cotidiano da vizinhança, num relacionamento face a face mais intenso do que o da situação fabril, sem que daí resultassem manifestações e reivindicações significativos.

Outra dificuldade era a da natureza familiar do trabalho, sem que os trabalhadores se individualizassem na situação de trabalho e se reconhecessem donos de si e da sua consciência. O chefe da família era o depositário da consciência familiar, ao mesmo tempo que o trabalho se determinava pelo familismo que propendia ao patriarcal, vinculando gerações a um projeto de família, o que tornava o confronto laboral praticamente impossível ou, no mínimo, o tornava secundário em relação a outras precedências na vida do colono. Ao mesmo tempo, o chefe de família era agente direto e mediador da exploração que a fazenda exercia sobre a família de colonos, uma espécie de capataz na ordenação e execução do trabalho. A disciplina do trabalho era integrada no exercício da autoridade do pai de família, o que dificultava que os verdadeiros agentes da relação laboral se propusessem objetivamente, com cara própria e não com a cara de outras relações sociais vividas pelos colonos. Não que o colono considerasse a porção da fazenda sob seu cuidado, os talhões de café de seu trato, como propriedade sua. Não se conhece nenhuma manifestação nesse sentido, os limites entre o próprio e o alheio bem definidos.

O colono tinha presente o que era trabalho para si e o que era trabalho para o fazendeiro. Para ele, o pagamento em dinheiro não tinha função de salário, não tinha o atributo de uma contrapartida igual por determinado tempo de trabalho. Mas, legitimava a relação desigual porque para ele o trabalho para si mesmo, o trabalho necessário, aparecia como trabalho sobrante e o trabalho sobrante, o trabalho para o fazendeiro, é que se revestia da aparência de trabalho necessário. Porque o trato do cafezal aparecia como tributo, como variante da renda em trabalho, paga ao fazendeiro pelo direito de cultivo intercalar da agricultura de subsistência ou pelo direito ao lote de roça fora do cafezal. O essencial aparecia como secundário e vice-versa.

Se a cultura de subsistência era cultura intercalar, como preferia a maioria dos colonos, em que a distinção entre trabalho necessário e trabalho excedente só se objetivava porque coexistiam no mesmo espaço de terra plantas subjetivamente definidas como planta do colono e planta do fazendeiro, a justificativa legitimadora era acentuada ainda mais pelo fato de que aparentemente o colono só trabalhava para si (da mesma forma que na mente do fazendeiro se dava o inverso).

No produto entregue ao fazendeiro, na colheita, se materializava o trabalho sobrante que o colono entendia ser o trabalho necessário. Independentemente da sua vontade, trabalhar para o fazendeiro era ato que se materializava no número de pés de café a seu cuidado e, principalmente, na quantidade de alqueires de café que entregava no carreador durante os meses da colheita. Nesse ato, o colono entregava o seu trabalho objetivamente ao dono do cafezal sob a forma de café, café que não era produto de trabalho coletivo de todos os trabalhadores, mas era produto do trabalho familiar, trabalho de sua família. Não estando a existência do colono fundamentada no salário, não estando socializado o trabalho e o fruto do trabalho, o resultado da atividade familiar não podia deixar de se apresentar como entrega direta de valores de uso ao fazendeiro. Isto é, o café produzido nessas condições sociais não se transformava em produto social no próprio processo de trabalho agrícola. Nisso não se diferençava, em princípio, da produção alimentar da roça do colono ou da agricultura intercalar, que chegava ao final de sua produção determinada por sua utilidade, por seu uso. O excedente, eventualmente comercializado, era sobra de valores de uso que só na venda adquiria a qualidade social que da troca resulta. O trabalho sobrante, a mais-valia absoluta, era, a rigor, na fazenda de café, como que entregue em mão do fazendeiro, materialmente.

Embora a exploração do trabalho, no regime de colonato se configurasse na produção de subsistência, na sobrejornada, ela não podia ser apreendida e compreendida aí, protegida e acobertada pela aparência de que o trabalhador trabalhava para si mesmo, quando de fato estava trabalhando para o fazendeiro, para se reproduzir como força de trabalho do fazendeiro. Sendo a lavoura do fazendeiro distinta da lavoura do colono, tendo este empregado naquela o seu trabalho, era nos resultados dela que a exploração podia manifestar-se.

Assim sendo, somente na colheita do café, no final do ano agrícola, quando o colono já sabia em que medida a produção de subsistência fora ou seria suficiente para cobrir suas necessidades de meios de vida, é que a exploração se lhe propunha objetivamente. Porém, nos termos de sua compreensão invertida da duplicidade do processo de trabalho no cafezal, no balanço entre o quanto sua própria produção alimentar lhe poupara o uso de créditos em dinheiro a serem descontados do pagamento pelo trato e pela colheita do café e pelos dias de trabalho avulso na fazenda. Era complexa a consciência que resultava dessa economia dupla, pois exprimia o balanço entre fartura e ganho, expresso no saldo. Complexo porque a fartura dizia respeito ao dia a dia e o saldo dizia respeito a possibilidades de vida que podiam até mesmo estar fora do cafezal, como acabaria acontecendo para muitos, especialmente com a Crise de 1929, quando muitos colonos de tornaram proprietários de sítios desmembrados de fazendas arruinadas.[146] Ao entregar o produto do seu trabalho, o café, ao fazendeiro, é que podia o colono, então, julgar em que medida era justo o preço prefixado por arroba de café colhido e por milheiro de café tratado. Mas aí já era tarde, restando-lhe apenas a alternativa de demitir-se e procurar trabalho em outra fazenda, o que deve ter acontecido e muito ao fim de cada safra de café. Nem sempre procurando o colono melhor remuneração em dinheiro por seu trabalho e sim vantagens relativas às culturas próprias, antecipação provisória da aspiração da autonomia como proprietário de terra, busca que marcou a imigração estrangeira para o Brasil.

Por essas razões, os pouco numerosos casos conhecidos de greves nas fazendas de café, na fase aqui estudada, são na maioria relativos à época da colheita e aos preços a serem pagos ao colono por quantidade de café colhido, quando à vista do combinado e das variações dos preços do ano já passado, podiam os colonos antecipar alguma inquietação quanto aos rendimentos monetários de seu trabalho.[147] Para o fazendeiro, a colheita era o momento mais importante da vida da fazenda. Deslocavam-se os absenteístas, ou os donos de várias fazendas, desde grandes distâncias para acompanhar e supervisionar os trabalhos.[148] A colheita era o momento em que se consumava a conversão do trabalho em produto comercializável e preâmbulo da conversão do café em mercadoria. Não só na realidade dos pagamentos acertados, mas também no imaginário de incertezas que era a cultura do café, desde as geadas inesperadas até as variações alternadas de ano para ano da produtividade dos cafeeiros, sobretudo em decorrência da prática da derriça dos frutos no pano sob a saia da planta ou mesmo na coroa nua de terra. Era a última etapa do trabalho para o colono, aquela em que o seu trabalho se materializava no objeto a ser entregue ao fazendeiro sob forma de café, era o momento em que o fazendeiro convertia o produto em dinheiro para pagar o seu trabalhador. Ele não pagava diretamente o trabalho, mas o fruto do trabalho. Por isso, a greve do colono, quando não versava sobre as condições de vida na fazenda, incidia geralmente sobre a época da colheita. Era a recusa em oferecer ao fazendeiro o trabalho sob a forma que lhe interessava: sob a forma de café no antemomento de sua conversão em mercadoria e dinheiro. A greve transformava-se numa recusa do trabalho através da recusa da mercadoria potencial, do café na iminência de tornar-se mercadoria, pois somente colhido o café tinha condições de ser mercadoria.

É importante, por outro lado, ter em conta que, no processo de trabalho, o café aparecia como produto da propriedade, isto é, produto de uma forma específica de existência do capital, que é a forma de renda capitalizada. No processo capitalista de produção, a mais-valia aparece como produto do capital, como valor que se valoriza a si mesmo, porque o salário aparentemente remunera todo o trabalho do trabalhador. No regime de colonato, a ausência do salário, como forma social dominante da relação entre o fazendeiro e o colono, impedia que ambos vivessem integralmente a ficção necessária da igualdade engendrada pela troca aparentemente igual, equivalente, de dinheiro por tempo de trabalho. Nesse processo, o trabalhador não aparece, isto é, não se vê nem se deixa ver, como explorado, embora o seja. No colonato, o café surgia como produto da propriedade, na medida em que a renda territorial era a condição da sujeição do trabalho, em que o capitalista se propunha, a maior parte do tempo, como rentista e o trabalhador, também a maior parte do tempo, como rendeiro. A relação entre o colono e o fazendeiro tinha muita semelhança formal com a relação entre o arrendatário e o proprietário, não obstante de modo algum o fosse. Era nesse disfarce, socialmente necessário à legitimação da relação laboral, naquela circunstância histórica, que o capital se valorizava, isto é, se multiplicava e se acumulava, se reproduzia e se propunha como a determinação fundamental do processo de produção.

Nessa relação, a propriedade fundiária surgia como fundamento da desigualdade econômica entre o fazendeiro e o colono. Ao mesmo tempo, o rendimento monetário que dela derivava era mero complemento dos meios de vida já produzidos pelo próprio trabalhador, não cobria o essencial, mas o supérfluo, relativamente à reprodução da família do trabalhador e de sua força de trabalho. O colono sabia que era desigual, pois além de a desigualdade se antepor a ele já no próprio processo de trabalho, ela se lhe antepunha de diferentes modos e em diferentes momentos no relacionamento com o fazendeiro. A postura senhorial do fazendeiro e sua família em relação ao trabalhador e em relação ao cenário de trabalho na fazenda, documentada em várias fotografias antigas, é bem indicativa de uma mentalidade pré-capitalista persistente e de um imaginário pré-moderno presidindo a forma singular como se deu o desenvolvimento capitalista da economia do café.[149]

Nos próprios contratos essa desigualdade estava consignada. Grossi anotara contrato em que o colono, para retirar-se da fazenda, deveria fazer aviso prévio de 60 dias; mas o seu patrão, para demiti-lo, deveria limitar-se a dar aviso prévio de apenas 30 dias.[150] Se não fizesse a prestação de trabalho gratuito, nos casos previstos e já mencionados, o colono estaria sujeito à multa de 2$000 réis por dia, o equivalente ao salário de um trabalhador avulso. Quando o fazendeiro precisava desse tipo de trabalhador pagava até 2$500 réis. Entretanto, se o colono atrasasse o início dos serviços marcados pela fazenda, ficava sujeito à multa de 2$000 a 5$000 réis.[151] Em suma, sob a desigualdade de critérios, ficava transparente que tinha valor para o proprietário aquilo que não tinha preço para o colono – o seu trabalho. Aliás, até a República, segundo observa Warren Dean, as leis de locação de serviços agravavam essa desigualdade, pois, paradoxalmente, não garantiam "a igualdade de contrato, uma vez que dos dois contratantes, só o trabalhador era sujeito à pena de prisão se não o cumprisse".[152]

Desse modo, para o colono, a propriedade era a condição da igualdade e, ao mesmo tempo, da liberdade. Para livrar-se da sujeição da propriedade alheia teria que tornar-se proprietário. Esse era um processo penoso. Dean estima que seriam necessários uns 12 anos de trabalho familiar para que o colono se tornasse proprietário de terra.[153] Mesmo assim, nada indica que isso fosse fácil. No censo agrícola realizado em São Paulo, relativo a 1904/1905, constatou-se que apenas 14,8% das propriedades rurais pertenciam a imigrantes estrangeiros, às quais correspondiam somente 9,5% da área titulada. De mais de um milhão e duzentos mil imigrantes entrados em São Paulo até então, 8.392 haviam se tornado proprietários de terra.[154] Pesquisa feita num único município cafeicultor diminui ainda mais a escassa importância desse número, pois os imigrantes que se tornaram proprietários não eram antigos colonos, mas sim comerciantes e profissionais da cidade.[155]

O cerco que os fazendeiros-capitalistas haviam imposto ao colono, através da radical formalização da renda territorial capitalizada, do monopólio de classe sobre a terra, para sujeitar e explorar o seu trabalho, produziu, mesmo assim, os resultados esperados. A obsessão do trabalho independente no campo ou na cidade foi reproduzida e reinterpretada através das relações de produção do colonato, como fruto do trabalho obstinado. Por isso tudo, o imigrante que foi trabalhar como colono não era um conformado com os ganhos monetários reduzidos. Estava de passagem pela fazenda. Ela era apenas uma etapa no movimento pela autonomia que o próprio capital lhe havia tirado no país de origem, no caso dos italianos ao tornar extorsivas das condições da *mezzadria*. Ao migrar, não estava indo de um lugar a outro pura e simplesmente. Estava dando direção a esse movimento no rumo do trabalho autônomo, uma orientação social pré-capitalista e de resistência de camponeses e artesãos inconformados com a desagregação da sociedade tradicional e dela expulsos. No Brasil, essa inquietação tornou-se a base do nosso conformismo social pós-escravista. A mobilidade de busca, na emigração, teve contrapartida na economia do café: a contínua oferta de mão de obra subvencionada pelo governo, condição da também contínua ocupação de terras novas, que alimentou a aspiração da independência e da propriedade. A reposição cíclica da força de trabalho ficava vinculada à reprodução extensiva do capital cafeeiro, o empreendimento dependente não só do capital propriamente dito, mas dependente também da abundância de terras e da expansão espacial dos cultivos.

A fazenda de café transformou-se num empreendimento de conversão de trabalho em mercadorias a partir de relações não capitalistas de produção. Relações determinadas pela reprodução capitalista ampliada do capital e por um elenco de mediações sociais, culturais e simbólicas que faziam da herança do pré-capitalismo um capital social do capitalismo agrário nascente no Brasil. A mais-valia absoluta incorporada ao café entregue no mercado, constituída numa imensa massa de trabalho não pago, realizava-se predominantemente fora da economia cafeeira. Longe, portanto, das relações econômicas singulares que ocorriam no interior da fazenda, em que o trabalho não pago ocultava-se no caráter de recompensa das retribuições recebidas pelo trabalhador, materializadas sobretudo na fartura que, no geral, havia em sua casa.

A brecha de "vazamento" desse capital para fora da agricultura era a própria mercadoria bifronte, com uma cara para a economia regulada pelo imaginário pré-moderno, a do trabalho do colono, e outra cara para a lógica capitalista moderna, a do fazendeiro. A ela a mais-valia absoluta estava incorporada como trabalho pretérito não pago porque a concepção de pagamento se reduzia aos termos da lógica do tributo, da renda em trabalho, que predominava sobre o salariato incipiente e meramente complementar.

A produção de café se baseava numa aparente alta composição orgânica do capital, com acentuada proporção de investimentos nas máquinas e instalações de beneficiamento relativamente aos dispêndios monetários sob a forma de capital variável. De fato, porém, a composição orgânica do capital era baixa, já que o peso da atividade da fazenda não estava no beneficiamento do café, mas no trato e, principalmente, na colheita. Através do trabalho pretérito incorporado à mercadoria, a produção agrícola remunerava o capital imobilizado no tratamento industrial do café. Desse modo, a reprodução do capital teria que ocorrer, na cafeicultura, predominantemente sob a forma de reprodução extensiva e territorial, baseada amplamente na exploração da mão de obra sob relações não capitalistas de produção. É claro que entre 1880 e 1930 se observa uma progressiva incorporação de máquinas e tecnologia moderna no trato, mas sobretudo no beneficiamento do café, o que representou uma elevação na composição orgânica do capital do conjunto da fazenda pelo crescimento do capital constante em relação ao capital variável. Mas é claro, também, que os fazendeiros rapidamente saíram dos limites territoriais de suas fazendas, na reprodução capitalista de seu capital obtido por meio de relações não capitalistas de produção, nas ferrovias, nos bancos, na exportação de café e na indústria, seja como investidores diretos, seja como acionistas, como se pode observar tanto nos almanaques anuais do século XIX quanto nos documentos arquivados na Junta Comercial do Estado de São Paulo depois da proclamação da República.

Não importa desvendar apenas os mecanismos da acumulação do capital. Essa acumulação não seria possível se o trabalhador não legitimasse a exploração baseada em relações não capitalistas de produção. A questão não é estritamente econômica. A extorsão de riqueza sob o regime escravista não precisava de outro fundamento que não fosse a vontade do senhor de escravos e do látego que, em seu nome, manejava o feitor. No regime capitalista de produção, sabemos, essa extorsão se apoia na aparência e na suposição do senso comum de que o salário, cobrindo os meios de vida necessários à reprodução do trabalhador e sua família, cobre de fato o valor de sua força de trabalho. Nenhum dos dois mecanismos operava no regime de colonato, como julgo ter demonstrado. O colono ficou no meio do caminho entre a transparência da exploração, já que o trabalho excedente se materializava em objetos distintos do trabalho necessário, e a ilusão de que o que recebia correspondia ao valor de seu trabalho. O colono viveu uma ilusão específica que não era produzida pela residual relação capitalista do salário em dinheiro. O colono viveu a ilusão de que o que entregava ao fazendeiro sob a forma de café tratado e colhido era o tributo que pagava para trabalhar para si. O colono não se considerava proprietário dos meios de produção nem mesmo proprietário da terra de seu trabalho. Ele se considerava proprietário do seu próprio trabalho, do trabalho materializado nos produtos da agricultura de subsistência, mesmo que com isso, na verdade, estivesse entregando o seu trabalho a outrem, ao fazendeiro, na concepção de trabalho que para o fazendeiro e seu capital dava sentido ao engajamento produtivo do colono no cafezal. Portanto, também aí havia uma dupla concepção de trabalho, já que a subsistência resultava do trabalho próprio do colono e não do salário que tornaria a aquisição dos meios de vida dependente da mediação e da lógica do mercado.

Por outro lado, a contradição da produção capitalista de relações não capitalistas de produção não podia se resolver no próprio interior da economia cafeeira. Como a agricultura da fazenda não absorvia capital senão limitadamente, pois ela própria produzia a parcela básica do seu capital, pela transformação da renda em trabalho em capital constante, o cafezal. A oposição entre práticas capitalistas e relações de produção não capitalistas se resolveria na reprodução capitalista do capital, fora do café, na indústria, como se deu, quase ao mesmo tempo que o trabalho livre substituiu o trabalho escravo.

Ao mesmo tempo que a economia do café remanejava o colono para o trabalho independente, remanejava o capital por ela engendrado para o empreendimento em que se desse a reprodução capitalista do capital, isto é, a reprodução baseada no trabalho assalariado. Ao produzir essa relação, o café produzia também a sua própria sujeição, a sujeição das relações não capitalistas de produção do colonato às relações do modo especificamente capitalista de produção da grande indústria.

Notas

[1] Cf. Caio Prado Júnior, *História econômica do Brasil*, 6.ed., São Paulo, Brasiliense, 1961, p. 169-70.
[2] Idem, p. 192.
[3] Cf. Florestan Fernandes, *A integração do negro na sociedade de classes*, São Paulo, Dominus/Editora da Universidade de São Paulo, 1965, v. I, p. 20.
[4] Cf. Sergio Silva, *Expansão cafeeira e origens da indústria no Brasil*, São Paulo, Alfa-Omega, 1976, p. 50.
[5] Cf. Wilson Cano, *Raízes da concentração industrial em São Paulo*, Rio de Janeiro/São Paulo, Difel, 1977, p. 23.
[6] Idem, p. 35.
[7] Cf. Boris Fausto, *Trabalho urbano e conflito social (1890-1920)*, São Paulo/Rio de Janeiro, Difel, 1976, p. 17.

8   Cf. Boris Fausto, "Expansão do café e política cafeeira", em Boris Fausto (org.), *História geral da civilização brasileira*, São Paulo, Difel, 1975, t. III, v. 1, p. 199.
9   Idem, p. 199.
10 Cf. Wilson Cano, op. cit., p. 38.
11 Cf. Caio Prado Júnior, "Contribuição para a análise da questão agrária no Brasil", em *Revista Brasiliense*, n. 28, mar.-abr. 1960, p. 212-6; Caio Prado Júnior, *A revolução brasileira*, São Paulo, Brasiliense, 1966, passim. A propósito das análises desse autor, cf. Braz José de Araújo, "Caio Prado Júnior e a questão agrária no Brasil", em *Temas de Ciências Humanas*, n. 1, São Paulo, Grijalbo, 1977, p. 47-89.
12 Sobre esse debate e seus aspectos mais inclusivos, cf. Ciro Flamarion S. Cardoso e Héctor Pérez Brignoli, *Los métodos de la Historia*, Barcelona, Editorial Crítica, 1976, esp. p. 76-8.
13 Um autor que, nesse sentido, teve grande influência foi André Gunder Frank, esp. "Le Capitalisme et le mythe du feodalisme dans l'agriculture brésilienne", *Capitalisme e sous-développement en Amérique Latine*, trad. Guillaume Carle e Christos Passadéos, Paris, François Maspero, 1963, p. 203-52.
14 Cf. *Directorio que se Deve Observar nas Povoações dos Indios do Pará, e Maranhão, enquanto Sua Magestade não mandar o contrário*, Lisboa, Officina de Miguel Rodrigues, Impressor do Eminentissimo Senhor Cardeal Patriarca, anno MDCCLVIII, reprodução fac-similar em José Oscar Beozzo, *Leis e regimentos das Missões – Política indigenista no Brasil*, São Paulo, Loyola, 1983, p. 129 ss. Cf., também, Caio Prado Júnior, *Formação do Brasil contemporâneo*, 5. ed., São Paulo, Brasiliense, 1957, p. 89.
15 Cf. Padre Manoel da Fonseca, *Vida do venerável Padre Belchior de Pontes, da Companhia de Jesus da Província do Brasil*, Officina de Francisco da Silva, Lisboa, anno MDCCLII, reeditada pela Companhia Melhoramentos, São Paulo, s/d, p. 233.
16 "Agora, neste momento que nos ocupa, para se produzir café, como no passado se produzira açúcar, apelava-se para a imigração europeia como dantes se recorria ao tráfico africano. O sistema permanecia fundamentalmente o mesmo, e se perpetuava nos novos territórios abertos para a cultura do café, pela substituição do tráfico pela imigração, do escravo africano pelo imigrante europeu." Cf. Caio Prado Júnior, "A imigração brasileira no passado e no futuro", *Evolução política do Brasil e outros estudos*, 2. ed., São Paulo, Brasiliense, 1957, p. 252. "Certamente não é a menor das ironias da história brasileira o fato de que, quando a imigração em massa finalmente chegou, ela não veio a criar um novo Brasil, como tantos ensejavam, porém serviu para escorar a enfraquecida estrutura do velho." Cf. Michael M. Hall, "Reformadores de classe média no império brasileiro: a Sociedade Central de Imigração", em *Revista de História*, v. LIII, n. 105, jan.-mar. 1976, p. 169.
17 "O conteúdo objetivo deste processo de circulação – a valorização do valor – é o seu (do capitalista) fim subjetivo, e só age como capitalista, como capital personificado, dotado de consciência e de vontade, na medida em que as suas operações não têm outro motivo propulsor que não seja a apropriação progressiva de riqueza abstrata." Cf. Carlos Marx, *El capital – Crítica de la economia política*, trad. Wenceslao Roces, México, Fondo de Cultura Econômica, 1959, t. I, p. 109 ss.
18 "A questão das forças motivadoras da expansão do capitalismo moderno não é, em primeira instância, uma questão de origem das somas de capital disponíveis para uso capitalístico, mas principalmente do desenvolvimento do espírito do capitalismo. Portanto, para dizer sumariamente, surgimento de uma mentalidade e de uma vocação capitalistas." Cf. Max Weber, *A ética protestante e o espírito do capitalismo*, trad. M. Irene de Q. F. Szmrecsányi e Tamás J. M. K. Szmrecsányi, São Paulo, Livraria Pioneira, 1967, p. 44.
19 Justamente sobre esse ponto tem incidido a ênfase de diferentes autores que trataram da condição capitalista do fazendeiro em contraste com as relações não capitalistas de produção na fazenda. Cf. Florestan Fernandes, *Sociedade de classes e subdesenvolvimento*, Rio de Janeiro, Zahar, 1968, p. 65: "Sob o capitalismo dependente, a persistência de formas econômicas arcaicas não é uma função secundária e suplementar. A exploração dessas formas e sua combinação com outras, mais ou menos modernas e até ultramodernas, fazem parte do 'cálculo capitalista' do agente econômico privilegiado. Por fim, a unificação do todo não se dá (nem poderia dar-se) ao nível da produção. Ela se realiza e organiza, economicamente, ao nível da comercialização e, em seguida, do destino do excedente econômico". Adotando outro percurso, Maria Sylvia de Carvalho Franco também enfatiza que era no mundo dos negócios que se davam as práticas capitalistas do fazendeiro. Cf. *Homens livres na ordem escravocrata*, São Paulo, Instituto de Estudos Brasileiros da Universidade de São Paulo, 1969, p. 165 ss. Entretanto, essa ênfase não soluciona nem explica a contraditória

combinação entre a postura capitalista do fazendeiro e a produção não capitalista de sua fazenda. Essa dificuldade decorre, a meu ver, da não explicitação da forma do capital na cultura do café como renda capitalizada (no escravismo, na pessoa do escravo; no colonato, na propriedade da terra), permanecendo-se numa concepção genérica de capitalista, mais próxima das formulações de Weber do que das de Marx.

[20] Carlos Marx, op. cit., t. I, p. 121: "...converter-se de livre em escravo, de possuidor de uma mercadoria em mercadoria". Cf., também, Fernando Henrique Cardoso, *Capitalismo e escravidão no Brasil meridional*, São Paulo, Difusão Europeia do Livro, 1962, p. 311; "...a escravidão constitui a mercantilização do próprio trabalhador". Ver, ainda, Ciro F. S. Cardoso, "O modo de produção escravista colonial na América", em Théo Santiago (org.), *América colonial*, Rio de Janeiro, s. e., 1975, esp. p. 90 ss.

[21] "... na sociedade escravista só é representado realmente como homem livre quem não precisa trabalhar para viver." Cf. Fernando Henrique Cardoso, op. cit., p. 231. "... o ideal de personalidade do negro resumia-se à reprodução em si da imagem onipresente do branco." Idem, p. 290. Sobre os efeitos desastrosos desse fato, para o negro, cf. Florestan Fernandes, *A integração do negro na sociedade de classes*, cit., t. I, esp. cap. II.

[22] "... durante um interregno que alcança algumas décadas, o negro continua a ser um ex-escravo..." Cf. Octavio Ianni, *As metamorfoses do escravo*, São Paulo, Difusão Europeia do Livro, 1962, p. 256. "... o trabalhador negro, recém-egresso da escravidão e por ela deformado, não estava em condições de resistir à livre competição com o imigrante europeu." Cf. Roger Bastide e Florestan Fernandes, *Brancos e negros em São Paulo*, 2. ed., São Paulo, Companhia Editora Nacional, 1959, p. 49.

[23] Louis Couty, professor na Escola Politécnica do Rio de Janeiro, um misto de sociólogo e economista, autor de estudos fundamentais sobre a economia do café e a transição para o trabalho livre, tentou descrever o colonato nascente segundo os parâmetros europeus e chegou à conclusão de que não tinha analogia na Europa. Cf. Louis Couty, *Étude de biologie industrielle sur le café*, Rio de Janeiro, Imprimerie du Messager du Brésil, 1883, p. 129.

[24] "No que se refere ao trabalhador, sua força de trabalho só pode começar a funcionar produtivamente a partir do momento em que, ao ser vendida, se põe em contato com os meios de produção. Portanto, antes de sua venda existe separada dos meios de produção, das condições materiais necessárias para o seu emprego. Neste estado de separação não pode ser empregada nem diretamente para a produção de valores de uso destinados ao seu possuidor nem para a produção de mercadorias de cuja venda este possa viver." A relação entre o comprador e o vendedor de força de trabalho "se desenvolve exclusivamente no plano do dinheiro." Cf. Carlos Marx, *El capital*, cit., t. II, p. 32. A determinação do salário depende da determinação dos meios de vida necessários à reprodução da força de trabalho, segundo necessidades historicamente reguladas. No regime de trabalho assalariado, o salário corresponde ao tempo de trabalho socialmente necessário à reprodução da força de trabalho. O trabalho necessário, por seu lado, é estabelecido pela mediação do capital no próprio processo de valorização, de criação de valor, de modo a encobrir a distinção entre trabalho necessário e trabalho excedente, de modo a ocultar a exploração do trabalhador e a extração da mais-valia. Por isso, o trabalho excedente não pode emergir como matéria distinta do trabalho necessário. Em decorrência, só o salário em dinheiro pode revestir de uma aparência de igualdade a relação economicamente desigual entre o capitalista e o trabalhador, acobertando a exploração a ela subjacente. Se o trabalhador produz diretamente ao menos uma parte dos seus meios de vida, destrói o caráter salarial da sua remuneração porque entrega ao capitalista diretamente, em forma material diversa, o seu trabalho excedente. Nesse caso, o trabalhador pode ser livre, mas não formalmente igual, o que impede a classificação dessa relação, enquanto relação, como relação capitalista real porque desprovida dos mecanismos ideológicos do mascaramento igualitário da exploração nela contida. Sobre os vários pontos desta nota, cf. Carlos Marx, *El capital*, cit., t. I, p. 448 ss.

[25] Cf. Carlos Marx, *El capital*, cit., t. III, p. 573 ss. A forma especificamente capitalista da renda territorial configura-se na renda absoluta, que reveste de caráter capitalista a propriedade fundiária. Marx é claro ao estabelecer as diferenças entre essa forma de renda e as formas pré-capitalistas, incluída a renda em dinheiro. Entretanto, essa interpretação vem de ser questionada por um autor francês. No seu entender, se a classe personifica a modalidade de participação num vínculo de exploração (e não somente de distribuição da mais-valia), então haveria um engano na definição da renda capitalista como renda absoluta. Nesse caso, as relações de classe são duais (p. ex., bur-

guesia e proletariado), não se podendo pensar o capitalismo como uma sociedade constituída por três classes fundamentais: burgueses, proletários e proprietários de terra. Estes últimos personificariam, na verdade, uma relação dual e antagônica com os camponeses (que, segundo esse autor, teriam sido omitidos na análise de Marx) e expressariam, portanto, os remanescentes do modo de produção feudal. Nesse caso, a sobrevivência dos proprietários de terra como classe teria lugar em termos de uma aliança de classes pré-capitalistas e capitalistas, o que repõe como tarefa política principal a luta pelo capitalismo e pela eliminação dos restos feudais na sociedade contemporânea. Essa tese parece-me em aberto conflito com a análise que Marx faz da renda fundiária, para quem a propriedade territorial, com a instauração do modo capitalista de produção, só tem existência lógica e histórica através de relações capitalistas. De tal modo que a renda territorial se transfigura como uma forma do capital e nessa condição se defronta com o trabalhador. Somente a solução desse conflito poderá, pois, dissolver, ao mesmo tempo, a irracionalidade representada no capitalismo pela propriedade da terra, a que Marx se refere. O autor que menciono é Pierre-Philippe Rey, *Les Alliances de classes*, Paris, François Maspero, 1976.

[26] Além das referências fundamentais à obra de Marx sobre esta questão, feitas acima,. remeto o leitor à análise que dela faço. Cf. José de Souza Martins, *Os camponeses e a política no Brasil*, 5. ed., Petrópolis, Vozes, 1995, p. 151-77.

[27] Sobre a peonagem, cf. José de Souza Martins, *Fronteira – A degradação do Outro nos confins do humano*, 2. ed., rev. e atual., São Paulo, Contexto, 2009, p. 71-99; e José de Souza Martins, *A Sociedade Vista do Abismo (Novos estudos sobre exclusão, pobreza e classes sociais)*, 2. ed., Petrópolis, Vozes, 2003, esp. p. 151-62.

[28] "De outro lado, as mesmas circunstâncias que determinam a condição fundamental da produção capitalista – a existência de uma classe trabalhadora assalariada – exigem que toda a produção de mercadorias adquira forma capitalista. À medida que esta se desenvolve, decompõe e dissolve todas as formas anteriores de produção que, dirigidas preferencialmente para o consumo direto do produtor, somente transformam em mercadorias as sobras da produção. A produção capitalista de mercadorias faz da venda do produto o interesse primordial, sem que, no princípio, isso aparentemente afete o próprio modo de produção... [...] Começa generalizando a produção de mercadorias e logo vai transformando, pouco a pouco, a produção de mercadorias em produção capitalista." Cf. Carlos Marx, *El capital*, cit., t. II, p. 37.

[29] Cf. Alves Motta Sobrinho, *A civilização do café (1820-1920)*, São Paulo, Brasiliense, 1967, p. 135.

[30] Cf. Maria Sylvia de Carvalho Franco, op. cit., p. 11. Maria Stella Martins Bresciani inventariou tendências similares. Cf. "Suprimento de mão de obra para a agricultura: um dos aspectos do fenômeno histórico da Abolição", em *Revista de História*, v. LIII, ano XXVII, n. 106, São Paulo, abr.-jun. 1976, esp. p. 339 ss.

[31] "Cuja posse de terras está dentro da sesmaria que a dita senhora tirou ..."; "... declaram possuir um sítio (dentro) da sesmaria do Capitão Luiz José Pereira de Queiroz ...". Cf. Carlota Pereira de Queiroz, *Um fazendeiro paulista no século XIX*, São Paulo, Conselho Estadual de Cultura, 1965, p. 25. No chamado Registro Paroquial, realizado de 4 a 6 anos depois da aprovação da Lei de Terras, de 1850, não foi raro que grandes sesmeiros tenham obtido em seu nome o registro das terras de morada e de cultivo de trabalhadores livres que viviam no interior de seus domínios, que, pela nova lei, eram delas legítimos proprietários. Apresentaram-nos ao pároco encarregado do registro como seus agregados, como se fossem seus camaradas ou empregados.

[32] Cf. Djalma Forjaz, *O senador Vergueiro – Sua vida e sua época*, São Paulo, Companhia Melhoramentos, 1922, v. I, p. 17.

[33] Cf. C. F. Van Delden Laërne, *Le Brésil et Java. Rapport sur la culture du café en Amérique, Asie et Afrique*, La Haye-Paris, Martinus Nijhoff/Challamel Ainé, 1885, p. 195.

[34] Cf. Affonso d'E. Taunay, *Pequena história do café no Brasil*, Rio de Janeiro, Departamento Nacional do Café, 1945, p. 163-4 e 177.

[35] Cf. Miriam Lifchitz Moreira Leite, "Uma pequena propriedade produtora de café, em Guaratinguetá, no século XIX", em *O café – Anais do II Congresso de História de São Paulo*, São Paulo, 1975, p. 220 (Coleção da "Revista de História", v. LIX).

[36] Cf. Maria Isaura Pereira de Queiroz, "A estratificação e a mobilidade social nas comunidades agrárias do Vale do Paraíba entre 1850 e 1888", em *Revista de História*, ano I, n. 2, São Paulo, abr.-jun. 1950, p. 196 (grifo meu). "Visto que a terra virgem fecundada pelos negros tinha primitivamente um valor venal quase nulo, a fazenda, no seu estado atual, representa, pois, *trabalho escravo acumulado*". Cf. Louis Couty, *Étude de biologie industrielle sur le café*, cit., p. 83.

[37] "... uma das mais importantes implicações da escravidão é que o sistema mercantil se expandiu condicionado a uma fonte externa de suprimento de trabalho e isto não por razões de uma perene carência interna ..." Cf. Maria Sylvia de Carvalho Franco, op. cit., p. 12. "Paradoxalmente, é a partir do tráfico negreiro que se pode entender a escravidão africana colonial, e não o contrário." Cf. Fernando A. Novais, *Estrutura e dinâmica do antigo sistema colonial (séculos XVI-XVII)*, 2. ed., Cebrap, São Paulo, 1975, p. 32.

[38] "Tal a importância do aparelhamento braçal das fazendas que, nas cláusulas dos empréstimos hipotecários, se atendia, sobretudo, ao valor da escravatura." Cf. Affonso d'E. Taunay, op. cit., p. 177.

[39] Cf. Louis Couty, *Ebauches sociologiques:* Le Brésil en 1884, Rio de Janeiro, Faro & Lino – Éditeurs, 1884, p. 85 ss, 183; Affonso d'E. Taunay, op. cit., p. 163 e 177; C. F. Van Delden Laërne, op. cit., p. 187 ss.; J. Pandiá Calógeras, *A política monetária do Brasil*, trad. Thomas Newlands Neto, São Paulo, Companhia Editora Nacional, 1960, p. 180; F. A. Veiga de Castro, "Um fazendeiro do século passado", em *Revista do Arquivo Municipal*, ano X, v. XCVII, São Paulo, Departamento de Cultura, jul.-ago. 1944, p. 39.

[40] Cf. Affonso d'E. Taunay, op. cit., p. 238-9.

[41] Cf. Visconde de Mauá, *Autobiografia ("Exposição aos credores e ao público")*, Edições de Ouro, 1964, p. 124; Stanley J. Stein, *Grandeza e decadência do café no Vale do Paraíba*, trad. Edgar Magalhães, São Paulo, Brasiliense, 1961, p. 23-4.

[42] "Refletindo bem sobre o negócio, e fazendo cálculo da produção que tem tido a fazenda, e das despesas com o custeio da mesma, vi que não se poderia tirar um juro do capital que vou empatar, igual ao de 1½% que posso obter hoje, dando o dinheiro a prêmio e perfeitamente garantido [...]" Carta de José Claudiano de Abreu a Antônio Moreira de Castro Lima. Taubaté, 5 de outubro de 1896, apud Alves Motta Sobrinho, op. cit., p. 175.

[43] Cf. C. F. Van Delden Laërne, op. cit., p. 195.

[44] Idem, p. 80 e 254-5.

[45] Cf. Maurício Vinhas de Queiroz, "Notas sobre o processo de modernização no Brasil", em *Revista do Instituto de Ciências Sociais*, Universidade Federal do Rio de Janeiro, v. 3, n. 1, jan.-dez. 1966, passim.

[46] Cf. Emília Viotti da Costa, *Da Monarquia à República:* Momentos decisivos, cit., cap. IV: "Política de terras no Brasil e nos Estados Unidos", São Paulo, Grijalbo, 1977, p. 146. Este é um dos raros trabalhos de pesquisadores brasileiros em que se discute a Lei de Terras e a política fundiária no século XIX.

[47] Cf. C. F. Van Delden Laërne, op. cit., p. 563-4.

[48] Cf. Sérgio Buarque de Hollanda, "Prefácio", em Maria Teresa Schorer Petrone, *O Barão de Iguape (Um empresário da época da Independência)*, São Paulo, Companhia Editora Nacional, 1976, p. XX.

[49] Cf. Warren Dean, *Rio Claro*, p. 33.

[5] Sobre os negócios dos fazendeiros-capitalistas do Vale do Paraíba, cf. Alves Motta Sobrinho, op. cit., passim; Carlota Pereira de Queiroz, *Vida e morte de um capitão-mor*, São Paulo, Conselho Estadual de Cultura, 1969, passim.

[51] Cf. David Joslin, *A Century of Banking in Latin América*, London, Oxford University Press, 1963, p. 73 ss.; Alves Motta Sobrinho, op. cit., p. 86; Affonso d'E. Taunay, op. cit., p. 174; Carlos Jordão, "A ação dos comissários no comércio do café", em *O café no segundo centenário de sua introdução no Brasil*, v. 1, Rio de Janeiro, Departamento Nacional do Café, 1934, esp. p. 339.

[52] Cf. Affonso d'E. Taunay, op. cit., p. 174.

[53] Carlos Jordão, loc. cit., p. 399.

[54] Cf. Louis Couty, *Ebauches sociologiques:* Le Brésil en 1884, p. 130-5; Nazareth Prado, *Antonio Prado no Império e na República*, Rio de Janeiro, F. Briguiet & Cia. – Editores, 1929, p. 71 ss.

[55] Cf. Louis Couty, op. cit., p. 90 ss.; Louis Couty, *Étude de biologie industrielle sur le café*, cit., p. 92 ss.; Michael M. Hall, loc. cit., p. 156-7.

[56] "... desde que aumente a população, as terras hão de aumentar de valor, não havendo por consequência, razão para que prevaleça a ideia socialista do nobre senador, de que o corpo legislativo deve autorizar a concessão gratuita de terras a particulares para a cultura." Discurso de Antonio Prado no Senado, sessão de 31 de maio de 1887, sobre a questão de como deveria se constituir entre nós a propriedade capitalista da terra. Cf. Nazareth Prado, op. cit., p. 170.

[57] Cf. Affonso d'E. Taunay, op. cit., p. 125 e 149.

[58] "... o imigrante deveria ser previamente trabalhador da grande fazenda e a possibilidade de transformar-se em proprietário dependeria dos ganhos que assim obtivesse, ganhos esses condicionados pelos interesses do fazendeiro." Cf. José de Souza Martins, *A imigração e a crise do Brasil agrário*, São Paulo, Livraria Pioneira, 1973, p. 52. "A única maneira de obter trabalho livre, nessas circunstâncias, seria criar obstáculos à propriedade rural, de modo que o trabalhador livre, incapaz de adquirir terras, fosse forçado a trabalhar nas fazendas." Cf. Emilia Viotti da Costa, *Da Monarquia à República*: Momentos decisivos, cit., p. 133. "Como se sabe, um dos fatores considerados como responsáveis pela expansão cafeeira é constituído pela abundância de terras. Em consequência do que vimos até aqui, devemos considerar a abundância de terras como algo relativo. A abundância de terras para o capital está associada a não abundância para aqueles que devem constituir o mercado de trabalho." Cf. Sergio Silva, *Expansão cafeeira e origens da indústria no Brasil*, cit., p. 73.
[59] Cf. Amelia de Rezende Martins, *Um idealista realizador*: Barão Geraldo de Rezende, Rio de Janeiro, Oficinas Gráficas do Almanak Laemmert, 1939, p. 325-6.
[60] Cf. Max Leclerc, *Lettres du Brésil*, Paris, E. Plon, Nourrit & Cie., Imprimeurs-Éditeurs, 1890, p. 212-3; Maria Isaura Pereira de Queiroz, loc. cit., p. 206. Em sua viagem de sete meses pelo Brasil, em 1846, em pleno período da escravidão, o desenhista e escritor Thomas Ewbank fez observação semelhante: "A tendência inevitável da escravidão por toda parte é tornar o trabalho desonroso... [...] No Brasil predomina a escravidão negra e os brasileiros recuam com algo semelhante ao horror diante dos serviços manuais". Cf. Thomas Ewbank, *Vida no Brasil*, trad. Jamil Almansur Haddad, Belo Horizonte, Editora da Universidade de São Paulo/Livraria Itatiaia, 1976, p. 145.
[61] Cf. Max Leclerc, op. cit., p. 101.
[62] No frontispício da velha igreja matriz de São Caetano, um dos primeiros núcleos coloniais da província de São Paulo, inaugurado em 1877 e povoado com imigrantes italianos, oriundos do vêneto, foi afixada em 1927 uma placa comemorativa que registra esse imaginário épico do desbravador, anterior à redefinição da palavra colono, mas ainda sobrevivente, como se vê, para abranger o trabalhador imigrante sujeito à dependência do colonato: "Aos destemidos precursores que das itálicas terras a estas regiões aportados, com indômita pujança abriram o caminho ao hodierno progresso." Cf. José de Souza Martins, *O imaginário na imigração italiana*, São Caetano do Sul, Fundação Pró-Memória, 2003, p. 56.
[63] Uma das exceções é o trabalho de Sérgio Buarque de Holanda, "Prefácio do tradutor", em Thomas Davatz, *Memórias de um colono no Brasil (1850)*, tradução, prefácio e notas de Sérgio Buarque de Holanda, São Paulo, Livraria Martins, 1941, p. 5-35.
[64] "Na verdade, com tal esquema, não se faz mais do que repetir, reformulando-a, embora, e com pretensão científica, a ideologia do oeste paulista que atribuía aos fazendeiros do Vale o epíteto de 'emperrados'. Ora, o papel da análise, a nosso ver, consiste justamente em procurar compreender as condições estruturais que impeliram a lavoura da área mais nova a buscar definições econômicas diversas estimulando nos seus fazendeiros um comportamento diferencial e, correlativamente, a 'mentalidade' peculiar – agora percebida como *resultante* e não mais, de forma simplista, como *causa*." Cf. Paula Beiguelman, *A formação do povo no complexo cafeeiro*: Aspectos políticos, São Paulo, Livraria Pioneira, 1968, p. 72.
[65] Cf. Amelia de Rezende Martins, op. cit., p. 155; Carlota Pereira de Queiroz, *Um fazendeiro paulista no século XIX*, cit., p. 22 ss.; Maria Paes de Barros, *No tempo de dantes*, São Paulo, Brasiliense, 1946, p. 68-9; Warren Dean, *Rio Claro*, cit., p. 25 ss.
[66] Com base num relatório parcial de 1858, do Presidente da Província, Sérgio Buarque de Holanda contou 3.426 colonos em núcleos coloniais particulares em Amparo, Campinas, Jundiaí, Limeira, Piracicaba, Piraçununga e Rio Claro, dos quais cerca de 15% eram brasileiros. Cf. Sérgio Buarque de Holanda, loc. cit., p. 28-9.
[67] Thomas Davatz, op. cit., p. 72.
[68] Idem, p. 74.
[69] Cf. José Sebastião Witter, *Um estabelecimento agrícola na Província de São Paulo nos meados do século XIX*, São Paulo, 1974 (Coleção da "Revista de História", v. L). Cf., também, José de Souza Martins, *A imigração e a crise do Brasil Agrário*, cit., p. 53.
[70] Cf. Thomas Davatz, op. cit., p. 235.
[71] Idem, p. 212.
[72] Idem, p. 91.
[73] Idem.

[74] Idem, p. 116.
[75] Cf. "Exposição do senador Vergueiro dirigida ao vice-presidente da Província sobre as ocorrências de Ibicaba", Vila do Rio Claro, 10 de fevereiro de 1857, apud Thomas Davatz, idem, p. 265-6.
[76] Idem, ibidem.
[77] Sobre a ética protestante na gênese do capitalismo moderno, cf. Max Weber, *A ética protestante e o espírito do capitalismo*, cit., esp. p. 110 ss. Diferentes estudos sobre a relação entre religião e expansão do capitalismo sugerem a importância da superação dos bloqueios religiosos às novas e potenciais funções do dinheiro e da acumulação de capital e à formulação de uma racionalização religiosa a elas propícias. Dentre outros autores, cf. R. H. Tawney, *Religion and the Rise of Capitalism*, Harmondworth, Penguin Books, 1961.
[78] Cf. Pierre Denis, *Le Brésil au xx Siécle*, 7ᵉ tirage, Paris, Librairie Armand Colin, 1928, p. 126.
[79] Cf. Visconde de Indaiatuba, *Memorandum*, apud Odilon Nogueira de Matos, "O Visconde de Indaiatuba e o trabalho livre em São Paulo", *Anais do VI Simpósio Nacional dos Professores Universitários de História ("Trabalho Livre e Trabalho Escravo")*, São Paulo, 1973, p. 777 (Coleção da "Revista de História", v. I); Pierre Denis, op. cit., p. 126.
[80] Cf. Visconde de Indaiatuba, loc. cit., p. 769.
[81] Idem, p. 769. Joaquim Bonifácio do Amaral (1815-1884), o Visconde de Indaiatuba, fundou uma colônia alemã na Fazenda Sete Quedas, uma de suas propriedades.
[82] Idem, p. 770.
[83] Cf. Pierre Denis, op. cit., p. 128.
[84] Cf. José César Gnaccarini, *Latifúndio e proletariado (Formação da Empresa e Relações de Trabalho no Brasil Rural)*, São Paulo, Polis, 1980, p. 57.
[85] Cf. Nazareth Prado, op. cit., p. 282.
[86] Idem, p. 26, 71 ss.
[87] Cf. Warren Dean, op. cit., p. 158.
[88] Cf. José de Souza Martins, op. cit., p. 55 ss.
[89] Cf. *Relatório annual do Instituto Agronômico do Estado de S. Paulo (Brazil) em Campinas – 1894 e 1895*, v. VII e VIII, publicado pelo Director Dr. Phil. F. W. Dafert, M.A., São Paulo, Typographia da Companhia Industrial de S. Paulo, 1896, p. 196-197. José César Gnaccarini observa que ainda no contexto da escravidão o cálculo racional era impossível pelos mesmos motivos: "É por essa razão fundamental, de que a escravidão produz para a subsistência que o cálculo racional está fora das possibilidades da sociedade patrimonialista-escravista". Cf. *Formação da empresa e relações de trabalho no Brasil rural*, dissertação apresentada à Cadeira de Sociologia I da Faculdade de Filosofia, Ciências e Letras da Universidade de São Paulo para obtenção do título de mestre, São Paulo, 1966, p. 142 (nota 28), ms. Essa obra fundamental da sociologia da transição da escravidão para o trabalho livre foi, finalmente, publicada em 1980: José César Gnaccarini, *Latifúndio e proletariado*, cit. Na publicação do livro, a nota citada foi suprimida e o argumento foi remetido para o corpo do texto.
[90] "... o problema do abastecimento de mão de obra como que se regenerava, repetindo-se ciclicamente um estado de carência." Cf. Maria Sylvia de Carvalho Franco, op. cit., p. 195.
[91] Cf. Sergio Milliet, *Roteiro do café e outros ensaios*, 3. ed., São Paulo, 1941 (Coleção Departamento de Cultura); Pierre Monbeig, *Pionniers et planteurs de São Paulo*, Paris, Librairie Armand Colin, 1952, p. 128.
[92] Cf. Amador Nogueira Cobra, *Em um recanto do sertão paulista*, São Paulo, Typ. Hennies Irmãos, 1923, passim; Pierre Monbeig, op. cit., p. 122 ss; J. R. de Araújo Filho, "O café, riqueza paulista", *Boletim Paulista de Geografia*, n. 23, Associação dos Geógrafos Brasileiros, São Paulo, jul. 1956, p. 105. A etapa de formalização da apropriação capitalista da terra era, e continua sendo, objeto de conflitos entre posseiros e grileiros, constituindo-se os grileiros na ponta de lança da incorporação da terra ao mercado e da conversão do capital em renda territorial capitalizada. Cf. José de Souza Martins, *Capitalismo e tradicionalismo*, São Paulo, Livraria Pioneira, 1975, esp. p. 43-50; José de Souza Martins, *Fronteira*, cit.
[93] "... a cafeicultura propiciou a apropriação privada das terras devolutas disponíveis na região. Mas essa apropriação, em geral, foi realizada por meio da compra das terras." Cf. Octavio Ianni, *A classe operária vai ao campo*, São Paulo, Cebrap, 1976, p. 7.
[94] A difundida ideia de que a expansão do café está estritamente ligada ao trabalho do imigrante estrangeiro não tem apoio na realidade dos fatos. As estatísticas do período áureo do café, entre 1880 e 1930, indicam uma grande participação de trabalhadores nacionais não só nas tarefas

brutas do desmatamento (o que foi mais comum no tempo da escravidão), mas também como colonos. George Little constatou que, em 1920, grandes fazendeiros como Nhonhô Magalhães, o conde Prates e o Conselheiro Antônio Prado tinham entendimentos com chefes de polícia de municípios nordestinos para recrutamento de trabalhadores e suas famílias para suas fazendas de café em São Paulo. Cf. George F. G. Little, *Fazenda Cambuhy: A Case History of Social and Economic Development in the Interior of São Paulo, Brazil*, Ann Arbor, Michigan, University of Florida, 1960, p. 109. Além disso, desde o começo do século xx, e por mais de meio século, houve um contínuo fluxo de moradores do Alto Sertão da Bahia em direção aos cafezais de São Paulo, especialmente na região de Ribeirão Preto, vindos pelo interior de Minas, para colher café como trabalhadores sazonais. Cf. Ely Souza Estrela, *Os sampauleiros – Cotidiano e representações*, São Paulo, Humanitas, 2003, passim. Também antigos escravos foram convertidos em colonos, como testemunha Amelia de Rezende Martins a propósito dessa modalidade de integração do negro liberto na rotina da fazenda de sua família, em Campinas: "Em Santa Genebra, com a libertação gradual, muito antes da Lei 13 de Maio, não havia um só escravo, tendo ficado na fazenda todos os antigos escravos bons. Então homens livres, e estando perfeitamente organizada a colonização estrangeira. Tinha ali, cada família, branca ou preta, sua casa, e cada chefe de família, seu salário, sua caderneta e sua roça". Cf. Amelia de Rezende Martins, op. cit., p. 359. A autora aplica o conceito de salário, neste caso, à parcela recebida pelo colono em dinheiro pelo trato e pela colheita do café.

[95] Poucas mudanças houve, desde então, no modo como se dá a expansão agropecuária no Brasil. No deslocamento da frente pioneira, na região amazônica, nas últimas décadas, o trabalho de derrubada da mata e limpeza do terreno para formação de novas fazendas tem sido feito por peões escravizados, em regime de servidão por dívida, trabalhadores que se deslocam temporariamente em função da sazonalidade agrícola de outras regiões, especialmente do Nordeste. Cf. José de Souza Martins, *Fronteira*, cit., esp. p. 71-99. Na década de 1970, o número desses trabalhadores foi estimado em mais de 400 mil. Cf. Sue Branford e Oriel Glock, *The Last Frontier*, London, Zed Books, 1985, p. 55.

[96] Cf. Louis Couty, *Étude de biologie industrielle sur le café*, cit., p. 7-8.

[97] Cf. C. F. Van Delden Laërne, op. cit., p. 244.

[98] Cf. Louis Couty, op. cit., p. 5 e 119.

[99] Cf. J. Pandiá Calógeras, *A política monetária do Brasil*, cit., p. 172; David Joslin, op. cit., esp. p. 64-8 e 78-9.

[100] Cf. Warren Dean, op. cit., p. 35. Motta Sobrinho transcreve documento sobre a empreita de antigos plantadores de fumo, arruinados em 1865, para a formação de cafezais, empregando seus próprios escravos. Cf. Alves Motta Sobrinho, op. cit., p. 83-4.

[101] Cf. C. F. Van Delden Laërne, op. cit., p. 185.

[102] Cf. Carlota Pereira de Queiroz, op. cit., p. 85.

[103] Cf. Darrel E. Levi, *A família Prado*, trad. José Eduardo Mendonça, São Paulo, Cultura 70, 1977, p. 167. Cf., também, Myriam Ellis (org.), *O café – Literatura e história*, São Paulo, Melhoramentos-Editora da Universidade de São Paulo, 1977, p. 37.

[104] Pierre Denis, op. cit., p. 126.

[105] Cf. Darrel E. Levi, op. cit., p. 332-6.

[106] Os termos desse contrato não eram os usuais. Geralmente, as safras de café durante a vigência da empreitada pertenciam ao empreiteiro, além das safras de cereais.

[107] Cf. Pierre Denis, op. cit., p. 161.

[108] Nos anos subsequentes, a rentabilidade das fazendas paulistas cairia drasticamente. Ukers, que fez extensa, enciclopédica e demorada pesquisa internacional sobre o café, da planta à xícara, entre 1912 e 1922, esteve no Brasil, aparentemente nas grandes fazendas da região de Ribeirão Preto, e constatou que "os lucros do cultivo do café no Brasil, nos anos recentes, apresentaram uma decisiva queda. Em 1900, não foi raro uma fazenda ter um lucro anual de 100 a 250%. Dez anos mais tarde, a média dos retornos não excedia a 12%". Não obstante, novos cafezais continuavam a ser plantados. Cf. William H. Ukers, M.A., *All About Coffee*, New York, The Tea and Coffee Trade Journal Company, 1922, p. 205-7.

[109] Cf. Affonso d'E. Taunay, op. cit., p. 265.

[110] Cf. Joaquim Silvério da Fonseca Queiroz, *Informações úteis sobre a cafeicultura*, São Paulo, Estabelecimento Graphico Universal, 1914, p. 18.

[111] Cf. Augusto Ramos, *O café no Brasil e no estrangeiro*, Rio de Janeiro, Papelaria Santa Helena, 1923, p. 207-8. José César Gnaccarini observou processo similar na economia açucareira: "...

essa quantia não havia saído do bolso do capitalista, proprietário do engenho de açúcar nem de nenhuma outra fonte de trabalho que se caracterizasse como um valor, o qual, como tal, devesse ser realizado. Elas, as condições de trabalho, se haviam produzido em regime de autossubsistência, o que queria também dizer que não necessariamente precisariam voltar ao bolso do produtor direto, se já não precisavam retornar ao bolso do capitalista. E é precisamente por esta razão que se diz manter a agricultura, ao utilizar matéria bruta produzida em regime de autossubsistência, por maior quantidade de trabalho que esta requeira, uma baixíssima composição orgânica do capital, a qual habilita o capitalista a apropriar-se de uma massa de mais-valia exagerada para o escasso dispêndio de capital total que ele é obrigado a fazer". Cf. José C. Gnaccarini, "A economia do açúcar. Processo de trabalho e processo de acumulação", em Boris Fausto (org.), *História geral da civilização brasileira*, v. III, t. 1, cit., p. 328. Cf., também, José César Aprilanti Gnaccarini, *Estado, ideologia e ação empresarial na agroindústria açucareira do estado de São Paulo*, tese de doutoramento apresentada ao Departamento de Ciências Sociais da Faculdade de Filosofia, Letras e Ciências Humanas da Universidade de São Paulo, São Paulo, 1972, p. 246 ss. Mais de cem anos depois da febril abertura de novas fazendas de café, no oeste de São Paulo, com a introdução do trabalho livre na economia agrícola, o mesmo método de extração do excedente econômico do peão sujeito temporariamente por dívida, sob a forma de derrubada da mata e formação de fazendas agropecuárias, repete-se na região amazônica desde o final dos anos 1960 e se estende por quase meio século, até os dias atuais. Cf. José de Souza Martins, *Fronteira*, cit.

[112] Cf. J. R. de Araújo Filho, loc. cit., p. 85 e 103; Affonso d'E. Taunay, op. cit., p. 239 ss.; Rodrigo Soares Júnior, *Jorge Tibiriçá e sua época*, São Paulo, Companhia Editora Nacional, 1958, v. I, p. 188, e v. II, p. 346-51; Jayme Adour da Câmara, *Salvador Piza (O homem e o lavrador)*, São Paulo, 1940, p. 39-49 e 51.
[113] Cf. Affonso d'E. Taunay, op. cit., p. 173; Alves Mota Sobrinho; op. cit., p.85.
[114] Cf. Alves Motta Sobrinho, op. cit., p. 135-6.
[115] Cf. Louis Couty, *Étude de biologie industrielle sur le café*, cit., p. 135 ss.
[116] "... só trabalho para os outros. O lavrador não ganha, o negociante em café enriquece! / O primeiro tem muito trabalho e luta com mil dificuldades! O segundo aproveita-se do nosso suor para se divertir e fazer fortuna!" Cf. Carta do Barão Geraldo de Rezende, 30 de maio de 1882, apud Amelia de Rezende Martins, op. cit., p. 298; "Todos os comissários são ladrões." Cf. Carta do comissário Pedro Lima ao major Moreira Lima Júnior, 22 de maio de 1873, apud Alves Motta Sobrinho, op. cit., p. 88.
[117] Cf. Carlos Marx, op. cit., t. I, passim, esp. p. 491 e 513.
[118] Às vésperas da Abolição, o Conselheiro Paula Souza, fazendeiro de café, escrevia uma carta a um seu conhecido relatando as imensas vantagens econômicas do trabalho livre de seus antigos escravos: "Nada lhes dou: tudo lhes vendo, inclusive um vintém de couve ou leite! [...] Pois bem: esse vintém de couve e de leite, o gado, que mato, a fazenda que compro por atacado, e que lhes vendo a retalho, e mais barato que na cidade, dão quase para o pagamento do trabalhador". Cf. *A província de São Paulo*, 8 de abril de 1888, apud Florestan Fernandes, *A integração do negro na sociedade de classes*, cit., v. I, p. 16. Ou seja, o fazendeiro compreendia a nova relação de trabalho com o homem livre como uma relação comercial, de compra e venda de mercadorias.
[119] Cf. Carlos Marx, op. cit., t. I, p. 130 ss.
[120] Cf. "Condições do trabalho na lavoura cafeeira do Estado de S. Paulo", *Boletim do Departamento Estadual do Trabalho*, anno I, n. 1 e 2, São Paulo, Secretaria da Agricultura, Commercio e Obras Publicas do Estado de São Paulo, 1912, p. 20 ss.; Maria Sílvia C. Beozzo Bassanezi, "Absorção e mobilidade da força de trabalho numa propriedade rural paulista (1895-1930)", *O café – Anais do II Congresso de História de São Paulo*, cit., p. 241-2 e 249.
[121] Foi nas operações de beneficiamento do café, ainda durante a escravidão, que o regime de trabalho assalariado se implantou plenamente nas fazendas. A ponto de Couty sugerir que, tal como já ocorrera com a cana-de-açúcar, com a instalação dos engenhos centrais, o fazendeiro circunscrevesse a sua atividade econômica às operações industriais de benefício do café, como capitalista e comerciante. Nesse caso, a terra deveria ser dividida e entregue a pequenos produtores tributários do engenho. Cf. Louis Couty, *L' Esclavage au Brésil*, Paris, Librairie de Guillaumin et Cie., 1881, p. 47 e 147; Rodrigo Soares Júnior, op. cit., v. 1, p. 79-80.
[122] Cf. Maria Silvia C. Beozzo Bassanezi, loc. cit., p. 248-9 (nota 11).
[123] Cf. Warren Dean, *Rio Claro*, cit., p. 171.

A PRODUÇÃO CAPITALISTA DE RELAÇÕES NÃO CAPITALISTAS DE PRODUÇÃO   93

[124] Cf. Louis Couty, *Étude de biologie industrielle sur le café*, cit., p. 155; Max Leclerc, op. cit., p. 101; Maria Paes de Barros, op. cit., p. 98-9; Augusto Ramos, op. cit., p. 206.
[125] Cf. Louis Couty, op. cit., p. 130 ss.
[126] Cf. Pierre Denis, op. cit., p. 136 ss.
[127] A área de colheita que cabia ao colono e sua família não era necessariamente aquela que estivera sob seus cuidados, na limpa, mas outra, escolhida por sorteio. Como a produtividade era diferente entre os diferentes talhões, o sorteio afastava a suspeita de favoritismo a uns em detrimento de outros. Sobre o sorteio, cf. Myriam Ellis (org.), op. cit., p. 121 ss.
[128] Cf. Elias Antonio Pacheco e Chaves et alii, *Relatório apresentado ao Exmo. Sr. Presidente da Província de S. Paulo pela Commissão Central de Estatística*, São Paulo, Typografia King-Leroy King Bookwaler, 1888, p. 347; Louis Couty, op. cit., p. 129 ss.; A. Lalière, *Le Café dans l'État de Saint Paul (Brésil)*, Paris, Augustin Challamel, 1909, p. 266 ss.; B. Beli, *Il caffè – Il suo paese e la sua importanza (S. Paolo del Brasile)*, Milano, Ulrico Hoepli, Editore-Libraio della Real Casa, 1910, p. 112; Pierre Denis, op. cit., p. 136 ss.; Vincenzo Grossi, *Storia della colonizzazione europea al Brasile e della emigrazione italiana nello Stato di S. Paulo*, Milano-Roma-Napoli, Società Editrice Dante Alighieri di Albrighi, Segati & C., 1914, p. 439 ss.; Reginald Lloyd et alii, *Impressões do Brasil no Século Vinte. Sua história, seo povo, commercio, industrias e recursos*, Londres, Lloyd's Greater Britain Publishing Company, 1913, p. 632; Augusto Ramos, op. cit., p. 205.
[129] Cf. Elias Antonio Pacheco e Chaves et al., op. cit., p. 247; Manuel Bernardez, *Le Brésil – Sa vie, son travail, son avenir*, Buenos Aires, s. e., 1908, p. 223-4; Louis Couty, *Ebauches sociologiques: Le Brésil en 1884*, cit., p. 185; B. Beli, op. cit., p. 112; Vincenzo Grossi, op. cit., p. 445; Augusto Ramos, op. cit., p. 205; Guido Maistrello, "Fazendas de café – costumes (S. Paulo)", em Augusto Ramos, op. cit., p. 564.
[130] Cf. Louis Couty, *Étude de biologie industrielle sur le café*, cit. p. 130.
[131] Cf. Pierre Denis, op. cit., p. 151; Guido Maistrello, loc. cit., p. 556; B. Belli, artigo no *Correio Paulistano*, 2 de julho de 1911, apud Paula Beiguelman, op. cit., p. 110, nota 92.
[132] Cf. Rodrigo Soares Júnior, *Jorge Tibiriçá e sua época*, v. 2, p. 360 e 429; Paula Beiguelman, op. cit., p. 115.
[133] Cf. *Relatorio annual do Instituto Agronômico do Estado de S. Paulo (Brazil) em Campinas – 1894 e 1895*, v. VII e VIII, cit., p. 195: "Onde o milho é cultivado nos cafezais como 'cultura intermediária' é quase impossível calcular-se exatamente o custo de produção...".
[134] Cf. Antonio Piccarolo, *L' emigrazione italiana nello Stato di S. Paulo*, São Paulo, Livraria Magalhães, 1911, p. 60-2.
[135] Cf. A. Lalière, op. cit., p. 270-273.
[136] Cf. Vincenzo Grossi, op. cit., p. 444.
[137] Cf. Karl Marx, *El capital – Libro I – Capitulo VI (Inédito)*, trad. Pedro Scaron, Buenos Aires, Ediciones Signos, 1971, p. 54 ss.
[138] Cf. Antonio Piccarolo, *Um pioneiro das relações ítalo-brasileiras (B. Belli)*, São Paulo, Athena, 1946, p. 17 ss.; Michael M. Hall, "Approaches to Immigration History", em Richard Graham e Peter H. Smith (eds.), *New Approaches to Latin American History*, Austin and London, University of Texas Press, 1974, p. 180 ss.
[139] Cf. Louis Couty, op. cit., p. 158; Elias Antonio Pacheco e Chaves et al., op. cit., p. 247; Pierre Denis, op. cit., p. 140 ss.
[140] O lugar secundário da remuneração monetária do colono de café se refletia na relativamente reduzida importância de suas remessas de dinheiro, no caso dos italianos, para os remanescentes da família que permaneceram na Itália. Dos três países que mais receberam imigrantes italianos, Estados Unidos, Brasil e Argentina, as remessas do Brasil, nos primeiros anos do século XX, foram comparativamente muito reduzidas, oscilando entre 10% e 20% do que enviaram à Itália os italianos residentes nos Estados Unidos. Em 1905, as remessas feitas da Argentina foram quase o dobro das feitas do Brasil. Cf. Luigi De Rosa, *Emigranti, capitali e Banche (1896-1906)*, Napoli, Edizione del Banco di Napoli, 1980, p. 490 e 598.
[141] Cf. Pierre Denis, op. cit., p. 149.
[142] Cf. Paul Walle, *Au Pays de l'or rouge – L'État de São Paulo (Brésil)*, Paris, Augustin Challamel, 1921, p. 82.
[143] Cf. Pierre Denis, op. cit., p. 140.
[144] Cf. Boris Fausto, *Trabalho urbano e conflito social*, cit., p. 21.
[145] Cf. "Condições geraes do trabalho na industria textil do Estado de São Paulo", *Boletim do Departamento Estadual do Trabalho*, anno VIII, n. 31 e 32, São Paulo, Typographia Levi, 1919, p. 202 (tabela n. 2).

[146] Cf. Sergio Milliet, op. cit., p. 73 ss.; Caio Prado Júnior, *Evolução política do Brasil e outros estudos*, cit., p. 236.

[147] Cf. Mario Ramos, *A illusão paulista*, Rio de Janeiro, 1911, esp. p. 37, 40 e 49-50; Edgar Rodrigues, *Socialismo e sindicalismo no Brasil*, Rio de Janeiro, Laemmert, 1960, p. 300; Everardo Dias, *História das lutas sociais no Brasil*, São Paulo, Edaglit, 1962, p. 260 e 271; Hermínio Linhares, "As greves operárias no Brasil durante o primeiro quartel do século XX", *Estudos Sociais*, n. 2, jul.-ago. 1958, p. 222-3; Augusto Ramos, op. cit., p. 209; Warren Dean, op. cit., p. 179; Azis Simão, *Sindicato e estado*, São Paulo, Dominus, 1966, p. 101-2.

[148] Cf. Maria Paes de Barros, op. cit., p. 73 ss.; Amelia de Rezende Martins, op. cit., p. 511.

[149] "A aceitação pronta de tais trabalhadores não significava sempre, de parte dos grandes proprietários rurais, a admissão igualmente pronta, ou sequer a compreensão, de todas as consequências que essa mudança iria acarretar no sistema de relações entre patrões e serviçais." Cf. Sergio Buarque de Holanda, "Prefácio do tradutor", em Thomas Davatz, op. cit., p. 17.

[150] Cf. Vincenzo Grossi, op. cit., p. 443-4.

[151] Idem, p. 442 ss.

[152] Cf. Warren Dean, "A pequena propriedade dentro do complexo cafeeiro: sitiantes no Município de Rio Claro (1870-1920)", em *Revista de História*, v. LIII, n. 106, São Paulo, 1976, p. 488.

[153] Idem, p. 491.

[154] Cf. Reginald Lloyd et al., op. cit., p. 630.

[155] Cf. Warren Dean, *Rio Claro*, cit., p. 187-188; Michael M. Hall, *The Origins of Mass Immigration in Brazil, 1871-1914*, Ph.D. Thesis, Columbia University, 1969, passim. Uma otimista contraposição a essas constatações encontra-se em Thomas H. Holloway, "Condições do mercado de trabalho e organização do trabalho nas plantações na economia cafeeira de São Paulo, 1885-1915 – Uma análise preliminar", *Estudos Econômicos*, v. 2, n. 6, São Paulo, IPE-USP, 1972.

A imigração espanhola para o Brasil e a formação da força de trabalho na economia cafeeira, 1880-1930

Uma imigração tardia

Quando se fala na imigração estrangeira para o Brasil, entre as últimas décadas do século XIX e as primeiras do século XX, é comum conceber-se o imigrante como substituto do escravo e, em consequência, tratá-lo como categoria indiferençada. Supostamente, todos os imigrantes das várias nacionalidades assumiram, no contato com a sociedade brasileira, as mesmas características sociais e culturais, diferençados unicamente pela língua de origem. Na verdade, atribui-se a todos os imigrantes um perfil que foi o do imigrante italiano, supondo-se que os imigrantes das várias nacionalidades tiveram a mesma trajetória no Brasil.

Neste capítulo, pretendo desenvolver algumas ideias relacionadas com a constatação inicial de que essa suposição não é verdadeira. Imigrantes de diferentes nacionalidades tiveram no Brasil diferentes trajetórias. É provável que essa diferenciação esteja, em parte, relacionada com as características sociais e culturais de cada grupo, com as peculiaridades dos fatores de emigração. Procuro, no entanto, apanhar essas diferenças a partir de outro ângulo de interpretação. Entendo que os modos diferençados de absorção do imigrante na sociedade brasileira estão, em grande parte, relacionados com as mudanças ocorridas nessa mesma sociedade ao longo do tempo. Em cada momento do meio século que tomo por referência, 1880 a 1930, as circunstâncias e as condições de incorporação do imigrante foram diferentes. No limite, isso quer dizer que o imigrante de uma mesma nacionalidade encontrou aqui situações distintas em diferentes momentos.

Essa perspectiva é fundamental, também, para entender por que há diferenças importantes, por exemplo, entre o *imigrante espanhol* e o *imigrante italiano*. A grande maioria dos imigrantes de cada uma dessas nacionalidades chegou ao Brasil em épocas e circunstâncias diversas, fato que marcou o destino de cada grupo e o modo como se integrou, ou não se integrou, na sociedade brasileira.

Justamente porque tem sido comum tratar os imigrantes de diferentes nacionalidades como se tivessem cumprido uma mesma e igual trajetória no Brasil é que, sempre que possível, farei comparações entre o imigrante espanhol e o imigrante italiano. Por meio do recurso comparativo será possível mostrar as diferenças que há entre ambos, às vezes diferenças substantivas. É claro que o objetivo final do trabalho não é, exclusiva e principalmente, o de fazer uma discussão sobre o imigrante espanhol. Mas, através da diferença representada por ele e através da sua inserção peculiar na economia cafeeira de São Paulo, analisar alguns aspectos das relações de trabalho nas fazendas de café, suas transformações e sua crise. Em outras palavras, o objetivo é considerar *a diferenciação da força de trabalho* que, no período indicado, aparece *escamoteada pela diferenciação de nacionalidade do trabalhador*. A diferenciação do trabalhador rural pela nacionalidade de origem, como ocorreu no café, encobriu um fato de grande importância: com frequência, *a diferenciação por nacionalidade do trabalhador esconde mudanças nas relações de trabalho, no próprio processo de trabalho e nas relações entre renda fundiária e acumulação de capital.*

O ponto de partida é este: o imigrante espanhol não se defrontou, de modo geral, com as mesmas circunstâncias históricas e com as mesmas condições que o imigrante italiano havia encontrado antes dele. Ele se destinou a repor a força de trabalho do imigrante italiano, que não estava sendo recriada pela própria imigração italiana ou que estava abandonando o Brasil desde fins do século xix. A partir de 1905, a imigração espanhola para São Paulo passou a ser, durante certo tempo, a mais numerosa. Até então a imigração italiana havia sido mais importante numericamente.[1] O imigrante italiano estava retornando a seu país, reemigrando para a Argentina e o Uruguai ou deixando as fazendas de sua inserção inicial para se deslocar para as zonas pioneiras, onde se expandiam os cafezais. Em segundo lugar, o imigrante espanhol destinou-se, também, aos cafezais das novas zonas cafeeiras de São Paulo, que concorriam com os cafezais das zonas mais antigas da Mogiana e da Paulista pela mão de obra. O fluxo de abastecimento dos cafezais com trabalhadores italianos havia sido interrompido, em 1902, com o Decreto Prinetti, que proibira a emigração subvencionada para o Brasil.[2] Esses dois fatores se combinaram para que, em diferentes regiões e de diferentes modos, o imigrante espanhol substituísse o imigrante italiano – o que partia e o que não chegava.

Se a imigração espanhola ocorreu, em grande parte, para ocupar, na expansão do café, o lugar até então preenchido pela imigração italiana, é preciso lembrar que a parcela mais substantiva da imigração italiana possibilitara a substituição da força de trabalho escrava, em consequência da crise da economia escravista, da abolição da escravidão negra, em 1888, e em consequência da grande expansão da economia cafeeira: a área cultivada do Estado de São Paulo cresceu quase seis vezes entre 1890 e 1925, passando de 510 mil hectares para quase três milhões de hectares.[3]

Quando do principal fluxo da imigração italiana, a questão do trabalho livre era uma questão relativamente aberta: ainda havia quem discutisse se o imigrante deveria ser colono do fazendeiro ou se deveria ser um pequeno proprietário.[4] As novas relações de trabalho, que ficariam conhecidas como colonato, estavam emergindo como resultado de diferentes experimentos em torno do regime de parceria e do trabalho por empreitada.[5] Nesse contexto, as reações do imigrante às formas assumidas pela exploração do trabalho, mesmo dispersas e desarticuladas, tiveram um papel muito grande na definição das relações de trabalho. Sobretudo, isso se deu na demolição das concepções escravistas que se escondiam por trás da dominação pessoal do fazendeiro e por trás do endividamento do trabalhador, que eram formas de subjugar o seu trabalho. O imigrante italiano esteve, portanto, diretamente inserido nos dilemas criados pela substituição do trabalho escravo.

Ao mesmo tempo, ele chegou num momento da história brasileira em que não se buscava apenas a forma social de substituição do escravo. Chegou num momento em que se abriam oportunidades econômicas, com a liberação de capitais decorrentes do fim do tráfico negreiro, a partir de 1850, e, sobretudo, com o fim progressivo da escravidão a partir de então. É importante considerar que os anos 1890, foram, principalmente em São Paulo, os anos de uma grande diversificação econômica: a criação de bancos, indústrias e a grande expansão do café para o oeste. No que diz respeito à atração de mão de obra estrangeira, esse foi um momento marcado pela necessidade de provar que, no Brasil, o imigrante não seria escravo, que teria oportunidade de enriquecer, tornar-se proprietário da sua própria terra. Os dados acabariam provando que, de fato, isso não ocorreria em escala apreciável até a Crise de 1929. Porém, se a economia agrícola esteve razoavelmente fechada à transformação do imigrante em proprietário de terra, justamente porque era necessário transformá-lo em mão de obra à disposição dos fazendeiros, o mesmo não se deu na indústria e no comércio. Esses setores da economia apresentaram-se como uma espécie de território livre, que foi claramente ocupado pelo imigrante e, predominantemente, pelo imigrante italiano. O que não quer dizer, evidentemente, que os grandes fazendeiros tenham se mantido fechados na velha economia de exportação. Na mesma década de 1890, enquanto imigrantes italianos e alemães começavam a montar indústrias na região de São Paulo, os fazendeiros passavam a organizar grandes bancos, que acabariam, de alguma forma, tendo o controle do conjunto da economia.

A grande diferença entre a imigração espanhola e a imigração italiana está no fato de que esta última imigração estava estratificada em classes sociais: havia camponeses sem terra, operários, comerciantes, capitalistas, artesãos, além de intelectuais. A imigração espanhola, ao contrário, foi predominantemente de camponeses. Mesmo os não camponeses, que em certa proporção também imigraram para o Brasil, foram os que mais reemigraram.

A imigração espanhola cresceu acentuadamente quando a imigração italiana subvencionada foi dificultada e quando uma proporção muito alta de italianos começou a deixar São Paulo, entre o fim do século XIX e o começo do século XX, na maioria dos casos, para retornar à Itália ou para reemigrar a outros países. Nesse período, os números de saída de imigrantes italianos superaram os números de entrada. É justamente o período da primeira grande crise do café.[6] Como se verá, mais adiante, a imigração espanhola não era diversificada como a italiana. Não há notícias de grandes capitalistas espanhóis em São Paulo nessa época. Em 1904, um jornal espanhol editado em São Paulo, falando dos imigrantes espanhóis, dizia que

> o pouco que ganham não lhes chega para mal alimentar-se. Quem se atreverá a negar que a colônia espanhola do Estado de São Paulo é a mais pobre de todas e que se acha composta, na sua maioria, de humildes trabalhadores braçais? [...] Com quantos capitalistas, comerciantes, industriais, etc., etc., conta a colônia?.[7]

Na sua maioria, os imigrantes espanhóis eram camponeses que chegaram ao Brasil com a família, imigrando em definitivo, indo diretamente para o interior, para as fazendas, na maioria realmente pobres, cuja viagem fora subvencionada pelo governo brasileiro. Além disso, em maior proporção foram para as zonas novas, onde as terras eram de menor qualidade ou menos férteis do que nas zonas mais antigas, as do chamado oeste velho. E eram menores as oportunidades de ascensão social pelo trabalho nos cafezais. Em outros termos, o imigrante espanhol chegou ao Brasil numa época de poucas oportunidades. Quando o imigrante italiano chegara, o futuro do imigrante era definido por uma perspectiva camponesa e por uma relação de trabalho que, em grande parte, era uma variação das condições de vida camponesas. O colonato estava no seu início. No surto da imigração espanhola, o colonato já estava modificado pela ação e pressão do próprio imigrante italiano e, mesmo, do governo italiano. Uma das principais modificações nas relações de trabalho fora a da ampliação do pagamento em dinheiro e a do acerto mensal com o trabalhador, em vez do acerto anual. A perspectiva do imigrante, nesse outro momento, está, pois, mais próxima do trabalho assalariado, resultante da lenta desagregação do colonato.

O pagamento em dinheiro era, porém, um ardil que, em termos reais, empobrecia o imigrante ainda mais. Um caso ilustrativo é noticiado por um jornal de língua espanhola, em 1908: um colono espanhol, trabalhando com a mulher e três filhos, numa fazenda da região da ferrovia Paulista, ao fim de um mês recebera Rs. 24$000, insuficientes para a sobrevivência da família. No típico colonato, ao menos, o trabalhador podia subsistir com o produto da horta, da agricultura intercalar de alimentos no cafezal ou mesmo da roça própria. Claramente, os imigrantes espanhóis desse período estão entre os mais pobres e os de menor mobilidade social.

A pouca diversidade da população espanhola no Brasil é revelada não só pelo escasso número de espanhóis proprietários de terra em São Paulo: na estatística de 1904/1905, apenas 415 o eram.[8] O que se confirma pelos números do censo de 1920. Em todo o Brasil havia 267 estabelecimentos industriais pertencentes individualmente a espanhóis, dos quais 128 localizados em São Paulo. Em média, essas indústrias tinham menos de sete operários. Na mesma ocasião, os italianos tinham 2.119 indústrias desse tipo, igualmente pequenas, das quais 68% estavam em São Paulo.[9] Entretanto, não há registro de indústrias grandes pertencentes a espanhóis, embora, pelo menos a partir de 1890, existam muitas informações sobre grandes bancos e indústrias pertencentes a imigrantes italianos. *A imigração espanhola foi, portanto, caracteristicamente imigração de mão de obra*, pouco diversificada e pouco qualificada. Não só o imigrante espanhol chegou numa época de poucas oportunidades, como ele próprio era dos menos preparados para aproveitar as oportunidades que existissem.

Vale a pena, ainda que de passagem, quanto a esse aspecto, sugerir uma comparação entre a *imigração japonesa e a imigração espanhola*. O grande surto imigratório de ambos os grupos se dá aproximadamente na mesma época, a primeira década do século XX. Ambos os grupos imigraram predominantemente em família, com baixa porcentagem de imigrantes avulsos. Ambos foram predominantemente encaminhados para o interior, para as regiões cafeeiras e, particularmente, para as zonas novas. Ambos, quando se tornaram proprietários de terra, tinham as menores áreas médias por estabelecimento rural. O japonês, no entanto, enriqueceu relativamente depressa e manteve uma identidade cultural que o espanhol imigrante não conseguiu manter. Este foi, provavelmente, com o português, o imigrante mais facilmente assimilado, coisa que não ocorreu com o italiano na mesma intensidade. O espanhol desapareceu na sociedade brasileira praticamente sem deixar sinal. Nem mesmo ficou a memória dessa diferença, que existiu um dia e durante certo tempo.

Também, no que se refere às fontes para o estudo da imigração, há diferenças importantes entre a imigração espanhola e a imigração italiana. Há registro de que no período de que trato, existiram, ao menos, quinze periódicos em língua espanhola publicados em São Paulo.[10] Deles, praticamente nada mais resta. Encontrei três jornais, do começo do século, dos quais, somados, não há mais do que dez exemplares nos arquivos e bibliotecas da capital. Não há estudos publicados sobre a imigração espanhola nesse período. Também não há relatórios, crônicas de viagem de autoridades espanholas, escritores, jornalistas, missionários, como há em abundância, em relação a outros grupos nacionais, particularmente o italiano, ricos em informações sobre as condições de vida dos imigrantes. Mesmo os jornais de língua espanhola trazem muito pouca informação sobre o imigrante espanhol no Brasil. "El Diario Español", por exemplo, limita-se a reproduzir e publicar notícias de acontecimentos ocorridos na Espanha. É possível que os jornais anarquistas tivessem mais informações locais e a respeito das condições de vida do imigrante. Mas um deles, que pude consultar, é particularmente pobre na descrição das situações de conflito envolvendo trabalhadores rurais e fazendeiros. As poucas informações de jornais, a respeito, indicam que as autoridades consulares espanholas tinham pouco interesse pelos espanhóis no Brasil.[11] O que pode ser indício de que a emigração espanhola naquele país não se situava em nenhum projeto político ou econômico. Diversamente do que ocorria com a Itália, que sempre teve, particularmente no período fascista, pretensões de fazer da população italiana no Brasil uma verdadeira colônia econômica e política. Mesmo antes do fascismo, os italianos fizeram muitas pressões para transformar as relações de trabalho nas fazendas de café em relações monetárias, para melhorar a remessa de dinheiro a seu país, por parte dos imigrantes italianos, e para criar um mercado de produtos italianos no Brasil. Não encontrei nenhum sinal de que algo parecido tenha em algum momento ocorrido com o governo espanhol.

Características da imigração espanhola

O Recenseamento de 1920 indicou que havia no Brasil 1.565.961 estrangeiros. Desses, 558.405 eram italianos, 433.577 eram portugueses e 219.142

eram espanhóis.[12] A distribuição desses imigrantes pelo território brasileiro sugere que havia diversidade de condições sociais no interior de cada um dos grupos nacionais. Estavam no estado de São Paulo 78,2% dos espanhóis, 71,4% dos italianos e 53% do total de estrangeiros. Já os portugueses estavam, na maioria (39,7%), no então Distrito Federal (Rio de Janeiro) e pouco menos em São Paulo (38,6%). Na capital de São Paulo, estavam 24,7% dos estrangeiros do estado, 14,5% dos espanhóis, 23% dos italianos e 38,7% dos portugueses. No conjunto dos outros estados, porém, excluído o de São Paulo, viviam nas capitais 46% dos estrangeiros, 60,2% dos espanhóis, 24,1 % dos italianos, 79,6% dos portugueses. Se, no conjunto do país, os italianos, na maior parte, foram para o interior, o mesmo não ocorreu com o imigrante espanhol: em São Paulo ele foi para o interior e, de modo geral, nos outros estados ficou nas capitais.[13]

Não são muitas as informações sobre a diversidade de origem, de destino e de ocupações do espanhol que veio para o Brasil. Sabe-se que os galegos vieram preferencialmente para as cidades e Salvador foi uma de suas preferidas. Já os andaluzes, de uma das regiões mais pobres da Espanha, foram de preferência recrutados pela imigração subvencionada para os cafezais de São Paulo.[14] Constatei que os imigrantes espanhóis que ficaram na cidade de São Paulo habitavam, de preferência, os bairros da Mooca e do Brás, dois típicos bairros operários do começo do século XX.[15] No Brás, localizaram-se de preferência nas ruas onde já haviam se localizado, em anos anteriores, os imigrantes italianos, nos cortiços da região.[16] As estatísticas de acidentes de trabalho ocorridos na cidade de São Paulo, em diferentes anos das duas primeiras décadas do século XX, indicam que é proporcionalmente alta a incidência de acidentes entre trabalhadores espanhóis nas profissões menos qualificadas, como é o caso dos pedreiros, ajudantes de pedreiros, cocheiros, condutores de bonde, operários, trabalhadores braçais,[17] o que, provavelmente, indica, também, maior concentração de espanhóis nessas ocupações. É possível que em outros estados, porém, o imigrante espanhol tenha sido, sobretudo, o comerciante ou o artesão, como ocorreu com os portugueses no Rio e em São Paulo, como se pode inferir de sua maior presença nas capitais. O que importa destacar neste trabalho é que 78,1% dos espanhóis que viviam no estado de São Paulo, em 1920, estavam nas regiões cafeeiras. Isso quer dizer que 61% de todos os espanhóis que viviam no Brasil, nesse ano, estavam na região paulista de café. Essa era a situação de 36,5% dos estrangeiros e de 53,3% dos italianos.[18] Evidentemente, essas proporções se alteram se levarmos em conta que muitos brasileiros eram, nessa altura, filhos de imigrantes estrangeiros, nascidos no Brasil. Os dados que menciono referem-se à situação da primeira geração de imigrantes.

Desde 1880, mais da metade dos imigrantes italianos foram encaminhados para a província de São Paulo e mais da metade dos espanhóis foram-no desde

1890. Mas, só a partir de 1900 é que a imigração espanhola para São Paulo praticamente chegou aos 3/4 da imigração para o Brasil.[19]

Dentre os imigrantes entrados em São Paulo, entre 1908 e 1939, os espanhóis e os austríacos foram os que apresentaram maior índice de fixação, respectivamente, 50,9% e 51,8%, em relação aos retornos e à reemigração. Quando se considera o balanço de entradas e saídas no país, e não só em São Paulo, o índice dos espanhóis sobe para 53,6%. Nesse período, no que se refere ao saldo líquido de entradas e saídas, apenas 12,7% dos italianos permaneceram no estado e apenas 11,5% dos alemães.[20] Tudo indica que a menor fixação do imigrante e sua maior mobilidade estavam diferentemente relacionadas com a característica de imigração do respectivo grupo nacional. Maior proporção de imigrantes avulsos, como era o caso dos italianos nesse período, tendia a aparecer associada a maior porcentagem de saídas sobre as entradas. Maior proporção de imigração familiar, como era o caso dos espanhóis e dos japoneses, tendia a aparecer associada a maior fixação. Dos espanhóis, 18,4% eram avulsos e dos japoneses apenas 5,1%, enquanto essa proporção subia para 42,3% no caso dos italianos.[21]

Um outro fator de fixação do imigrante foi a imigração subvencionada. A chamada imigração espontânea, do imigrante que custeava sua própria viagem, tendia a afastar o imigrante da agricultura e, consequentemente, dos mecanismos de coerção e da dominação pessoal que marcaram as relações de trabalho nas fazendas de café. Com isso, o imigrante ganhava maior liberdade de deslocamento e de escolha do trabalho. A imigração subvencionada, ao contrário, submetia o imigrante, desde o começo, desde o embarque, aos critérios e interesses do governo e, em seguida, dos fazendeiros. De 1851 a 1909, o governo imperial promoveu a imigração subvencionada. A partir de 1881, o governo de São Paulo, movido pelos interesses dos fazendeiros de café, também aplicou grandes recursos na imigração estrangeira, até 1927, pouco antes da grande Crise de 1929.[22] É verdade que o imigrante com viagem paga pelo governo nacional teve, em várias ocasiões, oportunidade de ser encaminhado aos núcleos coloniais oficiais, na condição de pequeno proprietário. Mas a grande massa de imigrantes subvencionados que se dirigiram a São Paulo teve sua viagem paga pelo governo paulista. Nesse caso, o imigrante praticamente não tinha liberdade de decidir para onde ir e o que fazer. Desembarcado no porto de Santos, em poucas horas o imigrante era conduzido de trem à Hospedaria dos Imigrantes, na cidade de São Paulo. Aí permanecia, geralmente, três dias (no máximo oito), sendo em seguida enviado de trem para as regiões do interior onde houvesse maior demanda de força de trabalho. O governo paulista mantinha, desde 1911, um serviço de avaliação do mercado de trabalho, que lhe garantia informação atualizada e permanente sobre a demanda de mão de obra, tipo de trabalho, salário ou modalidade de pagamento do trabalho etc. nas diferentes regiões do estado. Nos livros de registros da Hospedaria dos Imigrantes, é possível, com alguma frequência, acompanhar a trajetória de uma família de colonos, praticamente dia a dia, desde a sua aldeia de origem, na Espanha, até a fazenda de café a que fora especificamente destinada no interior de São Paulo. E se levarmos em conta os documentos da seguradora Lloyds, arquivados no National Maritime Museum, em Londres, pode-se até mesmo saber quais os portos em que o navio atracou durante a viagem.[23]

Na fazenda, mesmo sob a política da imigração subvencionada, o imigrante entrava numa relação de endividamento com o fazendeiro, ainda que atenuada, motivada por antecipações e fornecimento de alimentos e meios de subsistência. Antes da imigração subvencionada, quando ainda tinha que pagar, também, a passagem da família para o Brasil, ficava sob o jugo do débito por pelo menos dois anos. Essas eram formas de evitar a mobilidade do imigrante e de baratear a força de trabalho, introduzindo na relação de trabalho itens que nada tinham a ver com o trabalho propriamente dito, caso de juros e multas. Num caso, ocorrido em 1908, um imigrante espanhol e sua família que, ganhando Rs. 24$000 por mês, não conseguia sobreviver, ao comunicar ao fazendeiro que pretendia deixar a fazenda, o patrão enfrentou-o de chicote na mão. Tendo fugido para dar parte do ocorrido ao representante consular espanhol, sua família foi sequestrada pelo fazendeiro como garantia de uma multa de Rs. 200$000 pelo abandono do trabalho.[24]

Em 1902, como já mencionei, o governo italiano proibiu a imigração subvencionada para o Brasil, fato que estimulou a imigração espanhola. Mas o governo espanhol, ao que parece em 1911, tomou idêntica medida, procurando reprimir a emigração de camponeses pobres. Na época, na Espanha, os emigrantes eram classificados em dois grupos: o dos que retornavam com dinheiro, enriquecidos, caso dos emigrantes de algumas regiões do Norte, e os camponeses pobres, como os de Andaluzia, que emigravam definitivamente para fugir da miséria.[25]

Alguns dados não sistemáticos mostram que o imigrante espanhol que chegou a São Paulo foi principalmente o subvencionado. Dos entrados em 1911, 71,8% eram subvencionados, enquanto o eram apenas 37% dos italianos e 24% dos portugueses, sobre um total de 39,3% de subvencionados no conjunto dos imigrantes. Em 1912, os subvencionados eram: espanhóis, 74,2%; italianos, 33,8%.[26]

Apesar da decisão do governo espanhol contra a emigração subvencionada para o Brasil, a imigração subvencionada de espanhóis continuou a ocorrer:

procedia da Argentina e do Uruguai e era constituída por espanhóis que reemigravam.[27] Dos espanhóis que entraram no porto de Santos em 1916, apenas 30,2% procediam da Espanha. Entretanto, dos espanhóis imigrados nesse ano, 77,2% eram subvencionados. O que quer dizer que também uma parte dos que vinham da Espanha tiveram sua passagem paga pelo governo de São Paulo, pois haviam entrado em Santos 7.409 espanhóis, dos quais procediam da Espanha 2.236 e entraram na Hospedaria 5.721.[28]

A circulação de imigrantes espanhóis, entrando ou saindo do Brasil, pelo Uruguai ou pela Argentina, foi numericamente importante. No período entre 1908 e 1926,[29] 38.648 espanhóis entrados no Brasil vieram da Argentina e do Uruguai (20,1% dos imigrantes espanhóis da época). O mesmo ocorreu com 33.368 italianos (18,5% dos imigrantes italianos do período). Em compensação, saíram de São Paulo com destino à Argentina e ao Uruguai, na mesma ocasião, 44.991 espanhóis (52% das saídas desses imigrantes) e 43.488 italianos (28% dos migrantes dessa nacionalidade). Um fluxo que claramente favorecia aqueles dois países, particularmente a Argentina. Esse quadro é indicativo das dificuldades para reter e ampliar o contingente de mão de obra estrangeira na região paulista. Não por acaso, nessa época, começa-se a falar na possibilidade da migração sazonal de trabalhadores do Nordeste que pudessem colher café em São Paulo e retornar a seus lugares de origem.[30] Uma solução que implicaria em introduzir mudanças profundas nas relações de trabalho das fazendas cafeeiras, mas que só ocorreria em grande escala muito tempo depois, nos anos 1960.

Na realidade, a reemigração, a saída de imigrantes espanhóis e italianos, atingia pouco a lavoura. O perfil do imigrante desse período, de 1908 a 1926, é a esse respeito muito claro. Dos 192.206 espanhóis entrados em São Paulo, apenas 17,3% eram indivíduos avulsos, sem família, (comparados com 41,6% dos 180.061 italianos que imigraram na mesma época). Eram agricultores 81,4% dos espanhóis e 52,2% dos italianos. Artistas (artesãos e operários) eram 2,2% dos espanhóis e 11,4% dos italianos. Na categoria de "diversos", estavam 16,3% dos espanhóis e 36,5% dos italianos. Dos 86.512 espanhóis que saíram, 31,5% eram agricultores, 0,6% eram artistas e 67,9% estavam na categoria de "diversos". Dos 155.230 italianos que reemigraram, as proporções eram, respectivamente: 37,7% agricultores, 2,8% artistas e 59,6% "diversos". No conjunto dos imigrantes entrados em São Paulo, 59,4% eram agricultores e, no conjunto dos que saíram, 74,3% estavam na categoria de "diversos".[31]

Alguns dados esparsos, relativos a diferentes anos, sugerem que essas três categorias de imigrantes espanhóis tinham origem regional diversa. Dos que chegaram a Santos em 1916, 58,3% embarcaram em Gibraltar, no Sul, e 28,4% em Vigo, no Norte. Dos chegados em 1917, 65,9% embarcaram no primeiro porto e 21,6% no segundo. Em 1924, 64,9% haviam embarcado em Gibraltar e 8,7% em Vigo. Para esse ano, porém, há indicação dos portos de destino dos que reemigraram: apenas dois passageiros foram para Gibraltar; 15,3% para Vigo, 4,5% para Almeiria e 3,9% para Málaga; 58,2% foram para Buenos Aires e Montevidéu, num total de 3.516 emigrantes. Esses dados parecem indicar que a maioria dos que retornaram para a Espanha, isto é, não agricultores, procedia do norte daquele país.[32]

O colono e a propriedade da terra

Em meados do século XIX, quando foi proibido o tráfico negreiro para o Brasil, como vimos antes, o café se localizava predominantemente no Vale do Paraíba, com seus núcleos mais importantes na região próxima ao Rio de Janeiro. Foi em seguida se deslocando para a região oeste da província de São Paulo, através do Vale do Paraíba. Nos anos 1880, o café avançou para o que seria chamado depois de oeste velho, em direção às regiões que ficaram conhecidas como Mogiana e Paulista. A partir dos anos 1910-1920, o café se deslocou em direção ao oeste novo, às regiões da Araraquarense, da Alta Sorocabana e, finalmente, da Noroeste.[33] O deslocamento espacial do café coincidiu com progressivas mudanças nas relações de trabalho nas fazendas cafeeiras: nesse processo, o trabalho escravo cedeu lugar ao trabalho do colono, predominantemente estrangeiro. Este, por sua vez, foi das relações de parceria agrícola a diferentes formas de colonato.

Na sua fórmula mais geral, o colonato constituiu uma relação de trabalho que procurou preservar aspectos de uma condição camponesa modificada, mediante a produção direta, pelo colono, dos seus meios de vida, combinada com a exploração do trabalho pelo fazendeiro. No colonato, o trabalhador se engajava com sua família e não como trabalhador avulso, a não ser para determinadas tarefas complementares do trabalho do colono propriamente dito. Recebia o cafezal formado e seu trabalho consistia em tratá-lo, fazer as carpas necessárias, mantê-lo limpo e colher o café. Recebia um pagamento anual pelo trato do cafezal, por lotes de mil pés de café tratados (um adulto geralmente tratava de dois mil pés de café) e outro pagamento para cada 50 litros de café colhidos por sua família. Em 1919, esse pagamento anual em dinheiro correspondia a aproximadamente quatro vezes o dinheiro necessário para a alimentação de uma família operária na cidade de São Paulo durante um mês. Ou seja, todo o rendimento monetário anual do colono correspondia a apenas quatro salários mensais do trabalhador urbano, devendo cobrir o equivalente aos outros oito salários com a produção direta de gêneros de subsistência. Além disso, o colono reparava cercas e caminhos, apagava incêndios e limpava pastos gratuitamente. Tinha, porém, direito de plantar feijão, milho e, em alguns raros casos, até arroz nas ruas do cafezal, às vezes em parceria com o fazendeiro, cuja colheita em parte consumia e em parte vendia. Além do mais, fora de suas obrigações regulares no cafezal, o colono podia trabalhar como assalariado da própria fazenda ou, até, de outra fazenda vizinha. Podia, também, recorrer ao trabalho assalariado de outro trabalhador como auxílio em tarefas de obrigação de sua família, que não pudesse cumprir, pagando esse salário por ele o fazendeiro, para descontar-lhe no acerto anual de contas. Tinha, ainda, como mencionei, direito à moradia, à horta e a ter um ou dois animais no pasto da fazenda.

Essa fórmula geral variou em função, basicamente, de dois fatores. Um deles foi o modo de plantar, relacionado com a variedade de cafeeiro cultivada. Quando as plantas eram mais próximas umas das outras, como tendeu a ocorrer à medida que os cafezais se deslocaram para o oeste, ficava difícil a agricultura intercalar de alimentos, por causa da sombra, que dificultava o crescimento das plantas menores. Por causa, também, da proteção às raízes do cafeeiro, que poderiam ser prejudicadas no plantio das sementes da subsistência. Nesse caso, a tendência foi proibir e expulsar a agricultura de alimentos para fora do cafezal, em terras à parte, dentro da fazenda, geralmente impróprias para o cultivo do café. Outro fator foi o preço e a qualidade das terras. No primeiro caso, a elevação dos preços de terra nas regiões novas em relação às velhas, em termos relativos, impôs o uso preferencial da terra na agricultura de exportação, o café, deixando a cultura de alimentos para terras de qualidade inferior. No segundo caso, as terras menos férteis, das regiões mais novas, em relação às terras mais férteis da Mogiana, por exemplo, não recomendavam a cultura intercalar, que prejudicava as raízes do cafeeiro. Esses dois fatores interferiram diretamente na própria estrutura do colonato, cujo modelo clássico permitia conciliar num único processo de trabalho, e no mesmo terreno, a produção direta dos meios de vida e a produção do café.

A produção direta dos meios de vida pelo colono, em terras do fazendeiro e terras de café, com a mudança no uso e no custo da terra, fez com que essa produção, aparentemente gratuita e sem custo, passasse a ter um custo regulado pela renda da terra. Quando o café entrara na região da Mogiana, as terras ainda podiam ser obtidas a preços ínfimos. Mais tarde, porém, nas zonas novas, as terras passaram a ser negociadas por grandes empresas imobiliárias, algumas estrangeiras, que extraíam dos novos fazendeiros não só a renda territorial absoluta, equivalente do preço da terra propriamente dito, mas extraíam também a renda diferencial, um sobrepreço, decorrente da maior fertilidade presumível das terras novas em relação às terras velhas (o tempo, porém, demonstraria que as terras velhas da Mogiana eram de melhor qualidade do que as terras novas da Alta Sorocabana, por exemplo). Uma indicação nesse sentido é que, em 1928, tendo em conta a produtividade dos cafezais (que, de modo geral, havia caído muito em todo o estado, desde o começo do século) e o preço da terra, as terras das regiões novas, menos férteis do que as da Mogiana, custassem proporcionalmente mais, embora mais distantes do porto de Santos.[34] Nessas condições, a agricultura intercalar do colono aparecia como um desperdício, como uso antieconômico de terra que devia ser destinada à produção de café, uma vez que os cultivos de subsistência exigiriam ruas mais largas no cafezal e menor número de cafeeiros por área plantada.

A expulsão da agricultura de subsistência de dentro dos cafezais, que marcou especialmente a ocupação das terras do oeste novo, na prática implicou obrigar o colono a duas jornadas de trabalho – uma no cafezal e outra na roça, já que havia coincidência de época no trabalho que devia fazer naquele e nesta. Ao que parece, isso exigiu uma redistribuição do trabalho no interior da família, com a incorporação, ao menos mais intensa, da mulher e de filhos menores ao trabalho da roça, em prejuízo do trabalho doméstico e da horta. Envolveu, assim, um trabalhador adicional sem modificações nos ganhos da família do colono. O deslocamento das culturas de subsistência para fora dos cafezais, nos casos e regiões onde ocorreu, teve maior intensidade na mobilização do trabalho da esposa fora da época de pico da colheita de café. Esse fato introduziu modificações significativas na vida doméstica da família de colonos, como sugere um acalanto antigo,[35] com repercussões muito prováveis na socialização dos imaturos e desdobramentos na estrutura de personalidade básica das novas gerações.[36]

De modo geral, a imigração espanhola coincidiu com a expansão dos cafezais para o oeste novo, enquanto a imigração italiana coincidira com a ocupação do oeste velho. Em 1920, dos 133.749 espanhóis que viviam nas regiões cafeeiras, 49,9% estavam nas zonas novas, enquanto nessas zonas estavam 31,9% dos italianos e 27,2% dos brasileiros. No oeste velho, viviam 57,4% dos brasileiros, 66,6% dos italianos e 48,3% dos espanhóis. Estes últimos tinham uma presença acima da média na Araraquarense, na Alta Sorocabana e na Noroeste; os italianos estavam acima da média na Mogiana, na Paulista e na Araraquarense.[37] Evidentemente, tanto espanhóis como italianos podiam ser encontrados nas várias regiões do estado. O que faço aqui é apontar tendências e proporções diferenciais na ocupação do espaço pelas populações de diferentes nacionalidades.

Os imigrantes, e também os trabalhadores nacionais, podiam ser encaminhados aos cafezais como colonos ou como trabalhadores avulsos. Colono significava trabalhador residente, com a família, incumbido do trato e da colheita do café. Cada vez mais, em decorrência do encurtamento do ciclo do café, e isso atingiu particularmente os cafezais das zonas novas, a colheita tinha que ser feita por grande número de pessoas, acima da população residente na fazenda. Com isso, aumentava a necessidade de trabalhadores avulsos, colhedores de café, que ganhavam por quantidade de café colhido. O estabelecimento de salários específicos para o trabalho de carpa dos cafezais é indicativo de que também esse trabalho passou a ser feito por trabalhadores avulsos. O que quer dizer que, cada vez mais, o regime de colonato não era suficiente para dar conta do ritmo e do conjunto de atividades que compunha o processo de trabalho na produção do café. Além disso, as fazendas precisavam de trabalhadores especificamente assalariados, como era o caso dos camaradas, mensalistas, para outras tarefas, complementares ao trabalho do café ou relacionados com outras culturas dentro da fazenda.

Os dados assistemáticos existentes indicam, de maneira muito clara, que o imigrante espanhol era recrutado, em alta proporção, como colono, coisa que também acontecia com o imigrante italiano não avulso. Para a colheita ou para outros serviços dentro da fazenda, recrutava-se o avulso e nesse sentido enquadravam-se melhor os trabalhadores brasileiros ou de outras nacionalidades que não o espanhol ou o japonês. Mesmo engajados em relação de trabalho idêntica à do italiano, como colonos, os imigrantes que se destinavam às novas regiões lá encontravam pagamentos em dinheiro aparentemente em maior proporção, quanto ao total das retribuições que recebiam pelo trabalho, como sugerem os dados do Departamento Estadual do Trabalho. Eram condições de trabalho mais difíceis, embora em cafezais de produtividade ainda relativamente alta. Terra nova queria dizer, também, maior número de carpas do cafezal, porque as ervas daninhas se reproduziam mais facilmente, maiores dificuldades no trato do café e menos tempo para cuidar da cultura de subsistência, quando cultivada fora do cafezal, o que ocorreu cada vez mais nas terras das novas regiões de ocupação agrícola.

Mesmo para os colonos espanhóis que foram para as regiões do oeste velho, as condições eram outras em relação aos tempos de chegada dos primeiros italianos. No conjunto, a produtividade dos cafezais caíra de 15 a 30% entre 1910/1919 e 1918/1928. Ao mesmo tempo, o preço do café declinara desde o fim do século XIX.[38] Foram esses dois fatores que levaram muitos imigrantes a deixar o Brasil nesse período.

Os poucos imigrantes espanhóis, que se tornaram proprietários, distribuíram-se aproximadamente nas mesmas proporções dos outros imigrantes espanhóis pelas diversas regiões do interior do estado, localizando-se de preferência nas regiões novas.

A estatística agrícola e zootécnica, realizada com critério em 1904/1905, indicou que, das 49.522 propriedades rurais existentes no estado de São Paulo, apenas 415 pertenciam a espanhóis e 4.766 a italianos. São números muito baixos, se levarmos em conta que a partir de 1880 haviam entrado no estado de São Paulo mais de 600 mil italianos e mais de 150 mil espanhóis.[39] Já nessa altura, quando a ocupação das terras da Noroeste estava apenas começando, em comparação com os proprietários italianos, a proporção de proprietários espanhóis era maior no oeste novo.[40] Em 1930/1931, no cenário da crise do café, desencadeada em 1929, com muitos fazendeiros perdendo ou vendendo suas terras, o número de propriedades de espanhóis havia subido para 8.930 e o de italianos para 27.376. Dentre as propriedades dos espanhóis, 72,2% estavam nas zonas novas, enquanto nessas zonas estavam 53,3% das propriedades dos italianos.[41] E, se considerarmos que já havia uma ampla proporção de descendentes de italianos que aparecem no censo como brasileiros, aumenta a probabilidade de que a presença italiana era majoritária nas zonas velhas, enquanto o espanhol predominava nas zonas novas, onde muitos não italianos, brasileiros, eram da segunda geração de italianos.

A entrada de empresas capitalistas na exploração da renda fundiária, que caracterizou a ocupação das terras do oeste novo, com a atuação de empresas imobiliárias na venda de terra, baseou-se, em parte, no apelo publicitário dirigido ao imigrante. Nos jornais das primeiras décadas do século xx, escritos em línguas estrangeiras, encontra-se com certa frequência a publicidade de terras novas oferecidas em tamanho e preço presumivelmente acessíveis ao imigrante. Em 1915, Lélio Piza & Irmãos põem à venda as terras da "Fazenda Goaporanga", tomadas aos índios Kaingang, aos quais oferecem 400 alqueires (968 ha), colocados à disposição do Serviço Federal de Colocação de Trabalhadores Nacionais e Proteção aos Índios. Dos 243 lotes dessas terras, localizadas na região do rio Feio, 128 lotes foram vendidos a imigrantes espanhóis, 61% dos quais tinham menos de 75 ha e 32% menos de 50 ha.[42] Na verdade, a disseminação da propriedade familiar é um recurso para elevar o preço da terra, cuja medida deixa de ser o cálculo do lucro para ser a própria necessidade de terra do pequeno agricultor.

Os dados de 1930/1931, posteriores à Crise de 1929, que atingiu profundamente o café, mostram que os espanhóis proprietários tinham em média 21,5 alqueires (52 ha) de terra, metade da média das propriedades de brasileiros. Em 1933/1934, os espanhóis já tinham 14.410 propriedades e os italianos 33.590. Um dos efeitos da crise econômica foi, justamente, a liberação de terras para pequenos agricultores, geralmente imigrantes: 85% dos espanhóis e 73% dos italianos proprietários tinham menos de 25 alqueires (60.5 ha) de terras, em média. O café era cultivado, mesmo na crise, em 52% das propriedades de espanhóis e em 59% das de italianos, ocupando, respectivamente, 21% e 17% da terra de cada propriedade, em média. Parcelas bem menores eram destinadas ao cultivo do milho, do feijão, do arroz, do algodão, da cana, da mandioca e da batata.[43]

* * *

As oportunidades para os imigrantes espanhóis, e ainda assim apenas uma parcela pequena deles, só surgiram quando a crise destroçou a velha economia do café e com ela começou a solapar a base das relações de trabalho do colonato. Como imigrante tardio, o imigrante espanhol que se localizou nas fazendas de café como colono, "escolheu" a relação de trabalho mais crítica, mais próxima da condição camponesa, e mais afastada da realidade dos novos tempos, marcada pela monetarização crescente das relações de trabalho. Evidentemente, ele não tinha alternativa. Vitimado pelo fim das relações de propriedade que se desagregavam na Espanha, ao que tudo indica pelos poucos depoimentos que pude ouvir, veio viver no Brasil o começo do fim do colonato, a crise da longa e penosa transição das relações de trabalho da escravidão para a etapa mais desenvolvida do trabalho livre, o assalariamento.

Notas

[1] A imigração espanhola predominou sobre a imigração italiana de 1905 a 1919, no Brasil, e de 1905 a 1920, em São Paulo. Foi exceção, em ambos os casos, o ano de 1907, em que predominou a imigração italiana sobre a espanhola. Cf. *Boletim do Departamento Estadual do Trabalho*, ano III, n. 12 e 13, São Paulo, Typographia Brasil, Rothschild & Cia., 3° e 4° trimestres de 1914/1915, p. 805 ss; *Boletim do Departamento Estadual do Trabalho*, anno IV, n. 15, São Paulo, Typographia Brasil, Rothschild & Cia., 2° trimestre de 1915, p. 298; "Immigrantes entrados no Estado de São Paulo: 1827 a 1915", *Boletim do Departamento Estadual do Trabalho*, anno V, n. 19, São Paulo, Typographia Brasil, Rothschild & Cia, 2° trimestre de 1916, p. 183-5; *Boletim do Departamento Estadual do Trabalho*, anno IX, n. 34 e 35, São Paulo, Typographia Brasil, Rothschild & Cia., 1° e 2° trimestres de 1920, p. 7; "Estatistica dos imigrantes entrados no Estado de São Paulo", *Boletim do Departamento Estadual do Trabalho*, anno X, n. 38 e 39, São Paulo, Typographia Brasil, Rothschild & Cia., 1° e 2° trimestres de 1921, p. 68-86; *Boletim do Departamento Estadual do Trabalho*, anno XIV, n. 53, São Paulo, Typographia Brasil, Rothschild & Cia., 4° trimestre de 1924, p. 443-8; "Immigrantes entrados nos portos do Brasil, de 1908 a 1924", *Boletim do Departamento Estadual do Trabalho*, anno XV, n. 56, São Paulo, Typographia Brasil, Rothschild & Cia., 3° trimestre de 1925, p. 372-3; "Immigrantes entrados no Brasil no período de 1884 a 1939", em *Revista de Imigração e Colonização*, ano I, n. 4, Rio de Janeiro, out. 1940.
[2] Cf. Angelo Trento, *La dov'è la raccolta del caffè (L'Emigrazione italiana in Brasile, 1875-1940)*, Antenore, Padova, 1984, p. 76.
[3] Cf. *Boletim do Departamento Estadual do Trabalho*, anno XVI, n. 59-61, São Paulo, Typographia Brasil, Rothschild & Cia., 2°, 3° e 4° trimestres de 1927/1928, passim.
[4] Cf. Louis Couty, *L'Esclavage au Brésil*, Paris, Librairie de Guillaumin et Cie., 1881, p. 37; Louis Couty, *Étude de biologie industrielle sur le café*, cit., p. 47 e 147.

[5] Cf. Emilia Viotti da Costa, *Da senzala à colônia*, São Paulo, Difusão Europeia do Livro, 1966, passim.
[6] Cf. Michael M. Hall, *Immigration and the Early São Paulo Working Class*, s/d, p. 7 e 21, mimeo; Salvio de Almeida Azevedo, "Imigração e colonização no Estado de São Paulo", em *Revista do Arquivo Municipal*, v. LXXV, São Paulo, Departamento de Cultura, abr. 1941, p. 121.
[7] Cf. *La voz de España*, año v, n. 188, S. Pablo (Brasil), 7 de Enero de 1904, p. 4.
[8] Cf. Secretaria da Agricultura, Commercio e Obras Públicas do Estado de São Paulo, *Estatistica Agricola e Zootechnica – Anno Agrícola de 1904-1905*, 4 volumes, São Paulo, Typographia Brasil, 1908. Um autor, questionando os dados desse levantamento, argumenta que "há toda probabilidade de as cifras do censo de 1905 terem subestimado o número de pequenos proprietários". O motivo seria que "muitos sitiantes e donos de minifúndios não registraram suas propriedades ou posses (*sic*) durante esse período". Cf. Maurício A. Font, "Padrões de ação coletiva dos plantadores paulistas de café: 1932-1933", em Fernando Henrique Cardoso et al. (orgs.), *Economia e movimentos sociais na América Latina*, São Paulo, Brasiliense, 1985, p. 220-222. (Na edição desse livro, há omissão das fontes e referências bibliográficas de praxe, inclusive daquelas apontadas abreviadamente no corpo do texto, o que dificulta a ampliação do comentário que aqui faço.) O autor não considerou os critérios usados no levantamento estatístico de 1904/1905. Tais critérios foram estabelecidos, com toda a clareza, pelo Decreto n. 1.323, de 23 de outubro de 1905 ("Approva as instruções para o levantamento da estatistica agricola e zootechnica do Estado de São Paulo", *Diario Official*, anno 15, n. 236, São Paulo, 26 de outubro de 1905, p. 2.539-2.542). Ao contrário do que ele supõe, o levantamento não foi feito com base em registros fiscais: "Para preenchimento dos mapas, deverão os auxiliares dirigir-se pessoalmente a cada proprietário ou a quem suas vezes possa fazer, solicitando com toda a urbanidade as informações precisas para si mesmos preencherem os mapas. No caso de recusa do proprietário ou quem por ele possa responder não deverá o auxiliar insistir, cumprindo-lhe, porém, preencher os mapas com as informações que procurará obter dos vizinhos ou conhecidos do recusante" (idem, p. 2.540). Cada uma das cinco zonas em que foi dividido o estado de São Paulo, para realização desse levantamento, teria um delegado para distribuir o trabalho e rever os mapas. Cada município teria um auxiliar que faria o trabalho de campo. Os municípios poderiam ser divididos em secções, cabendo, então, a cada uma um auxiliar. O levantamento deveria ser feito até o dia 31 de janeiro de 1906: três meses de trabalho, portanto. Trata-se, pois, de levantamento de campo, cujos dados resultam de pesquisa direta, e não de aproveitamento de registros fiscais incompletos ou viciosos. O viés que possa ter havido nessa pesquisa diz respeito, fundamentalmente, à recusa do informante em ceder os dados e à impossibilidade de obtê-los através dos vizinhos. De qualquer modo, tal viés se manifestaria nas informações agrícolas e zootécnicas e não no número de propriedades, pois estas teriam sido forçosamente identificadas no campo.
[9] Cf. Ministerio da Agricultura, Industria e Commercio – Directoria Geral de Estatistica, *Recenseamento do Brazil Realizado em 1 de Setembro de 1920*, Rio de Janeiro, Typ. da Estatistica, v. v, 1ª parte, p. LXIII e LXI, 1927. No mesmo ano de 1920, os espanhóis de São Paulo tinham 3.530 estabelecimentos agrícolas e os do Brasil tinham 4.725 estabelecimentos. Cf. *Boletim do Departamento Estadual do Trabalho*, anno XIII, n. 46 e 47, São Paulo, Typographia Brasil, Rothschild & Cia., 1º e 2º trimestres de 1923, p. 29 ss.
[10] Cf. Freitas Nobre, *História da imprensa em São Paulo*, São Paulo, Leia, 1950, passim; Ana Maria de Almeida Camargo, *Hemeroteca Júlio Mesquita – Catálogo cronológico*, São Paulo, Instituto Histórico e Geográfico de São Paulo, 1975.
[11] Cf. "Entre amigos", *El grito del pueblo (Defensor de los intereses del proletariado)*, año 1, n. 2, São Paulo (Brasil), 20 de Agosto de 1899, p. 2-3. Sobre as reações à indicação de um cônsul espanhol em Ribeirão Preto (SP), cf. *La voz de España* (Órgano de la Colônia Española), año III, n. 96, S. Pablo (Brasil), 3 de Abril de 1902, p. 1.
[12] Cf. Ministério da Agricultura, Industria e Commercio – Directoria Geral de Estatística, *Recenseamento do Brazil realizado em 1 de Setembro de 1920*, v. IV, 1ª parte, Rio de Janeiro, Typ. da Estatística, 1926, p. 312-7.
[13] Idem.
[14] Cf. José de Souza Martins, "Espanhóis na formação e simbolização da identidade brasileira", em AA. VV., *Brasil e Espanha – Diálogos culturais*, São Paulo/Madrid, Fundação Cultural Hispano-Brasileira, 2006, p. 81-98; Maria del Rosário S. Albán, *A imigração galega na Bahia*, Salvador,

Centro de Estudos Baianos/Universidade Federal da Bahia, 1983, p. 10; Jeferson Bacelar, *Galegos no paraíso racial*, Salvador, Ianamá/Universidade Federal da Bahia, 1994; Célia Maria Leal Braga, *Memórias de imigrantes galegos*, Salvador, Centro Editorial e Didático da Universidade Federal da Bahia, 1995, p. 93 ss.; José de Souza Martins, *A presença espanhola no Brasil e a contribuição dos espanhóis à formação da sociedade brasileira* (inédito), 56 p.

[15] Cf. Eduardo Dias, *Um Imigrante e a Revolução (Memórias de um militante operário, 1934-1951)*, São Paulo, Brasiliense, 1983, passim.

[16] Cf. Jacob Penteado, *Belenzinho 1910 (Retrato de uma época)*, São Paulo, Livraria Martins, 1962, p. 57 e 228; Everardo Dias, *História das lutas sociais no Brasil*, São Paulo, Edaglit, 1962, p. 42-3. Um belo romance social sobre as condições de vida e os conflitos entre imigrantes italianos e espanhóis, nos bairros do Brás e da Mooca, na cidade de São Paulo, nos anos 1920 e 1930, é o de Paulo Lício Rizzo, *Pedro Maneta*, publicado no início dos anos 1940. Esse autor, quando ainda seminarista do Seminário Presbiteriano de Campinas, fora encarregado de uma congregação no bairro da Mooca. Na convivência com a população local, recolheu a matéria-prima de seu romance. Faleceu em 1957, quando era pastor da Igreja Presbiteriana Filadélfia, de São Caetano do Sul (SP). Deixou diversos livros inéditos. Sobre os cortiços dessa área e dessa época, há a novela, fina e terna, de Afonso Schmidt, *Mirita e o ladrão*.

[17] Num total de 1.617 vítimas de acidentes de trabalho ocorridos na cidade de São Paulo, em 1913, 156 eram espanholas. Calculando a porcentagem de acidentados espanhóis sobre a soma de acidentados de cada profissão, os espanhóis superam sua própria proporção, sobre o total de acidentados, nas seguintes profissões: cocheiros, pedreiros, serventes de pedreiro, sapateiros, condutores de bonde, serviços domésticos, trabalhadores (braças), cozinheiros, padeiros. Cf. *Boletim do Departamento Estadual do Trabalho*, ano III, n. 10, São Paulo, Typographia Brasil, Rothschild & Cia., 1º trimestre de 1914, p. 199-203. Em 1914, os acidentes de trabalho que vitimaram espanhóis em proporção acima da média da profissão, ocorreram nas seguintes profissões: motoristas, serventes de pedreiro, pedreiros, padeiros, operários, mecânicos, empregados. Cf. *Boletim do Departamento Estadual do Trabalho*, anno IV, n. 14, São Paulo, Typographia Brasil, Rothschild & Cia., 1º trimestre de 1915, p. 179-206.

[18] Para chegar a esses resultados, fiz uma tabulação especial dos dados do Censo de 1920 (cf. Ministério da Agricultura, Industria e Commercio – Directoria Geral de Estatística, *Recenseamento do Brasil realizado em 1 de Setembro de 1920*, v. IV, 1ª parte, p. 818-67) com base na distribuição municipal das plantações de café, de 1918 a 1928 (cf. Directoria da Agricultura e Commercio, *O café*, Estatística de Produção e Commercio – 1928, São Paulo, Escolas Profissionais do Lyceu Coração de Jesus, 1929, passim.

[19] Cf. "Estatística dos immigrantes entrados no Estado de São Paulo, 1827 a 1920", *Boletim do Departamento Estadual do Trabalho*, anno x, n. 38 e 39, São Paulo, Typographia Brasil, Rothschild & Cia., 1º e 2º trimestres de 1921.

[20] Cf. "Movimento de passageiros pelo porto de Santos no período de 1908 a 1939", *Boletim do Serviço de Imigração e Colonização*, n. 3, São Paulo, Secretaria da Agricultura, Indústria e Comércio, mar. 1941, p. 45-76.

[21] Cf. *Boletim da Directoria de Terras, Colonização e Immigração*, anno I, n. 1, São Paulo, Secretaria da Agricultura, Indústria e Commercio, out. 1937, p. 61.

[22] Cf. Péricles de Mello Carvalho, "A legislação imigratória do Brasil e sua evolução", em *Revista de Imigração e Colonização*, ano I, n. 4, Rio de Janeiro, Conselho de Imigração e Colonização, out. 1940, p. 719-36; cf., também, Angelo Trento, op. cit., p. 22-40.

[23] Cf. José de Souza Martins, *O imaginário na imigração italiana* (esp. Cap. 1: "A viagem do vapor 'Europa' ao Atlântico Sul, em julho de 1877"), São Caetano do Sul (SP), Fundação Pró-Memória, 2003, p. 21-53.

[24] Cf. "Por las haciendas: bandidaje en acción", *La voz de España* (Órgano de la colonia española), ano IX, n. 406, São Paulo, 19 de Marzo de 1908, p. 2. Sobre os procedimentos adotados pela agência oficial na chegada do imigrante, cf. *A immigração e as condições do trabalho em São Paulo*, Secretaria da Agricultura, Commercio e Obras Publicas – Departamento Estadual do Trabalho, São Paulo, Typographia Brasil, Rothschild & Cia., 1915.

[25] Cf. Adolpho Posada, "Politica da emigração", *Boletim do Departamento Estadual do Trabalho*, anno II, n. 8 e 9, São Paulo, Typographia Brasil, Rothschild & Cia., 3º e 4º trimestres de 1913-1914, p. 389-90.

26 Cf. *Boletim de Departamento Estadual do Trabalho*, anno I, n. 1 e 2, Typographia Brasil, Rothschild & Cia., São Paulo, 1912, p. 189; *Boletim do Departamento Estadual do Trabalho*, anno I, n. 5, Typographia Brasil, Rothschild & Cia., São Paulo, 4º trimestre de 1912, p. 719.

27 Em 1914, entraram em São Paulo 14.903 imigrantes espanhóis; procediam da Espanha apenas 11.402 (76,5%). Cf. *Boletim do Departamento Estadual do Trabalho*, anno III, n. 12 e 13, Typographia Brasil, Rothschild & Cia., São Paulo, 3º e 4º trimestres de 1914/1915, p. 806-7. Em 1915, entraram 4.369 espanhóis e desembarcaram apenas 2.607 pessoas procedentes da Espanha (59,7%). Cf. *Boletim do Departamento Estadual do Trabalho*, anno IV, n. 17, Typographia Brasil, Rothschild & Cia., São Paulo, 1915, p. 733-5. Em 1916, entraram 7.409 espanhóis, embora procedessem da Espanha apenas 2.236 pessoas (30,2%). Cf. *Boletim do Departamento Estadual do Trabalho*, anno VI, n. 22, Typographia Brasil, Rothschild & Cia., 1º trimestre de 1917, p. 209-11. Em 1917, entraram 9.691 espanhóis, dos quais apenas 1.834 embarcados em portos da Espanha (18,9%). Cf. *Boletim do Departamento Estadual do Trabalho*, anno VII, n. 26, São Paulo, Typographia Levi, 1º trimestre de 1918, p. 301-3. Em 1924, entraram 5.639 espanhóis, dos quais 3.545 embarcados em portos da Espanha (62,9%). Cf. *Boletim do Departamento Estadual do Trabalho*, anno XV, n. 54 e 55, Typographia São Paulo, Brasil, Rothschild & Cia., 1º e 2º trimestres de 1925, p. 40-1. Em 1926, desembarcaram 5.180 espanhóis, sendo que 4.117 procediam da Espanha (79,5%). Cf. *Boletim do Departamento Estadual do Trabalho*, anno XVI, n. 58, São Paulo, Typographia Brasil, Rothschild & Cia., 1º trimestre de 1927, p. 9-12.

28 Cf. *Boletim do Departamento Estadual do Trabalho*, anno VI, n. 22, cit., p. 209.

29 Cf. *Boletim do Departamento Estadual do Trabalho*, anno XVI, n. 59-61, São Paulo, Typographia Brasil, Rothschild & Cia., 2º, 3º e 4º trimestres de 1927, passim.

30 Cf. *Boletim do Departamento Estadual do Trabalho*, anno VI, n. 23, São Paulo, Typographia Brasil, Rothschild & Cia., 2º trimestre de 1917.

31 Cf. *Boletim do Departamento Estadual do Trabalho*, anno XVI, n. 59-61, cit.

32 Cf. *Boletim do Departamento Estadual do Trabalho*, anno VII, n. 26, São Paulo, Typographia Levi, 1º trimestre de 1918, p. 303; *Boletim do Departamento do Trabalho*, anno VI, n. 22, cit., p. 211; *Boletim do Departamento Estadual do Trabalho*, anno XIV, n. 53, São Paulo, Typographia Brasil, Rothschild & Cia., 4º trimestre de 1924, p. 40-1.

33 Cf. Sergio Milliet, op. cit., p. 5-72; Pierre Monbeig, op. cit., p. 147-90.

34 Cf. Secretaria da Agricultura, Industria e Commercio do Estado de São Paulo – Directoria de Industria e Commercio, *O café, estatistica de produção e commercio, 1928*, cit, passim.

35 Ficou no folclore rural paulista um belo acalanto que registra esse momento da transição na organização do trabalho nas fazendas de café, que ouvi quando criança, cantado por minha mãe, de uma família de imigrantes espanhóis subvencionados, enviados para os cafezais da região de Bragança Paulista, em 1913: "Nana nenê, que a Cuca vem pegá. Mamãe tá na roça, papai no cafezá". Florestan Fernandes, em suas pesquisas folclóricas na cidade de São Paulo, recolheu uma variante desse acalanto, provavelmente trazido para a cidade por migrantes oriundos do meio rural: "Durma nenén, que o cuca vem pegá, papai foi à roça, mamãe no cafezá". Cf. Florestan Fernandes, *Folclore e mudança social na cidade de São Paulo*, São Paulo, Anhembi, 1961, p. 263.

36 Sobre a problemática da personalidade básica, cf. Abram Kardiner et al., *The Psychological Frontiers of Society*, Columbia University Press, New York, 1959; Mikel Dufrenne, *La personalidad básica*, trad. Jorge Garcia Bouza, Buenos Aires, Paidos, 1959.

37 Cf. Ministerio da Agricultura, Industria e Commercio – Directoria Geral de Estatistica, *Recenseamento do Brazil realizado em 1 de Setembro de 1920*, v. IV, 1ª parte, p. 818-67.

38 Cf. Secretaria da Agricultura, Industria e Commercio do Estado de São Paulo – Directoria da Industria e Commercio, *O café, estatistica de produção e commercio, 1928*, cit., passim. Nas regiões do antigo oeste novo, como a Mogiana, a produtividade caiu de 62,64 arrobas por mil pés de café para 38,30. Em regiões mais novas, como a Noroeste, a queda foi de 53,93 arrobas para 47,09. Entre 1918 e 1927, o preço do café, em mil réis, subiu cerca de 300%. Em compensação, o câmbio caiu a menos da metade. Cf. Paulo R. Pestana, *O café em São Paulo*, São Paulo, Typographia Levi, 1927, p. 23.

39 Cf. Secretaria da Agricultura, Commercio e Obras Públicas do Estado de São Paulo, *Estatistica Agricola e Zootechnica – Anno Agricola de 1904-1905*, cit., passim. Na publicação, faltam os dados para os municípios de Mogi das Cruzes, Sta. Isabel, Tietê, Itu, Apiaí e Iguape. Essa falta corresponde a 13% das propriedades estimadas. Para o número de imigrantes entrados a partir de 1880,

cf. *Boletim do Departamento Estadual do Trabalho*, anno v, n. 19, Typographia Brasil, Rothschild & Cia., 2º trimestre de 1916, p. 183-5.

[40] Cf. Secretaria do Agricultura, Commercio e Obras Publicas do Estado de São Paulo, *Estatistica Agricola e Zootechnica – Anno Agricola de 1904-1905*, cit., passim.

[41] Cf. Secretaria do Agricultura, Industria e Commercio, *Estatistica Agricola e Zootechnica, 1930-1931*, Directoria de Estatistica, Industria e Commercio, São Paulo, 1932, p. 22-3.

[42] Cf. *Diario Español*, año xviii, n. 2.131, Viernes, 12 de Mayo de 1916, p. 4 e 5. Cf., também, *Mensagem apresentada ao Exmo. Snr. Dr. Carlos de Campos, em 1º de maio de 1924, pelo Exmo. Snr. Dr. Washington Luis P. de Souza, ex-presidente do Estado de São Paulo*, São Paulo, Typographia do Diário Official, 1924, p.42-3.

[43] Cf. Secretaria de Estado dos Negocios da Agricultura, Industria e Commercio, *Recenseamento Agricola-Zootechnico Realizado em 1934, Anno Agricola 1933-34*, São Paulo, 1936, p. 25. A respeito, cf. Sergio Milliet, "O desenvolvimento da pequena propriedade no Estado de São Paulo", *Roteiro do café e outros ensaios*, cit., p.73-116.

Do escravo ao assalariado nas fazendas de café, 1880-1914: a gênese do trabalhador volante

População e produção: quatro problemas

A tese principal deste capítulo é a de que, ao modo de explorar a força de trabalho nas fazendas de café, no Brasil, no período de transição da escravatura para o trabalho livre e, na vigência do trabalho livre, às várias e sucessivas formas que assumiu em direção ao trabalho assalariado, corresponderam momentos do movimento da população no que a esse respeito foi mais característico e fundamental, a imigração estrangeira e as migrações internas. Assim como não se sustenta a tese de uma transição do trabalho escravo para o trabalho assalariado, tampouco se sustenta a tese de que a imigração foi um movimento de característica única e de dinâmica convergente. Foi o que mostrei na comparação entre a imigração espanhola e a imigração italiana, no capítulo anterior. Com isso quero dizer que, se em relação à produção cabe uma análise minuciosa do processo como ela se deu, também pela mediação dela cabe descobrir os variantes modos como a população foi mobilizada pelo processo de trabalho.

É o que nos permite compreender o que foi o longo e complicado processo de rompimento dos entraves à libertação do salário da estrutura social arcaica que reduzia o trabalhador à condição de coisa e semovente, na escravidão, e à condição de objeto servil, no colonato. A demografia daquela economia de tipo colonial produzia carências populacionais que bloqueavam as virtualidades de uma sociedade que ficava no meio termo de uma lentidão histórica em direção ao capitalismo característico; que impunha um ritmo de transformação social comedido e a exacerbação de mediações de transição de que o colonato do café foi a expressão mais significativa e mais documentativa. Esse longo e complicado processo é geralmente simplificado e reduzido a um esquematismo abstrato em que se perde completamente de vista o complexo e demorado caminho da constituição das classes sociais propriamente ditas, ainda difusas entre nós, como foram e têm sido, mera referência política e interpretativa.

É aí inútil buscar o operário que personifica o salário, na economia do café, se nem mesmo o capital se libertou dos entraves agrários que lhe permitiam apenas a personificação num capitalista híbrido que nem sempre podia assumir-se consciente e eficazmente como empresário, sendo, antes, o proprietário de terra.

Adoto como datas de referência o período entre os anos de 1880 e 1914. O primeiro como o limite inicial da fase social e historicamente mais densa e rica da história do café; o segundo como marco da decadência da imigração estrangeira, quando começa a crescer a importância do chamado trabalhador nacional na economia do café.[1] De qualquer modo, não me ative rigidamente a essas datas, trabalhando com elas apenas referencialmente. Meu interesse no texto é pôr a ênfase na constituição e desagregação de relações historicamente fundamentais para a compreensão do que foi a relação entre população e produção, entre a força de trabalho e a acumulação de capital no mundo do café.

* * *

Entre 1850 e 1930, o café foi o principal artigo de exportação da economia brasileira, associado em diferentes graus de importância e em diferentes momentos à exportação do açúcar e da borracha. Sendo ela uma economia agrária, de tipo colonial, foi o café, desse modo, a mercadoria principal e aquela que marcou fundo a organização social e política da sociedade brasileira, principalmente a sociedade do Sudeste do país – Rio de Janeiro e São Paulo – a que determinou acontecimentos social e politicamente fundamentais: a extinção do tráfico negreiro, em 1850, a libertação progressiva dos escravos negros e a abolição da escravatura, em 1888, a proclamação da República, em 1889, a industrialização, a partir dos anos 1880, e a Revolução de 1930, que pôs fim à hegemonia política dos grandes fazendeiros de café.

Um dos mais movimentados capítulos da história da população no Brasil está diretamente relacionado com esse momento da história econômica e com o predomínio do café. A cessação do tráfico negreiro provocou o deslocamento interno de escravos das lavouras da cana-de-açúcar do Nordeste para as lavouras de café do Sudeste do país, no chamado tráfico interprovincial, na lavoura açucareira daquela região substituída pelos chamados "moradores" das fazendas, mestiços e remanescentes da escravidão indígena, formalmente cessada em 1757. A economia do café, em expansão, não podia depender de um escravismo em extinção, ainda que lenta. Por isso, esse processo é acompanhado pela implantação de uma política de imigração de trabalhadores estrangeiros, acentuada sobretudo a partir de 1880, dirigida principalmente para a região cafeeira de São Paulo. Entre 1877 e 1914, essa região recebeu 1.779.470 imigrantes, dos quais 845.816 eram italianos, seguindo-se em importância numérica os espanhóis e os portugueses.[2] Dezenas de milhares de imigrantes, incluindo ainda alemães, suíços e poloneses, dirigiram-se, também, para a região Sul do país. Mas o número mais significativo destinou-se às grandes plantações de café da região de São Paulo.

Quando se toma como referência o movimento da população, e da população enquanto força de trabalho das fazendas de café, surgem algumas questões importantes para a compreensão do desenrolar do processo histórico. A primeira é questão corrente nos estudos sobre a economia cafeeira, ainda hoje insuficientemente resolvida: por que, dispondo o país de uma grande massa de homens livres e pobres no campo, teve o café que recorrer à imigração estrangeira para substituir o escravo?

Uma segunda questão, respondida de modo inadequado em muitos estudos, como vimos, refere-se à modalidade de relação de trabalho que ocupou o lugar da relação escravista: por que o escravo não foi substituído por trabalhadores assalariados e sim por formas não capitalistas de exploração da força de trabalho pelo capital, como a parceria e o colonato, baseadas na produção direta dos meios de vida pelo próprio trabalhador?

Uma terceira questão diz respeito ao modo como se combinaram a dinâmica da população e a dinâmica da produção. De início, a cessação do tráfico de escravos e o comprometimento da escravatura a longo prazo apareceram, para o fazendeiro e para a economia do café, como um problema de oferta de mão de obra, como uma questão de quantidade de força de trabalho disponível para os cafezais e não, como se é tentado a supor, como tendo chegado a hora de uma transformação profunda nas relações de produção. Tanto que, já em 1850, o governo preconizava uma política imigratória que garantisse um substituto para o trabalhador escravo. De fato, porém, o problema da população era o problema da força de trabalho para a grande fazenda e o problema do trabalho consistia, na verdade, no problema das relações sociais de trabalho, no problema da forma das relações de produção. A questão da quantidade de trabalhadores necessários à grande fazenda fazia com que o movimento de população se determinasse pelo modo de exploração da força de trabalho e pelo modo de criação da riqueza através do café.

Daí decorre uma quarta questão. Estando o movimento da população determinado pelo modo de explorar a força de trabalho, é necessário esclarecer a relação que há entre as características do movimento populacional e o modo de organizar o trabalho na fazenda de café. O modo de produzir o café, o processo de trabalho na fazenda cafeeira, a relação entre o trabalho, a propriedade e o capital, refletiram-se de que modo no movimento da população? Essa indagação permite mostrar a relação que houve entre o trabalho no café e a forma assumida pelo movimento populacional. Vou me referir àquilo que foi mais significativo na cafeicultura: a fundamental importância da imigração e da preponderância da família no processo imigratório e na organização do trabalho na fazenda. Em outros termos, assim como em relação à grande indústria pode-se falar na questão da superpopulação relativa, meio de redução dos salários, em relação à economia da grande lavoura, pode-se falar numa falsa carência de terras para o trabalho familiar, como modo de criar uma superpopulação relativa fictícia que tornava compulsório o trabalho dos imigrantes desprovidos de meios nas fazendas de café.

A dívida e a roça na sujeição do trabalho livre

Embora o país dispusesse de milhões de camponeses livres, segundo Couty,[3] no momento em que se configurou a crise do trabalho escravo e o fim provável da escravidão, os grandes fazendeiros de café encontraram a solução para o seu problema de mão de obra na imigração de centenas de milhares de trabalhadores estrangeiros. Essa aparente contradição esconde características e processos muito importantes para a compreensão do que foi o mundo do café e das dificuldades para que a cafeicultura evoluísse direta e plenamente para relações caracteristicamente capitalistas, tanto no que se refere à organização da produção quanto no que se refere à composição da força de trabalho. A solução para o problema da força de trabalho estava diretamente determinada pelas dificuldades objetivas que se levantavam diante do fazendeiro e diante dos trabalhadores rurais para que se confrontassem libertados das peias representadas pela propriedade da terra, pelo ciclo natural da agricultura e pela produção direta dos meios de vida por parte do trabalhador.

De qualquer modo, não é inteiramente verdadeiro que a grande fazenda não tivesse incorporado o trabalho desses camponeses livres. Quando a cessação do tráfico ameaçou comprometer as lavouras de café, no Sudeste do país, desenvolveu-se o chamado tráfico interprovincial de escravos, sendo particularmente significativo o que drenou escravos do Nordeste, mesmo do Nordeste açucareiro, para as fazendas de café do Rio de Janeiro e de São Paulo.[4] Nesse caso, os próprios mecanismos de mercado encarregaram-se de remover a mercadoria escravo das fazendas de cana-de-açúcar, que começavam a viver a sua decadência econômica, para as fazendas de café, que por sua vez começavam a viver a prosperidade que se estenderia até quase o final do século XIX. Portanto, a crise do tráfico negreiro foi se refletir primeiro na velha economia açucareira, já que, de imediato, manifestou-se na elevação dos preços dos escravos. O tráfico interprovincial transformou o prejuízo certo com essa elevação de preços dos cativos em lucro extraordinário, com a desimobilização da renda capitalizada na pessoa do trabalhador escravo.

No lugar do negro, começaram a ser incorporados os antigos *agregados* das fazendas do Nordeste, os chamados *moradores*. Esses *moradores* eram homens teoricamente livres que, devido aos mecanismos de exclusão e discriminação do regime de propriedade fundiária que teve vigência no Brasil durante todo o período colonial, permaneceram ao longo das gerações como moradores de favor das grandes fazendas de cana-de-açúcar. Eram, principalmente, populações mestiças de índias e brancos, indígenas domesticados e escravizados há várias gerações, juridicamente libertos com o *Diretório, que se Deve Observar nas Povoações dos Índios do Pará, e Maranhão*, em 1757, e mantidos, desde então, como agregados dentro de terras que muitas vezes haviam sido de suas próprias tribos. Além deles, mestiços de negros e brancos, negros libertos e brancos empobrecidos. Geralmente, esses camponeses livres tinham permissão de fazer suas roças de mandioca, feijão e milho nas terras limítrofes das fazendas. Com a diminuição da mão de obra escrava, os fazendeiros começaram a cobrar foro de seus moradores, sob a forma de dias de serviço no canavial, o chamado *cambão*,[5] a renda da terra em trabalho, para que continuassem a ter permissão de plantar suas roças.

Essa fórmula, entretanto, não podia disseminar-se por todo o país. O mesmo Couty, antes mencionado, e não só ele, mas outros participantes do amplo debate sobre as consequências sociais e econômicas do fim da escravidão, entendia que a fórmula de integração dessa massa de camponeses livres na economia do café seria mediante a fragmentação do latifúndio e a disseminação da pequena propriedade. Nesse caso, os fazendeiros de café, assim como, de certo modo, começava a ocorrer com os de cana através da instalação dos chamados engenhos centrais, se transformariam em empresários industriais. Teriam a seu cargo apenas o beneficiamento e preparação do café para exportação, das quais os pequenos agricultores seriam tributários.[6] Em outros termos, os camponeses livres entrariam diretamente para a produção dos artigos de exportação, especialmente a do café, até então monopólio dos grandes proprietários de terras e de escravos. Tal proposta, entendiam seus defensores, aceleraria o desenvolvimento do caráter capitalista da economia do café e, de certo modo, superaria os obstáculos que impediam o fazendeiro de cumprir, plenamente, a personificação do capital, obstáculos representados particularmente pelo escravo e pela escravidão.

Essa passagem, todavia, não era simples e não dependia de que os fazendeiros fossem tomados por uma "clareza de consciência" a respeito dos seus interesses como capitalistas. Justamente porque eram fazendeiros capitalistas podiam perceber, com clareza até excepcional, como ocorria com o grande empresário e grande fazendeiro Antônio da Silva Prado,[7] que, no interesse de seu próprio capital, estavam sujeitos às dificuldades e aos entraves representados pela escravidão e, mais tarde, pelas relações de trabalho não capitalistas que implantaram em suas fazendas. As contradições do capital, naquele momento e naquela situação historicamente singular, não podiam ser superadas por mero ato de vontade – tinham que ser superadas objetivamente, resolvidas no próprio processo do capital, de que o fazendeiro era mero agente.

A principal dificuldade, portanto, com que se defrontaram os fazendeiros de muitas regiões do país, e, particularmente, os fazendeiros de café, foi a de que nem sempre dispunham de mecanismos sociais e econômicos que tornassem compulsório, em seu benefício, o trabalho dos pequenos lavradores livres e pobres. Couty tinha presente essa dificuldade quando não via outra saída para a crise do trabalho escravo senão a redistribuição da propriedade fundiária. Portanto, numa reforma agrária.

Na caso do Sudeste, a domesticação, expulsão ou extermínio da população indígena ocorrera séculos antes que surgisse uma agricultura de exportação suficientemente disseminada.[8] Houve um período grande de tempo entre um acontecimento e outro, o que esvaziou a área de uma população de trabalhadores livres potenciais suficientemente numerosa. Quando o café, mais ou menos rapidamente, se espalhou pelo Rio de Janeiro em direção ao Vale da Paraíba e, posteriormente, ao oeste de São Paulo, já encontrou regiões de povoamento ralo de populações nativas e mestiças. Populações que não estavam sob jugo e dependência das grandes fazendas, há quase três séculos vegetando na pobreza da agricultura de subsistência,[9] diversamente do que ocorria com os agregados das fazendas nordestinas. Era situação bem diversa daquela da região canavieira da Nordeste, ocupada pela cana-de-açúcar quase desde o começo da colonização e muito antes da abolição da escravidão indígena que se consumaria em meados do século XVIII.

Além disso, havia outras diferenças importantes entre a cana-de-açúcar e o café, que se refletiram diretamente no modo de incorporar os lavradores livres e pobres à agricultura de exportação. A cultura da cana manteve-se, ao longo dos séculos, na mesma região litorânea do Nordeste. Já a cultura do café foi se deslocando progressivamente em direção a terras mais férteis e mais distantes do litoral, num movimento que durou praticamente cem anos, até que os cafezais alcançassem o chamado norte do Paraná, a mais de mil quilômetros do lugar de sua primeira expansão.[10] Por esse motivo, diversamente do que ocorreu com a cana, o café se defrontou sempre com o problema da formação das novas fazendas (e, não raro, com o abandono das culturas mais antigas, substituídas por novos e diferentes usos da terra, como a pecuária leiteira), o que compreendia a derrubada da mata e a formação da cafezal; o que representava uma demanda especial de mão de obra para essa tarefa. Por outro lado, enquanto o ciclo de renovação do cafezal era demorado, aturando bem 20 a 30 anos em boas condições de produção, havendo mesmo cafeeiros capazes de resistir por ainda mais tempo, a cultura da cana exigia uma renovação cíclica muito rápida. Antonil, no século XVIII, mencionava plantações que, na melhor das hipóteses, resistiam durante seis a sete anos,[11] impondo-se em seguida a renovação do plantio, que de modo algum se confundia com o trabalho de formação de uma nova fazenda porque era feita em área já desbravada.

Só aparentemente os lavradores livres e pobres, os posseiros, os chamados caboclos e caipiras, foram excluídos da economia do café. São muitas as indicações de que, na medida em que se dava a expansão geográfica do café, esses lavradores devotados à chamada agricultura de roça (de derrubada da mata, de queimada, de coivara, de plantio do milho e do feijão, de deslocamento para nova terra após alguns anos de cultura), foram sendo expulsos da terra pelos grandes fazendeiros.[12] Ou seja, não havia lugar para eles no interior da grande fazenda de café. Entretanto, a expansão dos cafezais chegou a incorporar esses lavradores como plantadores de café e formadores de fazendas. Já no tempo da escravidão, como mencionei antes, não era o negro cativo o responsável pela derrubada da mata, pela limpeza do terreno e pelo plantio do café.[13] Essas tarefas eram comumente atribuídas a lavradores livres e pobres, às vezes chamados de empreiteiros, aos quais se incumbia, durante um período geralmente de quatro anos, formar o cafezal. Em troca, recebiam um pequeno pagamento em dinheiro, mas, principalmente, recebiam autorização para plantar, entre os jovens pés de café, o seu milho e o seu feijão, cabendo-lhes ainda, com frequência, o direito de colher o café que eventualmente fosse produzido no quarto ano.[14] Particularmente, o plantio do milho era do interesse do fazendeiro, já que servia de sombra para os cafeeiros ainda jovens, sujeitos ao risco de secar.

Esse procedimento, que marcou a formação das fazendas de café até muito depois da abolição da escravatura, foi a fórmula encontrada pelos grandes proprietários para incorporar na própria economia cafeeira os hábitos de itinerância dos lavradores pobres e seus costumes relativos à chamada agricultura de roça: derrubada, queimada, cultivo por determinado número de anos e deslocamento para nova área de mata. A itinerância por si mesma afastava esses lavradores dos cafezais em direção a terras virgens. Mas, em troca de uma não expulsão imediata e, portanto, em troca do favor e da permissão de fazer a roça de subsistência, entregava ao fazendeiro o cafezal formado,[15] isto é, pagando com ele o que era de fato uma renda em trabalho.

Assim, enquanto no Nordeste canavieiro o agricultor livre e pobre permaneceu no interior da fazenda como agregado, sujeito ao pagamento periódico e permanente de uma renda em trabalho, de dias de foro no canavial, no Sudeste cafeeiro, o foro também foi cobrado em trabalho, na formação do cafezal, mas de forma diferente, uma única vez, sem constituir vínculo de agregação nem, portanto, agregar permanentemente a figura desse trabalhador ao latifúndio. Enquanto no Nordeste o lavrador livre e pobre foi incorporado no próprio processo de produção da cana e, portanto, no processo de reprodução da economia canavieira, no Sudeste o lavrador pobre foi incorporado "exteriormente" na formação da fazenda, mas não na produção do café. Com exceção da região do Vale do Paraíba, onde, após a escravidão, perdurou o regime de parceria, que não representou o avanço social do colonato e onde predominou o chamado trabalhador nacional. Mas, depois do fim do escravismo, essa foi uma região secundária na economia do café.

Embora o fazendeiro de café arrancasse dos lavradores pobres a fazenda formada como um tributo pelo uso da terra, mascarava a expropriação que assim se consumava com a itinerância dos sitiantes. A exploração que nele aparecia embutida, aparecia como se sua concessão de plantio na verdade protegesse a sobrevivência e reprodução dessa modalidade de campesinato. O que era diferente do que ocorria com a cana, em que o tributo representado pelos dias de cambão, de foro, configurava uma sujeição e o envolvimento dos camponeses num processo de exploração permanente e sistemática pelo fazendeiro. A intensidade e a violência dessa sujeição do morador ou do processo de subjugação do lavrador pobre pela grande fazenda não raro produziu inquietações sociais e conflitos. Na Revolução Praieira, de Pernambuco, em 1848, quando já tramitava no Parlamento do Império o projeto da Lei de Terras, que seria aprovado e entraria em vigor em 1850, os próprios fazendeiros temiam que o que chamavam de "Lei Agrária" pudesse privá-los das terras e dos moradores, a mão de obra gratuita de que dispunham sob o artifício do pagamento do foro.[16]

Esse quadro nos indica que a produção de café propriamente dita ficou ameaçada com a possibilidade de redução da mão de obra escrava e, sobretudo, com a possibilidade de extinção do escravismo, já que não havia facilidade para incorporar os agricultores livres e pobres ao próprio processo de produção do café. Portanto, os cafeicultores tiveram que desenvolver outros mecanismos de recrutamento e incorporação de mão de obra para seus cafezais, mecanismos completamente diferentes daqueles que foram desenvolvidos nos canaviais do Nordeste.

Tal situação definiu a necessidade da imigração maciça de trabalhadores estrangeiros, cujo apogeu se deu entre 1880 e 1914. A importância numérica dessa imigração para formar a força de trabalho dos cafezais brasileiros já foi suficientemente estudada. O que importa, entretanto, é desvendar os mecanismos sociais e econômicos da incorporação do trabalho do imigrante na economia do café. Em outros termos, suprimida progressivamente e finalmente abolida a escravidão do negro, foram abolidos também os mecanismos de exploração compulsória da força de trabalho. O advento do trabalho livre do imigrante reclama do pesquisador uma análise sobre a gênese e a disseminação dos mecanismos sociais que tornaram, de outra forma, também compulsório o trabalho do imigrante livre, que o forçaram a não só oferecer o seu trabalho ao fazendeiro de café, para sobreviver, mas a submeter-se ao ritmo e à disciplina da fazenda cafeeira. Os mecanismos, enfim, que asseguraram a sujeição do trabalho do imigrante à fazenda de café.

A primeira providência nesse sentido envolveu a reformulação do regime de propriedade da terra, o que se deu em setembro de 1850, apenas duas semanas após a extinção legal do tráfico negreiro. Evidentemente, a promulgação da chamada Lei de Terras não constituiu a invenção súbita de um novo regime de propriedade. A compra e venda de fazendas era corrente, enquanto negócio de benfeitorias feitas sobre a terra. Sobre a terra nua, porém, permanecia o domínio do Estado, separado de sua posse útil. É pobre o questionamento da interpretação de que a Lei de Terras, ao formalizar e instituir um novo regime de propriedade fundiária com a função de cercear o acesso à terra por parte, sobretudo, dos imigrantes que seriam trazidos para o Brasil, como previa a mesma lei.[17] O longo debate, de mais de trinta anos, que precedeu a aprovação dessa lei, girou em torno, justamente, das funções históricas, sociais e políticas que teria. Nesse debate, a alternativa do que se chamaria hoje de reforma agrária foi considerada, como instrumento de separação entre a propriedade da terra e a do capital, pressuposto teórico da libertação do capital e, portanto, da emancipação do capitalismo. Pressuposto, aliás, também da teoria do capitalismo de Karl Marx, extenso tema do terceiro e inacabado volume de *O capital*. Os grandes proprietários, no Brasil, já eram modernos no momento da transição para o trabalho livre porque, no geral, tinham uma consciência clara de que sua riqueza era tolhida pela escravidão e de que a escravidão era inevitável sem o cerceamento do direito de propriedade mediante a conversão da terra em equivalente de mercadoria, seu acesso regulado pelo primado do preço e da compra.[18]

Há um quadro de referência histórico e político que define com clareza as razões objetivas de instauração das regras de propriedade da Lei de Terras.[19] Como mencionei antes, já foi dito em diferentes ocasiões, e por diferentes autores, a nova legislação fundiária de 1850 nasceu estreitamente relacionada com a crise do trabalho escravo plantada na suspensão do tráfico negreiro e com a ameaça que essa crise poderia estender à grande lavoura, fundada no latifúndio porque fundada na escravidão. As primeiras pressões da Inglaterra contra o tráfico negreiro e o primeiro acordo nesse sentido ocorreram nos anos 1820, como um dos componentes do processo de independência do país. Em 1822, poucos meses antes da proclamação da Independência, era suspenso o velho regime de sesmarias, o regime colonial de propriedade, em que o rei preservava o domínio da terra concedida, concedendo apenas a posse e o uso aos fazendeiros, sob determinadas condições.[20] Porém, já no século XVIII e no século XIX, nas regiões próximas ao grande mercado de alimentos do Rio de Janeiro, ou nas regiões de maior desenvolvimento da economia de exportação, a terra em si mesma começou a destacar-se como objeto de comércio e especulação, como fator de geração de renda absoluta.[21] Mas não tinham se universalizado na sociedade brasileira, nem tinham se liberado, os fatores de conversão da terra em mercadoria, o que fazia desses casos, casos excepcionais.

A imigração como solução para a crise do trabalho escravo entraria em conflito com a liberdade de acesso à terra, ao menos formalmente assegurada, se o país passasse a ser progressiva e maciçamente povoado por homens livres, ainda que pobres, sobre os quais não recaísse nenhuma interdição racial, social e jurídica para impedir que se tornassem facilmente proprietários de terras. A criação de uma nova forma de interdição nasceu junto com a cessação do tráfico e a instauração do novo regime de propriedade. Já em 1842, numa consulta do Conselho de Estado, na fase de gestação da Lei de Terras, esse princípio era estabelecido com inteira clareza:

> Um dos benefícios da providência que a Secção tem a honra de propor a Vossa Majestade Imperial é tornar mais custosa a aquisição de terras [...]. Como a profusão em datas de terras tem, mais que em outras causas, contribuído para a dificuldades que hoje se sente de obter trabalhadores livres é seu parecer que d'ora em diante sejam as terras vendidas sem exceção alguma. Aumentando-se, assim, o valor das terras e dificultando-se, consequentemente, a sua aquisição, é de esperar que o imigrado pobre alugue o seu trabalho efetivamente por algum tempo, antes de obter meios de se fazer proprietário.[22]

Desse modo, até mesmo as terras livres que, no regime anterior, estavam sujeitas a simples ocupação, só teriam aquisição legítima através da compra. É o que abre um longo período de conflitos fundiários até hoje não encerrado, pois as outras formas de aquisição da terra tornaram-se automaticamente ilegais e sujeitas a contestação judicial, salvo nos casos expressamente contemplados nas leis. Seria engano supor que a finalidade da Lei de Terras fosse a de democratizar o acesso à propriedade fundiária. Na verdade, ela nasceu como instrumento legal que assegurava um monopólio de classe sobre a terra em todas as regiões do país, mesmo naquelas ainda não ocupadas economicamente. Com isso, o que de fato se conseguia era interditar o acesso do lavrador pobre à terra, impedindo-o de trabalhar para si e obrigando-o a trabalhar para terceiros, especialmente para os grandes proprietários.

Um segundo mecanismo de sujeição do trabalhador agrícola pobre, posto em prática pelos fazendeiros de café, foi o do seu endividamento. Os primeiros imigrantes estrangeiros que chegaram ao Brasil para trabalhar na cafeicultura foram engajados no regime de parceria. Como o fazendeiro era quem cobria as despesas com o transporte e alojamento do imigrante e quem o custeava até que obtivesse os primeiros resultados de seu trabalho, arrolava esses gastos como dívida do colono, a que acrescia ainda os juros correspondentes. A parceria envolvia todas as despesas, desde o trato do cafezal até a colheita, o beneficiamento, o transporte e a comercialização, e mais os adiantamentos feitos para aquisição de ferramentas e para custeio da família do lavrador.[23]

Embora as discussões e análises sobre a substituição do trabalho escravo pelo trabalho livre tivessem geralmente como referência o trabalhador assalariado, o grande medo dos fazendeiros estava justamente nas consequências econômicas do assalariamento.[24] O salário introduzia uma temporalidade específica na remuneração do trabalhador e no relacionamento com o fazendeiro, que não coincidia com o ciclo da produção do café, com o ano agrícola. O temor escondia o fato de que o salário descompromissava o trabalhador com o ciclo agrícola e colocava o fazendeiro no risco de ver-se, no momento da colheita, sem os trabalhadores necessários à apanha do café. Por meio do salário, o trabalhador adquiria uma liberdade de circulação que comprometia toda a economia cafeeira. Ainda que não fosse o único, esse foi um fator ponderável para que as relações salariais não se disseminassem na fazenda de café na mesma proporção da substituição do escravo pelo trabalhador livre. Outro fator foi o da consciência do encarecimento do cultivo do café se todo o trabalho fosse feito por trabalhadores assalariados, como várias vezes apontaram observadores e estudiosos.[25]

A parceria reduzia o acerto de contas a uma vez por ano, após o encerramento do ciclo agrícola, e comprometia o trabalhador com o ciclo inteiro. O mecanismo do endividamento do trabalhador ampliava a sua sujeição, obrigava-o a permanecer mais tempo na fazenda. Ainda que o trabalhador pudesse deslocar-se de uma fazenda a outra, tal deslocamento estava sujeito à compra da sua dívida, pelo outro fazendeiro. E, como desdobramento dessa sujeição por dívida o trabalhador nem mesmo podia ausentar-se da fazenda sem prévio consentimento do fazendeiro ou do administrador. Isso impedia que fosse oferecer o seu trabalho a outro fazendeiro e que burlasse, pois, os interesses do fazendeiro que, por adiantamento, havia se tornado senhor de seu trabalho. Impedia, também, que fizesse suas compras em outros armazéns que não o armazém da fazenda em que trabalhava.[26] Justamente a manipulação dos preços das mercadorias desses armazéns constituía um instrumento fundamental na sujeição por dívida.

Enquanto a parceria veio a decair como forma de exploração do trabalhador pela fazenda, outro mecanismo de sujeição, que com ela nascera, sobreviveu ao longo do tempo: refiro-me à permissão para que o lavrador tivesse sua própria roça de gêneros de subsistência e sua pequena criação de animais domésticos. Na vigência da parceria, era comum que o fazendeiro também se fizesse parceiro dos produtos da roça. Mas a roça acabou se transformando no instrumento que mais eficazmente vincularia o trabalhador ao ciclo agrícola e ao contrato anual do café. Com o progressivo desaparecimento da parceria nas principais e mais ricas regiões cafeicultoras, surgiu uma variação do regime de locação de serviços que veio a ser conhecida como colonato. O colonato combinava um pagamento fixo em dinheiro por mil pés de café tratados (isto é, limpeza das ervas daninhas do cafezal, de três a cinco vezes por ano, conforme o terreno, e preparação da terra ao redor do cafeeiro para realização da colheita, bem como a espalhação do cisco após a colheita), uma quantia em dinheiro proporcional à quantidade de café colhido, prestação de determinados trabalhos gratuitos ao fazendeiro durante o ano (como a construção ou reparo de cercas, limpeza de pastos e caminhos, controle de incêndios etc.). E permissão de plantio de milho, feijão e, eventualmente, arroz ou algodão, no meio dos cafeeiros, ou, conforme a idade do cafezal ou conforme o seu arruamento, em terreno separado, geralmente as terras baixas pouco adequadas ao café, como mencionei antes. O colono, como era chamado esse tipo de trabalhador, podia excepcionalmente contratar trabalhadores assalariados, por jornada, para ajudá-lo na colheita do café, pagos pelo fazendeiro por adiantamento para acerto na prestação de contas. Ou trabalhar, ele mesmo, como assalariado de outro colono ou do fazendeiro em determinadas situações.[27]

Embora os ciclos do feijão e do milho não fossem os mesmos do café (o feijão com dois ciclos anuais de aproximadamente três meses, o milho com um ciclo de seis meses e o café com um ciclo anual), o pagamento em dinheiro pelo trato e pela colheita geralmente não cobria as necessidades de sobrevivência do trabalhador e sua família. Esse pagamento, além do mais, nos primeiros tempos do colonato, era feito no final do ano agrícola, depois que o fazendeiro concretizasse a comercialização do café. Portanto, o colono dependia significativamente da produção direta da parte mais importante dos seus meios de vida, os da alimentação. Não podia, por isso, cingir a sua sujeição à fazenda ao ciclo mais curto desses alimentos. Quando colhia o feijão das águas em dezembro e janeiro, já tinha que providenciar o feijão da seca, plantando-o em fevereiro e março, para em seguida começar a colheita do milho plantado em outubro e, pouco depois, a do feijão da seca, seguida da do café. Antes mesmo que o fazendeiro providenciasse o acerto de contas do trato e da colheita do café, tinha que se assegurar o plantio do milho e do feijão das águas. De modo que, quando havia o acerto de contas e estava teoricamente livre para deixar a fazenda, tinha geralmente na terra essas duas plantas que lhe pertenciam, cuja colheita não podia fazer se a deixasse, a menos que o fazendeiro liberalmente a comprasse. Dessa maneira, combinavam-se duas insuficiências relativas: a colheita de alimentos era insuficiente para cobrir todas as necessidades da família de colonos e o dinheiro recebido no trabalho do cafezal era igualmente insuficiente para cobrir todas as suas necessidades. Assim, essas insuficiências eram atendidas por um ritmo desigual e combinado de colheitas, que encadeava a roça do colono com o cafezal do fazendeiro num ciclo único em que o final do ciclo de cada planta impunha a necessidade de começar o ciclo da outra, dificultando ou impedindo a saída do colono da fazenda. Com isso, reduzia-se a mobilidade da força de trabalho, assegurando para o fazendeiro a permanência do trabalhador ao menos por um ano agrícola, ao final do qual é que podiam ocorrer os deslocamentos de trabalhadores de uma fazenda a outra.[28]

O colono no ritmo do capital: a produção do produtor

Os mecanismos de sujeição do trabalho na grande lavoura de café, apontados anteriormente, não dão conta de toda a complexa organização social do processo de trabalho na fazenda. Mas são indicativos de que a agricultura propriamente dita e nela, particularmente, o trato do cafezal, constituíam o fundamento do modo de inserção da força de trabalho na produção cafeeira. O trato da lavoura de café era, nesse sentido, o fundamento da organização do trabalho, tanto sob a escravidão quanto sob o colonato. Embora os trabalhos agrícolas propriamente ditos tivessem precedência sobre a etapa de produção e preparação do café para o comércio, a chamada etapa do beneficiamento, a etapa propriamente industrial da cafeicultura, constituía o momento técnico, econômica e historicamente mais avançado e aquele que tinha, como efetivamente teve, maior poder de desorganização e transformação das relações de produção na economia do café. Em outros termos, o processo de trabalho do café estava não só marcado pela diversidade das relações de trabalho, pela diversidade até étnica da organização dos diferentes momentos do trabalho. Estava marcado também pela contradição que, no mesmo processo, combinava e opunha a forma camponesa de organização do trabalho agrícola à forma salarial de organização do trabalho industrial, combinação essa estabelecida, subjugada e reproduzida pelo próprio capital. Embora a subjugação das relações de trabalho do café pelo capital não fosse transparente e assim tenha permanecido durante dezenas de anos, diferentes acontecimentos que atingiam a produção cafeeira tendiam a se resolver em maior liberação do capital propriamente dito das peias e contradições representadas pelo trabalho escravo ou, mais tarde, pela produção direta dos meios de vida do colono: a cessação do tráfico negreiro impôs alterações no regime de propriedade, que constituíam, na verdade, mecanismos de subjugação do trabalho.

Por isso, aparentemente, a substituição do escravo pelo trabalhador livre não representou uma modificação propriamente técnica no processo de trabalho da fazenda cafeeira. À primeira vista, no lugar do escravo entrou o imigrante; a instituição jurídica da escravidão teria sido substituída pela instituição jurídica do trabalho livre e contratual. Entretanto, essa mudança tinha maior profundidade. A economia do café teve justamente a característica de incorporar, produzir e reproduzir *relações sociais* e *relações raciais*, combinando-as contraditoriamente no processo do capital. Durante a escravidão, combinou o trabalho livre com o trabalho escravo. A formação das fazendas de café foi geralmente feita, conforme mencionei antes, por lavradores livres e pobres, sob empreitada, que praticamente pagavam com o cafezal o direito de fazerem sua agricultura itinerante de roça na terra de que se assenhoreara o fazendeiro.[29] As tarefas auxiliares da fazenda – construção de cercas, serviços de ferreiro e de carpinteiro, trabalhos de construção e mesmo o beneficiamento do café – foram se configurando como tarefas de trabalhadores livres, chamados de camaradas, que recebiam em pagamento um salário mensal. À medida que se acentuou a crise do trabalho escravo e à medida que os escravos disponíveis foram deslocados exclusivamente para o trabalho agrícola, essas tarefas foram cada vez mais se configurando como tarefas dos camaradas, verdadeiros operários livres no interior das fazendas.[30]

Com a implantação do trabalho livre, muitos negros libertos tornaram-se, junto com os caipiras e caboclos, mestiços e livres, formadores de fazendas de café. Para muitos, a liberdade adquiria pleno sentido na agricultura de roça, que já havia dado sentido à liberdade para índios e mestiços no século XVIII; que constituía, na verdade, a contrapartida da expropriação que os grandes fazendeiros praticavam contra os lavradores pobres.

O advento do trabalho livre não modificou a diversidade de relações no interior da fazenda de café. Se tomarmos como referência três etapas principais do processo de trabalho na cafeicultura – o trato, a colheita e o beneficiamento (apenas nas grandes fazendas esta última etapa era plenamente desenvolvida, limitando-se nas outras à secagem do café nos terreiros), cada um desses momentos ficou marcado por uma relação de trabalho distinta, ainda que pudesse envolver as mesmas pessoas. As tarefas de trato e colheita couberam ao colono, sob forma de empreitada, como já foi visto, combinada com autorização para o plantio, dentro ou fora do cafezal, de gêneros alimentícios, principalmente feijão e milho. As relações de trabalho do beneficiamento definiram-se como relações do camarada, mediante salário, que era o geralmente chamado trabalhador nacional, não imigrante.[31]

Embora aparentemente não sejam significativas, as mudanças verificadas no processo de trabalho da fazenda de café, houve uma modificação fundamental, que alterou toda a dinâmica da produção cafeeira e que, ao longo do tempo, modificou acentuadamente a inserção da força de trabalho na cafeicultura. Sob o regime de trabalho escravo, os principais dispêndios de capital do fazendeiro eram feitos com a aquisição dos escravos necessários a sua fazenda.[32] À medida que progredia a crise do escravismo, pela redução proporcional da oferta de força de trabalho, os escravos não só foram se tornando cada vez mais caros, exigindo maior imobilização de capital, como foram sendo deslocados para as tarefas agrícolas, onde a questão da mão de obra era essencial.[33] Nessa época, o beneficiamento do café ainda era feito por máquinas primitivas de madeira, como o monjolo, o pilão d'água e o carretão.[34] Assim, o maior investimento de capital do fazendeiro era feito na agricultura, onde tendiam a se concentrar os escravos da fazenda. Entretanto, esse investimento de capital tinha uma particularidade que a impedia de funcionar como capital propriamente dito. O preço do escravo era, na verdade, um tributo que o fazendeiro pagava ao traficante para ter o direito de explorar a mão de obra do negro, como mencionei antes. Tratava-se, pois, de uma imobilização improdutiva de capital, de conversão de capital em renda capitalizada.[35] Desse modo, o capital perdia a sua eficácia como capital verdadeiro, porque perdia as funções propriamente capitalistas de extrair do trabalhador a sua mais-valia. Era o inverso do que aconteceria na aplicação de capital em máquinas que não só substituiriam trabalho por capital, como também multiplicariam a eficácia dos trabalhadores restantes. A compra do escravo não aumentava em nada a capacidade de produção do trabalhador cativo, sujeito ainda a despesas adicionais diretas ou indiretas, na aquisição dos meios de vida necessários à sua manutenção e reprodução como trabalhador.

A substituição do escravo pelo trabalhador livre na própria lavoura, quando essa libertação se consumou (o que só veio a ocorrer de fato e plenamente muito mais tarde, com a supressão dos mecanismos de sujeição do trabalhador por dívida), libertou o capital até então aplicado improdutivamente no escravo para que fosse aplicado produtivamente nas máquinas modernas de beneficiamento do café, que começaram a surgir entre 1860 e 1880. Aí a máquina não só substituía o trabalho, como também impunha um ritmo inteiramente novo ao processo de trabalho da fazenda cafeeira, como se pode inferir de estudo sobre as máquinas de beneficiar café.[36] O capital deixava de ser renda capitalizada para se tornar verdadeiramente capital, com as funções de capital. Embora se argumente que o escravo não representava um empecilho ao progresso técnico da cultura de café,[37] devido ao fato de se constituir em renda capitalizada da fazenda, desviava recursos das funções propriamente capitalistas do capital. Impunha ao fazendeiro dispêndios excepcionais para que pudesse alcançar um desenvolvimento tecnológico maior, particularmente através da introdução de máquinas na produção e beneficiamento do café. O escravo não era um empecilho, empecilho era a escravidão.

Pode-se perguntar por que, então, não houve a mecanização dos trabalhos agrícolas após o fim da escravatura, embora existissem equipamentos, já no século XIX, que podiam ser empregados nos trabalhos de carpa e limpa do cafezal. É que nem todos os momentos do processo de produção do café podiam ser mecanizados ou mecanizados com a mesma intensidade. O beneficiamento foi que alcançou maior grau de mecanização, com a introdução de máquinas a vapor, ventiladores, brunidores, vagonetas de transporte do café no terreiro, secadores, canais de transporte do café por gravidade, tanques de lavagem etc. Máquinas carpideiras também chegaram a ser adaptadas para as tarefas de limpeza do cafezal, de remoção das ervas daninhas.[38] Apenas o trabalho de colheita foi o que se manteve inteiramente dependente do trabalho manual ao longo do tempo. Só há poucos anos vêm sendo testadas e empregadas máquinas de colheita de café.[39]

Mesmo assim, entretanto, a tarefa eminentemente manual de colheita do café não deve ser isolada do conjunto do processo de trabalho para explicar o predomínio da demanda de mão de obra na fase da colheita e a impossibilidade de modernização desse trabalho. O simples fato de que a acentuada modernização e mecanização do beneficiamento tenha se introduzido na economia cafeeira não só possibilitou um preparo mais rápido do café para comercialização, com vantagem na concorrência com outros produtores mais atrasados, como, ao que tudo indica, impôs um novo ritmo no trabalho de colheita.[40] Desse modo, o predomínio do trabalho manual na colheita não se devia apenas à impossibilidade de mecanizar essa tarefa,[41] mas resultava também de um acrescentamento no número de trabalhadores necessários à colheita mais rápida, reclamada pelo ritmo mais intenso introduzido pela mecanização a vapor no beneficiamento do café.

A interpretação que segmenta o processo de trabalho por suas qualidades homogêneas, que resulta de um raciocínio formal, acoberta as contradições que a intensificação do uso do capital em máquinas modernas introduzia na produção do café, tendo um efeito aparentemente incompatível com o maior desenvolvimento do capital que era, ao mesmo tempo, o aumento do número de trabalhadores braçais nas tarefas de colheita. Assim, contraditoriamente, a maior modernização e aplicação de capital na fazenda implicava mais mão de obra. Por sua vez, sendo a colheita mais dependente de mão de obra e sendo ela a tarefa reguladora da força de trabalho da cafeicultura, impunha, como se verá, maior importância ao colonato, a forma não capitalista de exploração do trabalho pelo capital, já que o colonato mantinha fortes características camponesas no processo de trabalho, no modo de vida e na mentalidade do trabalhador. Nele se impedia que a força de trabalho do colono se libertasse da produção direta dos meios de vida para tornar-se trabalho assalariado.

Contradições do colonato

Máquinas carpideiras chegaram a ser adaptadas ou desenvolvidas para realizar as tarefas de trato do cafezal, de remoção das ervas daninhas e de limpeza das ruas entre os cafeeiros. Mas a modernização técnica do trato não podia destacar-se como etapa independente no conjunto do processo de trabalho da produção cafeeira. A mecanização do trato deixaria a fazenda desprovida de mão de obra para os trabalhos de colheita de café, que não podiam ser mecanizados e que dependiam inteiramente do trabalhador braçal.

Conforme já mencionei, a mecanização a vapor e a modernização técnica das diferentes tarefas do beneficiamento (transporte, secagem, limpeza, descascamento, ventilação etc.) abreviaram o tempo do tratamento industrial do café na própria fazenda. Isso não só representava a possibilidade de obter melhores preços pela chegada do café mais cedo aos centros de comercialização, como melhorava os preços em virtude da melhor qualidade do produto, e ainda viabilizava a realização do capital em tempo menor.[42]

Em tempos mais recuados, entre o século XIX e as primeiras décadas do século XX, no caso das fazendas maiores, e até há não muito tempo nas fazendas menores, menos desenvolvidas tecnicamente, era comum que o período de colheita se estendesse por cinco meses, de maio até setembro. Com isso, ocorria muitas vezes que nem todo o café estava colhido e já uma nova floração se anunciava. Nos fins de setembro de 1895, o Barão Geraldo de Rezende, que tinha em Campinas a sua Fazenda Santa Genebra, escrevia a um sobrinho e dizia: "já vão aparecendo botões que prometem nova florada para o mês de outubro". E, antes de terminar a carta, comenta: "como a flor já está aberta há três dias...", coisa de quem começava a escrever uma carta num dia para terminar em outro. Acrescentava que "no interior os cafezais floresceram mais cedo".[43] O sistema de colheita geralmente difundido, que era o de derriçamento, a puxada manual ao longo do galho, o que arrancava folhas junto com grãos maduros e verdes, e não de catação das cerejas do café, acabava prejudicando a safra seguinte e esse parece ter sido o fator da costumeira sucessão de safras boas por safras más na cafeicultura brasileira.

O beneficiamento moderno do café, incluídas as máquinas secadoras, libertava o fazendeiro dos fatores naturais, como a secagem natural e demorada nos terreiros, dependente de tempo bom, seco e quente. Com isso, o beneficiamento impunha à colheita o ritmo da máquina e, consequentemente, o ritmo do capital. Esse ritmo do capital, viabilizado pelos equipamentos industriais de benefício, iam além do beneficiamento propriamente dito, influenciando o trabalho agrícola de colheita. É bem verdade que a maturação do café para chegar ao ponto de colheita não era uniforme no interior da diversidade de talhões das fazendas, dependendo ainda da variedade de cafeeiro e de outros recursos que as fazendas adotassem. Historicamente, a colheita podia ser reduzida a um período mais curto, de dois a três meses, entre fim de maio e fim de julho. De modo que, de fato, um novo ano agrícola podia começar em agosto, como era natural, antes de uma nova floração do cafezal.

O encurtamento do tempo de benefício e de colheita do café impunha a necessidade de maior concentração de trabalhadores nessa última tarefa. O que, por sua vez, se refletia na organização do trabalho e na força de trabalho da etapa de trato do cafezal. Para garantir o número de trabalhadores necessários às tarefas de colheita, a fazenda procurava ter o maior número possível de trabalhadores permanentes, ocupados em outros trabalhos fora da época de colheita, de modo que esta última não dependesse ou não dependesse de modo significativo da procura de trabalhadores temporários, geralmente escassos.

Sendo o café uma cultura permanente e durante longo tempo, ao menos de 1850 a 1895, em grande expansão, tornou-se também um sorvedouro de mão de obra. Mesmo as fazendas de mais baixa produtividade, como acabaram se tornando as do Vale do Paraíba, continuavam necessitando de trabalhadores, já que de fato não havia alternativas muito amplas numa economia agrícola quase que inteiramente voltada para a exportação. Por outro lado, o avanço dos cafezais em direção ao oeste simplesmente multiplicava a necessidade de braços. Outro fator, ainda, que complicava a questão da força de trabalho é que os cafezais que se desenvolveram na região oeste de São Paulo produziam muito mais café por árvore do que os antigos cafezais do Rio de Janeiro, o que implicava número maior de trabalhadores para um cafezal de mesmo tamanho.[44] O que se complicava na medida em que, a rigor, o café não gerava uma população sobrante, uma superpopulação relativa, que estivesse disponível no tempo da colheita. Se alguma unanimidade houve nas reclamações dos fazendeiros ao longo de um período de praticamente cem anos foi na queixa permanente contra a falta de braços para a lavoura.

Foram essas algumas das principais razões que fizeram com que o problema da força de trabalho para a colheita do café se refletisse diretamente na composição e na quantidade de força de trabalho do trato do cafezal. O número de trabalhadores do trato se definia por intermédio do número de trabalhadores necessários à colheita. É verdade que esse problema já existia nos anos finais da escravidão, sendo os fazendeiros obrigados a recorrer ao trabalhador alugado – livre ou escravo – às turmas de alugados para realizar as tarefas da colheita.[45] Mas o contexto aí era completamente diferente daquele que existiria com a implantação do trabalho livre. Essa ocorre como característica da disseminação do café na região oeste de São Paulo e se combina com a introdução e disseminação das máquinas modernas de beneficiamento.[46] Na região paulista, a posição central do trabalho braçal na organização do processo de trabalho do café era o produto contraditório do próprio desenvolvimento capitalista da cafeicultura, da inversão de capital nas tarefas industriais do beneficiamento.

Esses fatores fizeram com que os chamados colonos se tornassem o principal e mais numeroso grupo de trabalhadores da fazenda de café, ao redor de 75% do total ou até mais.[47] Era o colono a figura central do chamado regime de colonato, que constituía, de fato, uma variante e, ao mesmo tempo, uma modificação do regime de parceria, combinado com o regime de locação de serviços. A principal característica do colono era que, ainda que recebendo parte do seu pagamento em dinheiro, não era de modo algum um trabalhador assalariado, como venho indicando. E isso porque produzia diretamente os seus meios de vida, plantando no próprio cafezal, ou fora dele, dependendo da idade dos cafeeiros e de outras restrições técnicas, os gêneros alimentícios de que necessitava. Os excedentes podiam ser, como frequentemente eram, negociados com vendeiros e intermediários da região ou com o próprio fazendeiro que, muitas vezes, exigia direito de preferência na sua aquisição. O colono podia, ainda, conforme foi dito, contratar o trabalho de terceiros para auxiliá-lo em suas tarefas, caso em que o pagamento era feito pelo próprio fazendeiro que lhe debitava a respectiva importância. Ou, então, podia ele mesmo trabalhar eventualmente como assalariado do fazendeiro ou de outro colono, sendo-lhe creditada a respectiva importância para pagamento na época do acerto anual de contas. O colono se sujeitava ainda a certos trabalhos gratuitos que já foram mencionados. Além disso, tinha direito à moradia, a um outro pedaço pequeno de terra no quintal da casa para fazer horta e criar animais domésticos, além do direito de ter animal no pasto da fazenda. Uma das diferenças que distinguiam o colono do camarada era o fato de que a fazenda não o empregava isoladamente, mas empregava sua família. O regime de colonato era fundamentalmente um regime de trabalho familiar fundado no imaginário camponês.

Nesse sentido, o próprio desenrolar do trabalho era muito distinto do desenrolar do trabalho escravo. Na escravidão, o trabalho no cafezal era no eito – um grande número de negros dirigidos por um feitor, num ritmo articulado, carpia em linha e em conjunto as ruas de café, supervisionado pelo feitor. Já no colonato, a limpeza do cafezal e a colheita se organizavam com base no grupo familiar: a família empreitava o trato de determinado número de pés de café, na proporção, geralmente, de dois mil por homem adulto e de mil para mulher e criança. O pagamento era igualmente feito por mil pés tratados. Desse modo, quanto maior a família, maior o seu rendimento monetário anual. Já a colheita, que podia ou não ser feita no talhão empreitado para o trato, era paga por quantidade de café colhido. O colonato organizou até mesmo a colheita em bases familiares, distribuindo os membros da família ao redor do cafeeiro: os homens adultos colhendo no topo da planta, mediante uso de uma escada, as mulheres no meio e as crianças na saia do cafeeiro, conforme descrevi antes.

O processo de trabalho no cafezal combinava o trato do café e sua colheita com a agricultura de subsistência, dentro ou, até mesmo, fora do cafezal. Tomando como referência o ciclo agrícola de cada planta envolvida na relação café-agricultura de subsistência, pode-se notar que havia entre elas uma combinação praticamente perfeita.[48] O ano agrícola se encerrava com a espalhação do cisco, dos detritos vegetais, ao redor dos cafeeiros, aí pelo mês de setembro. Outubro era o mês de referência para o plantio do milho e do feijão das águas, período que correspondia a uma carpa, uma limpeza do cafezal das ervas daninhas. Dezembro e janeiro eram meses de colheita do feijão das águas; fevereiro e março, de plantio do feijão da seca; maio era o mês de referência para a colheita do milho e do feijão da seca e época de fazer a coroação do cafeeiro, a limpeza do solo ao redor da árvore para derriçar o café, nas fazendas mais rústicas, ou sobre um amplo lençol ou toldo ali colocado, nas fazendas mais modernas. Em algumas fazendas, já em maio se começava a colheita do café.[49] De modo que a articulação dos ciclos dessas plantas com o ciclo do próprio café permitia que as operações de plantio ou colheita de milho e feijão fossem ao mesmo tempo as operações de carpa do cafezal. Quando, aliás, se impôs a necessidade de realizar a agricultura de subsistência fora do cafezal houve, de certo modo, a duplicação da jornada de trabalho, razão de desinteresse dos colonos por cafezais velhos onde tal separação era necessária.[50] Mesmo assim, os fazendeiros ainda aceitavam, como forma de evitar tal problema, que os gêneros alimentícios fossem plantados em ruas alternadas do cafezal. Não era raro que os próprios fazendeiros, ao formarem seus cafezais, deixassem entre os cafeeiros, para isso ruas mais largas do que aquelas existentes nos velhos cafezais do Rio de Janeiro, formados no tempo da escravidão.[51]

Na combinação da cultura do café com a cultura de alimentos, do artigo de exportação com o artigo de subsistência, o primeiro era produto do fazendeiro e o segundo era produto do colono. Somente na medida em que se tem presente essa relação e essa diversidade é que se pode compreender a forma assumida pela exploração do trabalho do colono da fazenda de café. O fazendeiro tolerava a agricultura de subsistência praticada pelo colono como forma de reter na fazenda sua família, como mão de obra permanente. Para ele, o café era o produto principal e fundamental. Na cabeça do colono, porém, as coisas se passavam de modo diverso. Para ele, o principal era constituído pelos gêneros de subsistência, e o rendimento monetário do café é que se constituía em ganho secundário e excepcional, fora da rotina da sobrevivência. Para ele, o café era de fato um excedente do seu trabalho. Desse modo, do ponto de vista da economia da fazenda, o produto do tempo de *trabalho excedente* tinha forma material distinta do produto do *trabalho necessário* à sobrevivência e reprodução do trabalhador e sua família.

Por outro lado, na organização econômica da fazenda, o café tratado e colhido podia parecer trabalho pago em dinheiro, porque havia efetivamente dispêndios monetários no pagamento dessas tarefas. Mas tais pagamentos representavam uma parcela mínima relativamente aos ganhos salariais anuais dos trabalhadores urbanos de mais baixos salários. Acobertada pelo acerto anual em dinheiro, a família do colono também pagava em café uma renda territorial em produto pelo direito de moradia e pelo direito de plantio de gêneros dentro ou fora do cafezal. Embora o colonato assumisse a forma de relação não capitalista de produção constituída e subjugada pelo processo de reprodução do capital, por isso mesmo, mesclava-se com formas aparentemente salariais de trabalho.

Análises como esta, fundadas na sociológica constatação da "impureza" teórica e conceitual da realidade histórica e social do café, podem ser objeto do incômodo de autores para os quais o método é mera questão de nomenclatura. Nessa linha, a orientação formalista e classificatória de algumas correntes de análise social, no Brasil, inspirada no marxismo estruturalista de Louis Althusser, representa um empecilho real à compreensão de uma formulação totalizadora como esta: de que a reprodução capitalista do capital não exclui necessariamente a produção de relações não capitalistas de produção, que é, também, produção de capital porque mediada por sua reprodução capitalista. Um exemplo desse fato é esta formulação, numa crítica dirigida a um dos meus textos sobre o tema, tendo como referência e pressuposto a ideia de "subordinação indireta da produção (ou do trabalho) ao capital": "a subordinação de relações *pré-capitalistas* ou *não capitalistas* (como ele [JSM] prefere dizer) pelo capital supõe a existência real dessas relações" (o primeiro grifo é meu).[52] Na orientação metodológica que adoto, de modo algum a distinção entre *pré-capitalista* e *não capitalista* pode ser reduzida a uma questão de preferência. Essa distinção envolve opostas concepções de método entre a do crítico e a do autor do que é objeto da crítica. No discurso do crítico, a concepção de "pré-capitalista" decorre de uma interpretação evolucionista da história econômica e, nela, do capitalismo, e de uma interpretação não histórica da vida social, particularmente, da realidade social e histórica do campo. É procedimento cuja eficácia se esgota na mera rotulação das relações sociais que, por serem "diferentes", não podem receber a rotulação de capitalistas.

De modo geral, o raciocínio em que tal formulação se baseia é expressão do que Gutterman e Lefebvre definem como "a força das formas" e pressupõe o princípio lógico de identidade contra o princípio explicativo da contradição.[53] É o mesmo equívoco que levou a uma discussão sobre um suposto feudalismo no Brasil. Daí que seus adeptos coloquem a *diferença* no lugar da *contradição*, a *estrutura* no lugar da *História*, a *articulação* no lugar do *movimento*, a *classificação* no lugar da *interpretação* etc.

A concepção de não capitalista envolve uma postura metodológica radicalmente diferente, constituída a partir do princípio da contradição. Diz respeito às contradições e aos bloqueios sociais e históricos que impedem que os conteúdos da relação descrita gerem a forma social apropriada e mediadora de que carecem para se libertarem e se realizarem no marco da realidade capitalista que os determina. O salário irrealizado estava potencialmente contido nas determinações sociais e históricas do colonato. Isso é radicalmente diferente de pré-capitalista, cujo tempo é outro. Mas o potencial não era o real de sua manifestação histórica e cotidiana e, portanto, sociológica.

A existência de *formas sociais*, de produção ou não, que não aquelas formas caracteristicamente capitalistas de expressão e mediação do movimento do capital, o desenvolvimento desigual do processo do capital, não constitui uma anomalia histórica e, certamente, não pressupõe um tempo histórico distinto, "anterior", em relação ao tempo do capital. Na verdade, Marx o demonstrou com clareza, o tempo do capital não é um tempo linear. É o *tempo da contradição*: é o tempo das temporalidades não resolvidas – a produção *social* e a apropriação *privada* dos resultados da produção. Não há aí a anterioridade de um momento em relação a outro, mas atrasos e adiantos do mesmo e simultâneo. Portanto, o tempo triádico porque dialético, como o define Henri Lefebvre, das oposições sintetizadas no presente e no atual, no real, entre as relações residuais não superadas e as relações sociais possíveis e ainda não realizadas que o determinam e determinam a práxis de seu momento.[54] Essa orientação metodológica pressupõe distinguir a forma das relações sociais, de que os respectivos conteúdos necessitam como mediação para se expressarem e concretizarem, daquilo que ela mediatiza e por meio da qual se determina, que é a produção e a acumulação do capital. Não se trata, pois, como pensa Sérgio Silva, nos trabalhos citados, de simples subordinação de relações ao capital, relação que em seus estudos tem uma conotação mecanicista, desprovida de suas funções metodológicas de mediação, determinação, contradição e movimento. Não compreender a diferença entre o pré-capitalista e o não capitalista, já significa situar-se nas limitações de compreensão da primeira perspectiva, a estruturalista e não a dialética.

Aquelas formas assumidas pelas relações de trabalho, apesar da interveniência de pagamentos em dinheiro, devido, entretanto, ao próprio caráter predominantemente camponês do trabalho do colono, não se libertavam como formas salariais características justamente porque necessário se fazia romper e superar a produção direta dos meios de vida, libertar o salário para libertar completamente o trabalho do colono, privá-lo da autonomia residual da condição de camponês para que, enfim, se convertesse num operário da agricultura. E isso, evidentemente, não dependia nem da lucidez nem da vontade do fazendeiro ou do próprio colono.

Não cabe, nesse caso, aplicar a distinção que Marx desenvolveu entre *tempo de trabalho* e *tempo de produção* para caracterizar a produção de subsistência como aplicação do tempo de não trabalho.[55] Tal suposição, em vez de reconstituir o processo de trabalho concreto e objetivo do café, reproduz antes a perspectiva do próprio fazendeiro, para quem o café era o fundamental enquanto produto e mercadoria. Entretanto, objetivamente, o processo de trabalho da cafeicultura era, também e ao mesmo tempo, processo de exploração da força de trabalho. Tal exploração não se configura, senão deformadamente, se não reconstruirmos a produção do café por meio da produção de gêneros de subsistência, sem a qual aquela não era possível. A dificuldade para transpor sem mais critério a diferenciação do tempo de trabalho e do tempo de produção, que Marx analisara fundamentalmente em relação à valorização do capital, está em que o produto que ele tem em conta não é apenas a coisa útil, e sim a mais-valia.[56] No caso do café, não havia como separar, antes que se criassem determinadas condições sociais e se superassem determinadas contradições aqui apontadas, senão como abstração acadêmica, a combinação dos diferentes ciclos de plantas articuladas por um mesmo e único processo de trabalho. Tal unidade era construída e determinada pela exploração do trabalho que em tal processo se dava. O fato de haver diferentes produtos como resultado do processo de trabalho, com diferentes destinos e desiguais inserções no mercado, não deve criar a ilusão de que cada um deles era o resultado de um processo de trabalho distinto. A questão não é simplesmente técnica, e sim sociológica. Portanto, a agricultura de subsistência não podia, com efeito, nessa situação concreta do colonato nem na situação concreta da escravidão, ser considerada como forma de ocupação do tempo de não trabalho decorrente da maturação natural do café. O supostamente natural é aí sobredeterminado pelo social, como forma socialmente organizada de produção.

A agricultura de subsistência não se destinava fundamentalmente ao mercado, embora os excedentes, quando houvesse, pudessem ser comercializados, até mesmo fora dos marcos racionais do lucro. A rigor, tais produtos não eram, nos mesmos termos do café, produtos comerciais. A agricultura de subsistência, como mencionei antes, destinava-se fundamentalmente à reprodução do próprio trabalhador e sua família e a atenuar as despesas monetárias do fazendeiro de café, que com base numa economia estritamente salarial correria o risco de não concretizar os objetivos capitalistas de sua empresa. Por esse meio, o colono se reproduzia como trabalhador para o café e, consequentemente, como trabalhador camponês para o capital. Em termos sociológicos, a situação é, pois, completamente distinta da situação do trabalhador assalariado da grande indústria.

Todo o *seu* tempo, enquanto trabalhador para o capital e para a propriedade, era *tempo de trabalho* e *tempo de produção*. A distinção entre ambos só poderia existir para o capital (e não para o trabalhador) e para o capitalista, que por isso mesmo se empenhava na redução do tempo de produção, isto é, redução do tempo de reentrada do capital no processo produtivo de mais-valia, a parcela para dela arrecadar o que lhe cabia sob a forma de lucro. O problema da conceituação de um momento do processo de trabalho como tempo de não trabalho é que pressupõe ficar o produto parado, isto é, que não circula porque ainda não está pronto. Mas, para o capitalista, o que interessa não é a utilidade do produto, e sim o seu valor. Não estando pronto, o produto não pode circular, nem pode, portanto, realizar o seu valor e libertar para o capitalista a mais-valia que contém. O problema do capitalista não está no trabalho vivo (na capacidade de trabalho do trabalhador que fica parado porque o produto está amadurecendo), mas sim no trabalho morto, o trabalho de que ele já se apropriou e que só se realiza no mercado. Só aí se converte em capital para ser utilizado novamente. Ora, considerar a produção de subsistência como emprego de tempo de não trabalho, que permite a reprodução do trabalhador enquanto trabalhador expropriado que deve trabalhar para o fazendeiro, é considerar o próprio trabalho vivo, trabalho criador de capital, como não trabalho.

Na indústria e no trabalho assalariado, os meios de vida do trabalhador não são produzidos diretamente como o eram na maior parte os meios de vida do colono; eles são possibilitados pelo salário, resultam da conversão de salário em meios de vida, salário que foi antes capital variável do capitalista. Desse modo, em qualquer situação, os meios de vida constituem necessariamente uma parte do tempo de trabalho, o tempo de trabalho necessário à reprodução e sobrevivência de quem trabalha. Jamais poderiam sair, enquanto fruto e condição do trabalho explorado, ainda que sob forma de trabalho camponês e sob o nome de colonato, de tempo de não trabalho. O trabalho empregado em sua produção, embora não passasse fundamentalmente pela mediação do salário e do mercado, era condição fundamental para que o produto do trabalho se configurasse como propriedade do fazendeiro, corno café para o fazendeiro, para o capital e a propriedade fundiária que ele personificava. Afirmar que a produção de subsistência, nessas condições, era possibilitada pela existência de um tempo de não trabalho é uma cilada conceitual, que põe o conceito no lugar do método, a diferença no lugar da contradição, a utilidade do produto no lugar do seu valor, a técnica da produção no lugar da exploração do trabalho.

Nesse sentido, estou em completo desacordo com Maria Nazareth Baudel-Wanderley quando afirma que a pesquisa, para explicar e compreender o camponês na sociedade capitalista (no Brasil), tem sido feita por autores que escolhem "o caminho mais fácil".[57] Também ela entende, incorretamente, no meu modo de ver, que as relações pré-capitalistas e as relações não capitalistas são uma coisa só nos trabalhos dos autores que submete à sua crítica; e que, em ambos os casos, se está falando, ainda que para negá-lo, em "camponês feudal". Refere-se a um pressuposto de fundo ideológico e partidário que nutriu interpretações sobre a questão agrária no Brasil, nas décadas de 1950 e 1960. Só no caso de que essa interpretação fosse correta, seria possível descobrir uma desigualdade de critérios nas constatações que faço. De um lado, a de que o capital transforma a renda fundiária pré-capitalista em renda capitalista e, de outro lado, a de que a produção capitalista de relações não capitalistas de produção expressa não apenas uma forma de reprodução ampliada de capital, mas também a reprodução ampliada das contradições do capitalismo – o movimento contraditório não só de subordinação de relações pré-capitalistas, mas também de relações antagônicas e subordinadas não capitalistas dele decorrentes e a ele necessárias.

Estou de acordo com ela, no entanto, e isso tenho demonstrado, em que o capital *não preserva*, *strictu sensu*, o camponês, ou melhor, as relações não capitalistas de produção, pela única e simples razão de que o capital as cria ou recria, transformando-as, porque as determina por sua mediação. No café, nem o capital recuperou relações de produção *pré-capitalistas* nem criou um regime de trabalho assalariado. A dificuldade teórica no trabalho dessa autora está em ter deixado de lado a questão do método na avaliação das interpretações de diferentes autores, contrapondo-se interpretativamente a eles e esquecendo-se de que por trás de cada uma está um método e uma concepção de método.

O que penso ter demonstrado em diferentes ocasiões, e neste texto, é que o processo do capital envolve a criação ou a recriação de relações sociais de produção que não são relações capitalistas características. Marx, aliás, tratando do extremo do processo do capital, ainda distingue a *sujeição formal do trabalho ao capital* da *sujeição real do trabalho ao capital*, que são momentos histórica e sociologicamente distintos da produção capitalista.[58] No caso aqui considerado, são relações que se determinam pelo processo de reprodução do capital sem que possam ser reduzidas, no entanto, à indeterminação do genérico. Isso significa, como ocorre com o colonato referido neste trabalho e com os moradores das fazendas de cana-de-açúcar que ela própria estudou, que, nesse processo, o capital, ao incorporar a produção direta dos meios de vida pelo trabalhador, como meio de reprodução da força de trabalho, cria ou recria formas sociais não capitalistas, determinadas, contudo, pela reprodução do capital. O que permite entender esse fato não é a lógica classificatória e nominalista das diferenças e das semelhanças, mas o princípio da contradição. Isso quer dizer que o capital cria ou recria, como necessidade e possibilidade de sua reprodução, aquilo que a lógica do seu movimento necessitará destruir, a mediação de sua afirmação histórica. Estou falando, é claro, do camponês que é um trabalhador para o capital, diverso do operário da indústria, que trabalha para o capital sem mediações outras que não exclusivamente a mediação do salário.

A forma camponesa do trabalho no regime de colonato não pode ser compreendida senão pela mediação do capital que a determinava e da propriedade como instrumento de sujeição do trabalho que a constituía. Em vez de o latifúndio evoluir para a fragmentação que criaria uma classe (um terceiro estado, como dizia Couty) de camponeses, de pequenos agricultores de café, subsidiários dos engenhos de beneficiamento que permaneceriam nas mãos dos grandes fazendeiros, de modo a instituir uma exploração indireta do trabalho, a grande lavoura de café promoveu o retrocesso à organização camponesa do trabalho, mas dentro da propriedade, um campesinato expropriado. Por esse meio, foi possível gerar um campesinato cujo trabalho já nascia subjugado pela fazenda, obrigado a trabalhar para o fazendeiro, entregando-lhe café como se fosse um tributo, ainda que ocultado pela remuneração insuficiente e parcialmente em dinheiro. Guardadas as devidas e evidentes diferenças, o colonato criava nos cafezais uma situação similar àquela que o foro havia criado para os agregados dos canaviais do Nordeste. A grande lavoura, por esse meio, conseguiu substituir o trabalho escravo e, ao mesmo tempo, evitar a redistribuição da propriedade da terra, fazendo dela um instrumento de sujeição do trabalho livre, sem avançar para a exploração salarial do trabalho.

Por esse caminho, os grandes fazendeiros conseguiram *evitar que a terra se divorciasse do capital, de modo a tornarem-se, ao mesmo tempo, capitalistas e proprietários*. Ou seja, criaram as bases de um capitalismo singular, em face do modelo teórico, que se nutre ao mesmo tempo do lucro e da renda da terra, impossibilitando o antagonismo entre o capital e a propriedade fundiária e, portanto, neutralizando as bases sociais do grande conflito que está no nascimento do capitalismo em outros países, como o do capital opondo-se ao rentismo da propriedade da terra. No caso do café, certamente, é por aí que se explica o enorme poder de acumulação de capital da elite empreendedora, especialmente em São Paulo, e a verdadeira revolução urbana e cultural que teve condições de promover até a Crise de 1929 e mesmo depois.

Esse recurso introduziu um tempo, um ritmo específico, na relação entre o trabalho e a propriedade. Em vez de a propriedade se tornar condição para colocar o trabalho à disposição do fazendeiro, o trabalho do colono é que se tornou condição para o acesso à propriedade. Em vez de a terra se tornar livre, tornou-se renda capitalizada nas mãos do fazendeiro e capitalista. Em vez de separar-se do capital, como condição da exploração do trabalho alheio, do trabalhador, no processo de reprodução do capital, a terra se tornou condição da exploração que se realizava na acumulação de capital. Como se houvesse uma acumulação primitiva contida na própria acumulação capitalista. O colono teria que percorrer o caminho da sujeição à propriedade, ao longo do tempo, para inverter o processo e tornar-se proprietário, convertendo, ao mesmo tempo, a renda territorial capitalizada em capital do fazendeiro, uma segunda forma de exploração, o que se concretizaria mais amplamente e claramente, a partir dos anos 1920, sobretudo na crise dos anos 1930, com a fragmentação de grandes fazendas e a compra de terra por colonos que se tornaram pequenos proprietários.[59]

O colonato fez da *família* do colono, do imigrante, a *unidade de força de trabalho* da fazenda de café e o cerne do movimento de imigração para o Brasil. Era essencialmente o modo de restringir ou impedir a mobilidade do trabalhador, evitar-lhe o deslocamento empregatício fácil e rápido, segundo os estímulos do mercado de trabalho. Era um recurso para dificultar que o colono encarasse o cafezal como meio para enriquecer e retornar ao seu país. O colonato criava, para o colono, ao mesmo tempo, a fartura de alimentos e a pobreza material. Cartas de colonos a seus amigos e parentes na Itália indicam com clareza que sua visão da vida estava organizada segundo critérios camponeses, o critério da fartura de milho ou de carne.[60] No lugar do retorno, da volta à terra e à sociedade de origem, que era a perspectiva que se abria para o imigrante italiano na agricultura argentina, para o imigrante no Brasil, sem impossibilitar o retorno, a perspectiva que se abria era outra: a de chamar os parentes, que também podiam ser beneficiados pela imigração subvencionada, reconstituir nos cafezais e na nova sociedade a família dilacerada pela imigração, o pai separado do filho, o irmão da irmã, o avô do neto. Por isso, o colono não respondia a estímulos do mercado de trabalho, que funcionava segundo as regras do mercado livre e do trabalho assalariado, mas a outras motivações.[61] Isso nos indica que o *modo de explorar a força de trabalho* encerra, também, um *modo de concretizar a dinâmica da população* – nesse caso, concretamente, a imigração, a ideologia do imigrante e do imigrantismo centrados na família e no trabalho familiar.

Na medida em que a constituição e o funcionamento do regime de colonato eram determinados pelo capital, a redução do número de colonos, as crises do café, a proibição da emigração italiana para o Brasil, em 1902, e, mais tarde, da espanhola, as restrições ao plantio de novos cafezais não se manifestaram como recuo do colonato propriamente dito. Esses problemas recaíram sobre o elo que constituía a mediação articuladora do colonato, o trabalho de colheita do café. A falta de mão de obra não aparecia como falta de colonos, mas como falta de apanhadores de café, expressão que se disseminou sobretudo no começo do século XX. Diversamente do camarada, com o qual não deve ser confundido, que era um assalariado permanente, o apanhador de café surge como o operário sazonal da cafeicultura, o trabalhador volante, como foi batizado já no começo do século XX. Turmas de volantes eram recrutadas para trabalhar nos cafezais, na colheita. Não só entre os pequenos agricultores, que assim aproveitavam o período da entressafra da agricultura de subsistência para trabalhar na colheita de café, mas também entre desempregados da própria cidade de São Paulo, garantido o transporte e o alojamento.[62] Surge nesse contexto, mais intensamente, o clamor pelo desenvolvimento da pequena propriedade como forma de criar viveiros de mão de obra estacional para as fazendas de café, cujas colheitas já não podiam ser atendidas exclusivamente pelos colonos[63], devido sobretudo à reemigração dos que retornavam ao país de origem ou, principalmente, dos que iam para a Argentina e o Uruguai.

O processo fez com que a colheita se destacasse como momento determinado do processo de trabalho do café e consequentemente produzisse ou expandisse o lugar do operário assalariado na lavoura. Superou entraves na libertação do trabalho em relação à propriedade e ao caráter camponês do trabalho. O salário libertava o trabalhador da fazenda para submeter o seu trabalho diretamente ao capital; separava o trabalho da terra enquanto meio de produção direta dos meios de vida. Mas, libertava principalmente o fazendeiro, enquanto titular da renda territorial capitalizada: o crescimento da agricultura familiar fora da fazenda, nos sítios e núcleos coloniais, nos viveiros de mão de obra sazonal, libertava a renda fundiária, expandia o mercado de terras. Criava e expandia, contraditoriamente, o lugar social e histórico do salário no processo de reprodução do capital agrícola, alterava as bases sociais de reprodução da fazenda e do fazendeiro – comprometia, enfim, o colonato e sua reprodução, na medida em que a terra usada pelo colono tornava-se claramente equivalente de capital e avultava como renda capitalizada cuja exploração estava fora dos mecanismos do lucro e da reprodução ampliada do capital. Por isso devia ser substituída por salário e por uma população reduzida às regras do mercado, submetida a um modo capitalista de ser força de trabalho.

A libertação do salário

Retomo, finalmente, alguns pontos fundamentais no processo de transição do trabalho escravo para o trabalho assalariado nas fazendas de café e que são os pontos fundamentais na transformação do trabalho escravo no trabalho livre da parceria e do colonato, e na transformação do colonato em trabalho assalariado. Essa ordem lógica não coincide rigorosamente com a ordem cronológica das mudanças ocorridas, embora haja coincidência na tendência geral. É que determinadas modificações podem ter ocorrido aproximadamente ao mesmo tempo, mas, no geral, as mudanças históricas e estruturalmente significativas não se concretizaram sem que tivessem se concretizado também as condições sociais e históricas de sua realização. É nesse plano e nessa sequência que se pode compreender o lugar fundamental da *relação entre população e produção* na cafeicultura, da *relação entre as formas assumidas pela força de trabalho no cafezal e as condições sociais de produção do café e do lucro – as condições sociais de exploração do trabalho.*

A crise do café tem início com um problema "exterior" à fazenda e "exterior" à própria economia cafeeira: a pressão política da Inglaterra sobre o governo brasileiro para obter o fim do tráfico negreiro entre a África e o Brasil, como forma de aperfeiçoar a circulação das mercadorias necessárias à reprodução da força de trabalho na Inglaterra e de favorecer a reprodução do capital naquele país.[64] Para a economia brasileira de tipo colonial, de cana-de-açúcar e de café, principalmente, a concretização dessa medida na suspensão do tráfico negreiro, comprometeu imediatamente o reabastecimento das fazendas com mão de obra escrava.

O processo, já descrito, provocou não só a disseminação do trabalho livre através da imigração, mas universalizou pela lei o regime de propriedade privada, superou o divórcio colonial entre a posse e uso do terra, de um lado, e o domínio, de outro. A propriedade fundiária se generalizou como propriedade absoluta; consequentemente, a terra em si mesma se universalizou como equivalente de mercadoria. Portanto, como empecilho à livre ocupação, como instrumento de coerção do trabalho.

Essa providência não foi suficiente para que o trabalhador juridicamente livre fosse efetivamente livre. Na medida em que, numa primeira fase, os próprios fazendeiros faziam despesas para trazer os imigrantes necessários ao trabalho de suas fazendas e na medida em que encaravam o trabalho livre também como capital livre, entendiam que o imigrante devia repor o dinheiro gasto no seu transporte, alojamento e alimentação, além dos juros correspondentes a essas despesas. Criava-se, assim, um mecanismo de sujeição por dívida, que já foi indicado no começo deste capítulo. De fato, essa relação cerceava o imigrante, instituía uma exploração do trabalho e uma relação com o trabalhador não muito diversa da relação escravista.

Como mostrei antes, a sujeição por dívida não se limitava a constituir uma garantia de reposição do dinheiro gasto com a vinda do imigrante. Era também uma forma de sujeitar o trabalhador ao ciclo natural da planta e as diferentes tarefas do processo de trabalho ao longo do ano agrícola. Por isso, quando o mecanismo da sujeição por dívida foi anulado, com a imigração subvencionada, não anulou a sujeição, já não mais ao fazendeiro, mas ao próprio ciclo do café.

Ainda assim, nos anos 1870, mas principalmente entre 1880 e 1888, surgem medidas legais e administrativas, particularmente na região de São Paulo, pelas quais o governo indenizava o fazendeiro pelas despesas feitas com a imigração dos seus trabalhadores ou então contratava diretamente com companhias especializadas o agenciamento de mão de obra em diferentes países europeus.[65] Era a chamada imigração subvencionada, que, entre 1885 e 1895, teve momentos em que se constituiu na quase totalidade dos imigrantes entrados na região de São Paulo.

A subvenção à imigração pelo próprio governo foi o primeiro fato significativo para concretizar o trabalho livre nas fazendas de café. Foi a providência que facilitou a evolução da parceria para o colonato e, portanto, para aquilo que foi a característica relação de trabalho da cafeicultura.

Houve um conjunto de fatos relacionados com a concretização do trabalho livre, além da imigração subvencionada. Os mecanismos de sujeição por dívida criavam constantemente situações de conflito, às vezes conflitos graves entre trabalhadores e fazendeiros, como ocorreu na Fazenda Ibicaba em 1856.[66] Por outro lado, embora o mecanismo do débito tenha sido fortemente atenuado, os fazendeiros mantiveram o esquema de acertos anuais de contas. Isso gerava pressões dos colonos, mas sobretudo dos governos dos respectivos países de origem, particularmente o governo italiano, cuja economia dependia fortemente das remessas monetárias de seus emigrantes no exterior, nos Estados Unidos, na Argentina e no Brasil. Entretanto, a forma de engajamento do imigrante nos cafezais, através da produção direta dos meios de vida e de pagamentos monetários inferiores aos salários correntes, reduzia sua capacidade como consumidor de mercadorias importadas (um dos interesses do governo italiano) e como remetedor de dinheiro para os remanescentes da família na Itália. As menores remessas anuais foram as dos imigrantes no Brasil. O pagamento monetário mais frequente ao colono era uma reivindicação constante. Para não comprometer a sujeição ao próprio ciclo do café e ter assim garantia de mão de obra, os pagamentos monetários se amiudaram, mas sob forma de adiantamentos sobre os ganhos que a família colona teria no final do ano agrícola. Adiantamentos passaram a ser feitos a cada trimestre ou mesmo mensalmente, mas sem se converterem em verdadeiros salários, mantida uma relação de débito.[67]

Outro acontecimento importante na transformação das relações de trabalho nas fazendas de café foi o do deslocamento da agricultura de subsistência, do colono, do cafezal para os terrenos impróprios para o café, dentro da fazenda. Como tenho mostrado, a rigor não há um momento cronológico que se possa definir como sendo aquele em que essa modificação teria ocorrido. A permissão ou não da cultura de alimentos dentro ou fora do cafezal, desde o século XIX, dependeu sempre de vários fatores: esgotamento do solo, estreitamento das ruas de café nas novas plantações, novas variedades de café menos tolerantes à consorciação, idade dos cafeeiros etc. Mas a transferência da agricultura de subsistência do colono para fora do cafezal representou uma duplicação da jornada de trabalho, instaurou uma nova divisão do trabalho agrícola dentro da fazenda e no interior das famílias de colonos, permitiu aperfeiçoar, racionalizar e modernizar o próprio plantio e trato do café, com mais cafeeiros por área cultivada. Esse fato é indicativo do aparecimento da visibilidade da importância econômica da terra em si mesma. Houve época em que a importância econômica do cafezal era calculada pelo número de cafeeiros e não pela extensão de terra ocupada. O deslocamento da agricultura de subsistência para fora dos cafezais foi evidência significativa da importância econômica que a terra passou a ter.

Essa medida, que concretizava a transfiguração da terra em renda territorial capitalizada, no plano lógico viabilizou a roça fora da fazenda, o desenvolvimento de uma agricultura familiar liberta da coerção territorial permanente do fazendeiro, que era a coerção da precedência das regras agronômicas do café. Ao mesmo tempo, viabilizou o comércio de terras de que se valeriam os grandes proprietários, nos anos 1920 e sobretudo a partir da Crise de 1929, para reconstituir ou ampliar a disponibilidade de capitais ameaçados pela crise do café. É a partir dessa possibilidade que a terra começa a concretizar sua própria libertação, para converter-se em mercadoria, livre da condição de acessório e instrumento de coerção do trabalho.

Em 1965, já na época do fim do que restava do colonato, ouvi de um grande fazendeiro da Baixa Mogiana, em Amparo (SP), de uma família de barões do café que há quatro gerações o cultivava na mesma localidade e nas mesmas fazendas, que preferia arrecadar de volta, de seus colonos, as terras fora do cafezal dedicadas às suas culturas de subsistência, entregando-lhes em quantidades físicas o mesmo que colheriam de milho e feijão em suas roças nas terras da fazenda, cultivando ele mesmo esses produtos, nas mesmas terras. É que, sendo a deles uma agricultura pré-moderna, de mera subsistência, não regulada por cálculos de natureza comercial, poderia obter o dobro ou mais da produção plantando esses grãos com técnicas modernas e ainda sairia ganhando e muito. Levava em conta que os cultivos dos colonos, do ponto de vista da renda da terra, valiam menos do que poderiam valer.

É no começo do século XX, sobretudo, que mais insistentemente se fala sobre a criação de viveiros de mão de obra fora das fazendas: núcleos de pequenos proprietários cujas famílias seriam recrutadas como assalariadas no período de colheita. É importante notar que o recrutamento de colhedores, embora representasse meio importante para disseminar as relações salariais nas fazendas, continuava sendo feito em bases familiares. Eram recrutadas famílias de colhedores.[68] Embora a forma do engajamento trabalhista fosse familiar, a essência da relação era salarial.

Abre-se assim caminho para que a relação salarial invada e destrua progressivamente, embora lentamente, a forma camponesa de engajamento do colono na fazenda de café. Abre caminho para que o assalariado substitua o colono. É a partir dessa possibilidade que a mão de obra começa a libertar-se, por sua vez, da peia da propriedade alheia. Mesmo recriando fora da fazenda o campesinato, a agricultura familiar, cria assim a população sobrante para o café e expande, pois, a estrutura de relações salariais na cafeicultura, a mão de obra inteiramente liberta do ciclo da natureza, inteiramente salarial do ponto de vista da economia cafeeira. Em vez de receber renda em trabalho, materializada na mercadoria café, o fazendeiro passa a pagar salário. O seu dinheiro, em vez de ser materialização da renda recebida, passa a ser efetivamente capital variável. O fazendeiro, com isso, também começa a libertar-se como capitalista agrário, como empresário rural.

Antes de transformá-lo num capitalista da agricultura, o café fez do fazendeiro um capitalista. O avanço técnico do cafezal, a aceleração da colheita e do beneficiamento propiciaram a conversão do produto em capital mais cedo. Mas não havia como acelerar em todas as fases o tempo de produção do café (só o da colheita e do beneficiamento industrial), como mostrei. Por isso, a mais-valia representada por essa economia, pelo encurtamento do tempo de produção, tinha que se materializar em atividades econômicas fora do cafezal, em outros setores econômicos cujo ciclo de reprodução fosse liberto das limitações da natureza. O capital produzido pelo café tinha que se reproduzir fora da fazenda de café, como ocorreu com a transformação do fazendeiro em empresário. Por isso, o fazendeiro era capitalista de um modo determinado num primeiro momento da sua história e passou a ser capitalista de outro modo, característico do capital, num outro momento, ao longo de um processo praticamente secular.

O aparecimento do colhedor, do camponês que temporariamente se assalaria, ainda não completa o processo. Cria o lugar estrutural do assalariado característico de certa fase da agricultura, o temporário, mas não cria o operário permanentemente assalariado, como aconteceria mais tarde, já em nosso tempo, com o chamado "boia-fria". Não cria o operário assalariado, que personifique o salário e a relação salarial todo o tempo, e que, portanto, configure uma potencial classe social. Ao mesmo tempo, e contraditoriamente, esse trabalho assalariado temporário recria o camponês, recria a agricultura familiar no pequeno proprietário; é fonte dessa recriação que nega a relação salarial já configurada estrutural e objetivamente.

Não se confunda o colhedor assalariado com o camarada, cuja existência remonta à escravidão. Havia mais diferença entre ambos do que o fato de que o primeiro recebia salário por jornada ou por quantidade de café colhido, por peça na nomenclatura apropriada, e o segundo recebia salário mensal. Ao contrário do colhedor, o camarada na fazenda de café era complemento da escravidão e, mais tarde, do colonato. Sua presença não comprometia nem destruía as formas não capitalistas de exploração da força de trabalho. Já o colhedor de café, assalariado temporário, era a contradição do colonato, a destruição potencial do colonato, como acabou sendo ao fim de muitas décadas.

Na medida em que o colonato, como forma característica do trato do cafezal se constituiu pela mediação da tarefa decisiva e problemática da colheita, conforme foi indicado antes, foi produzido pelas necessidades de mão de obra do período de colheita. E na medida em que se tornou necessário e se disseminou o trabalho assalariado sazonal na colheita de café, começou também a ser destruído o colonato no trato do cafezal; começou a ser minado o processo de reprodução do colonato. Abre-se, pois, o lugar para outro modo de integração da população como força de trabalho na fazenda de café.

* Trabalho apresentado no *Seminário sobre População e mão de obra na América Latina, 1880-1930*, organizado e dirigido por Nicolas Sánchez-Albornoz, no 8º Congresso Mundial de História Econômica, Universidad Internacional Menendes Pelayo, Santander (Espanha), 10-12 de agosto de 1982. Cf. José de Souza Martins, "Del esclavo al asalariado em las haciendas de café, 1880-1914. La génesis del trabajador volante", em Nicolas Sánchez-Albornoz (org.), *Población y mano de obra em América Latina*, Madrid, Alianza Editorial, 1985, p. 229-57.

Notas

[1] Cf. Chiara Vangelista, *Le braccia per la fazenda (Imigrati e "caipiras" nella formazione del mercato del lavoro paulista, 1850-1930)*, Milano, Franco Angeli Editore, 1982, p. 84.

[2] Cf. Franco Cenni, *Italianos no Brasil*, São Paulo, Livraria Martins, 1975, p. 172. Dependendo de diferentes definições de anos limites para a contagem dos imigrantes por nacionalidade, essa ordem se altera, o que explica desencontros de cifras entre diferentes autores.

[3] "... estes milhões de camponeses, caboclos, caipiras, campeiros espalhados por quase toda a superfície do Império...". Cf. Louis Couty, *L'Esclavage au Brésil*, Paris, Librairie de Guillaumin et Cie., Éditeurs, 1881, p. 36; Chiara Vangelista, op. cit., p. 34.

[4] Cf. Paula Beiguelman, *Formação política do Brasil*, São Paulo, Livraria Pioneira, 1967, v. 1, p. 29-30; Paula Beiguelman, *Joaquim Nabuco*, São Paulo, Ática, 1982, p. 33. Os estudos de Paula Beiguelman apresentam muitas indicações sobre a resistência ao tráfico interprovincial e sobre os recursos políticos utilizados para impedi-lo ou sustá-lo.

[5] Cf. Manuel Correia de Andrade, *A terra e o homem no Nordeste*, 2. ed., São Paulo, Brasiliense, 1962, p. 97 e 109; Maria de Nazareth Baudel Wanderley, *Capital e propriedade fundiária: suas articulações na economia açucareira de Pernambuco*, Rio de Janeiro, Paz e Terra, 1978, p. 37.

[6] Cf. Louis Couty, op. cit., p. 37.

[7] Cf. Nazareth Prado, op. cit., passim; Darrell E. Levi, *A família Prado*, trad. José Eduardo Mendonça, São Paulo, Cultura 70, 1977, passim.

[8] Embora no litoral paulista, no século XVI, tenha se iniciado a produção açucareira no Brasil, ela só se desenvolveu significativamente no século XVIII, na região central e no litoral norte da Capitania. Cf. Maria Thereza Schorer Petrone, *A Lavoura canavieira em São Paulo*, Difusão Europeia do Livro, São Paulo, 1968.

[9] Cf. Daniel Pedro Muller, *Ensaio d'um quadro estatístico da província de S. Paulo* (1ª edição: 1838), Reedição litteral, Secção de Obras d' "O Estado de S. Paulo", São Paulo, 1923, p. 122-132.

[10] Cf. J. R. de Araujo Filho, "O café, riqueza paulista", *Boletim Paulista de Geografia*, n. 23, julho de 1956, p. 84-85 e 102-104; Sergio Milliet, op. cit., p. 5-70; Pierre Monbeig, op. cit., p. 147-188.

[11] Cf. André João Antonil, *Cultura e opulência do Brazil por suas drogas e minas* (1ª edição: 1711), São Paulo, Companhia Melhoramentos, 1922, p. 109.

[12] Cf. Carlota Pereira de Queiroz, *Um fazendeiro paulista no século XIX*, cit., p. 25-8; Warren Dean, *Rio Claro*, cit., p. 1-23.

[13] Em época tão recuada quanto o ano de 1823, Maria Graham diz, sobre a derrubada da mata para formação de uma fazenda no Rio de Janeiro: "Os proprietários de fazendas preferem contratar ou negros livres, ou negros alugados pelos senhores para os serviços nas florestas, por causa dos numerosos acidentes que ocorrem na derrubada de árvores, especialmente nas posições escarpadas. A morte de um negro da fazenda é uma perda de valor; a de um negro alugado só dá lugar a

uma pequena indenização...". Cf. Maria Graham, *Diário de uma viagem ao Brasil* (edição original: 1824), Belo Horizonte, Itatiaia/Editora da Universidade de São Paulo, 1990, p. 333.
[14] Cf. Louis Couty, *Étude de biologie industrielle sur le café*, cit., p. 5 e 117-9; Warren Dean, op. cit., p. 35; Carlota Pereira de Queiroz, op. cit., p. 85; Pierre Denis, op. cit., p. 126.
[15] Cf. Augusto Ramos, op. cit., p. 207-8.
[16] Cf. Vamireh Chacon, "Introdução", em Jerônimo Martiniano Figueira de Melo, *Autos do inquérito da Revolução Praieira*, Brasília, Senado Federal, 1979, p. XXII, LIV e CII. A sujeição dos moradores de engenho fica clara nesta passagem do inquérito: "... Senhor de Engenho que forçou seus moradores e lavradores, com ameaças de despejo e casas abaixo...". Cf. Jerônimo Martiniano de Melo, op. cit., p. 136 e 233. Nas Revoltas do Quebra-Quilos, também no Nordeste, em 1874 e 1875, motivadas pela implantação do sistema métrico decimal, em 1872, estava presente o temor de escravização dos agricultores livres. Uma nova legislação sobre registro de nascimentos e de óbitos tornou-se conhecida como "Lei do Cativeiro". Cf. Armando Souto Maior, *Quebra-Quilos – Lutas sociais no outono do Império*, São Paulo, Companhia Editora Nacional, 1978, p. 36.
[17] É o que leva um autor a concluir que a análise que fiz da Lei de Terras de 1850, enquanto instrumento de cerceamento da liberdade de acesso à terra e veículo da sujeição do trabalho pelos fazendeiros "significaria que o capital domina não só o trabalho camponês, mas também a classe de proprietários, enquanto o campesinato se comporta como 'assalariado de fato'". Cf. Mauro W. B. de Almeida, *Notas sobre a pequena produção familiar*, texto para discussão n. 5, Instituto de Filosofia e Ciências Humanas – Campinas, Unicamp, junho de 1981, p. 6. Nada é mais oposto e distante do texto de referência do que essa formulação simplificada e redutiva que suprime as mediações e determinações da diversidade do processo social e histórico. O assalariado ou o é ou não o é. O que tento mostrar é que, justamente, a concepção de salário disfarçado (e a decorrente pressuposição funcionalista de "assalariado de fato") constitui um recurso de linguagem que descarta a diversidade concreta e dialética das formas sociais de exploração do trabalho e as contradições do desenvolvimento capitalista, reduzidas por alguns autores à simples oposição entre trabalho assalariado (e seus supostos equivalentes, como as variantes do trabalho livre) e capital (e seu suposto equivalente, a propriedade da terra). Essa oposição é estrutural e teórica, mas a ela não se reduz o processo real do capital num país como o Brasil. A relevância do colonato para a compreensão sociológica, nesse momento da história social do país, está justamente na sua contraditória diversidade e nos desencontros entre formas e conteúdos no movimento em que as formas sociais antecipam e mediatizam as possibilidades históricas do capital, tolhido e bloqueado em sua realização pelas circunstâncias históricas da transição do trabalho escravo para o trabalho livre.
[18] Cálculos publicados em *O Auxiliador da Indústria Nacional*, de fevereiro de 1851, na mesma época da aprovação da Lei de Terras, mostravam que o trabalho livre era mais barato do que o trabalho escravo. Em 12 anos, o trabalho livre de um homem na lavoura custaria ao fazendeiro 85,3% do que custaria o escravo e sua manutenção. Cf. Eduardo Silva, "O Barão de Pati do Alferes e a fazenda de café na velha província", em Francisco Peixoto de Lacerda Werneck, *Memória sobre a fundação de uma fazenda na província do Rio de Janeiro*, (1ª edição: 1847), Brasília/Rio de Janeiro, Senado Federal-Fundação Casa de Rui Barbosa, 1985, p. 24. Esses cálculos são bem anteriores à progressiva e significativa elevação do preço do escravo em decorrência da cessação do tráfico e da expansão da cultura do café.
[19] O Barão de Pati do Alferes observava, em 1847: "Abundância de braços cativos e o imenso terreno por cultivar esquivam o trabalhador livre do cultivo de nossos campos". Cf. Francisco Peixoto de Lacerda Werneck, idem, p. 62-3.
[20] "... suspendem-se todas as sesmarias futuras até a convocação da Assembleia Geral, Constituinte e Legislativa." Cf. n. 76 – Reino – Resolução de consulta da Mesa do Desembargo do Paço de 17 de Julho de 1822, em Instituto Nacional de Colonização e Reforma Agrária, *Vade-mecum agrário*, Centro Gráfico do Senado Federal, Brasília, 1978, v. 1, p. 17; Ruy Cirne Lima, *Pequena história territorial do Brasil – Sesmarias e terras devolutas*, 2. ed., Porto Alegre, Livraria Sulina, 1954, p. 42-3. Cf. também, sobre a história fundiária brasileira: Maria Yedda Linhares e Francisco Carlos Teixeira da Silva, *História da agricultura brasileira*, São Paulo, Brasiliense, 1981; Ciro Flamarion S. Cardoso, *Agricultura, escravidão e capitalismo*, Petrópolis, Vozes, 1979, esp. cap. III.
[21] Cf. Maria Thereza Schorer Petrone, *A Lavoura canavieira em São Paulo*, cit., p. 56 ss; John Luccock, *Notas sobre o Rio de Janeiro e partes meridionais do Brasil*, Belo Horizonte, Livraria Itatiaia, 1975, p. 194-5, 306 e 381-2; John Mawe, *Viagens ao interior do Brasil*, Belo Horizonte,

Livraria Itatiaia, 1978, p. 55 e 66. Esses três livros indicam não só as condições de surgimento da moderna propriedade privada da terra no país, em que a própria terra, independentemente das benfeitorias, se torna equivalente de mercadoria, como indicam, também, o caráter anômalo desse fato numa sociedade em que a terra não tinha valor e raramente tinha preço, cujo domínio eminente pertencia ao rei; ao fazendeiro o monarca concedia apenas a posse e o uso.

[22] Cf. Ruy Cirne Lima, op. cit., p. 82; Emília Viotti da Costa, *Da Monarquia à República*, cit., p. 133.

[23] Cf. Thomas Davatz, op. cit., esp. p. 71-139. Sobre a transição dos mecanismos de coerção do trabalho escravo para os da coerção do trabalho livre, cf. Antonio Barros de Castro, "Em torno à questão das técnicas no escravismo", *Simpósios da 29ª Reunião Anual da Sociedade Brasileira para o Progresso da Ciência*, São Paulo, 1980, p. 196-7. Sobre o duplo mecanismo da roça e da dívida como meio para coagir o trabalhador livre a permanecer na fazenda, Cf. J. J. Tschudi, *Viagem às províncias do Rio de Janeiro e São Paulo*, p. 134-6 e 182; Max Leclerc, op. cit., p. 102; Pierre Denis, op. cit., p. 122.

[24] Cf. Stanley J. Stein, *Grandeza e decadência do café no Vale do Paraíba*, cit., p. 305.

[25] Cf. Augusto Ramos, op. cit., p. 562.

[26] Cf. Pierre Denis, op. cit., p. 143.

[27] Cf. B. Belli, *Il caffè – Il suo paese e la sua importanza (S. Paulo del Brasile)*, Ulrico Hoepli, Editore-Libraio della Real Casa, Milano, 1910, p. 112; Pierre Denis, op. cit., p. 124; Olavo Baptista Filho, *A fazenda de café em São Paulo*, Serviço de Informação Agrícola, Rio de Janeiro, 1952, passim.

[28] Cf. Pierre Denis, op. cit., p. 140.

[29] Cf. Louis Couty, *Étude de biologie industrielle sur le café*, cit., p. 5 e 119; Cf. C. F. Van Delden Laërne, op. cit., p. 185; Carlota Pereira de Queiroz, *Um fazendeiro paulista no século XIX*, cit., p. 85.

[30] Cf. Stanley J. Stein, *Grandeza e decadência do café no Vale do Paraíba*, cit., p. 279 ss., esp. p. 325; Emília Viotti da Costa, *Da senzala à colônia*, cit., p. 210; Cf. C. F. Van Delden Laërne, cit., p. 278.

[31] Cf. Louis Couty, *Étude de biologie industrielle sur le café*, cit., p. 116-7; Maria Sylvia C. Beozzo Bassanezi, loc. cit., p. 247.

[32] Cf. C. F. Van Delden Laërne, cit., p. 292-3; J. J. Von Tschudi, *Viagem às províncias do Rio de Janeiro e São Paulo*, cit., p. 55.

[33] Cf. Stanley J. Stein, *Grandeza e decadência do café no Vale do Paraíba*, cit., p. 279 ss.

[34] Cf. Hugo de Almeida Leme, "A evolução das máquinas de beneficiar café no Brasil", *Anais da Escola Superior de Agricultura Luiz de Queiroz*, Piracicaba (SP), 1953, v. 10, p. 5-14.

[35] "O preço que se paga pelo escravo não é senão a mais-valia ou lucro antecipado ou capitalizado que se pensa arrancar dele. Mas o capital que se paga para comprar o escravo não forma parte do capital mediante o qual se extraem dele, do escravo, o lucro, o trabalho sobrante. Pelo contrário, é um capital de que se desfez o possuidor do escravo, uma dedução do capital de que pode dispor para a produção real e efetiva. Este capital deixou de existir para ele, exatamente do mesmo modo que o capital investido na compra da terra deixou de existir para a agricultura." Carlos Marx, *El capital*, cit., t. III, p. 748-9. Jacó Gorender (*O escravismo colonial*, São Paulo, Ática, 1978, p. 172-91), referindo-se a essa clara formulação de Marx, entende que ela permite caracterizar o escravo como capital-dinheiro. Por coincidência, na mesma época em que seu livro foi publicado (março de 1978), e ainda sem acesso a ele, eu já havia encaminhado aos organizadores do Seminário sobre Modos de Produção e Dinâmica da População, que se realizaria no mês seguinte, em Cuernavaca, organizado pela Universidad Nacional Autónoma de México, o estudo que fiz nos meses anteriores sobre "A produção capitalista de relações não capitalistas de produção: o regime de colonato nas fazendas de café" (cap. 1 deste livro). Nesse texto, recorrendo ao mesmo Marx, trato o escravo como renda capitalizada, e não como capital fixo nem como capital-dinheiro. Essa é, no meu modo de ver, a correta interpretação do que era, do ponto de vista capitalista, o escravo para Marx, o que me parece indiscutível à luz dessa citação. Do contrário, Marx não teria feito a associação entre a propriedade do escravo e a propriedade da terra à luz de suas considerações teóricas sobre a renda territorial capitalizada, imobilização improdutiva de capital na aquisição de terra para seu uso pelo capitalista. Guardadas as diferenças evidentes, do ponto de vista capitalista, entre a terra e o escravo, que Gorender assinala (p. 190-1), assim como a terra, o escravo aparecia na economia da fazenda e no processo de produção do café como renda capitalizada, como imobilização improdutiva de capital, completamente distinta do dinheiro. Até porque seria, anoma-

lamente, um dinheiro "que morria", reduzido a funções eventualmente monetárias unicamente no momento da compra e da venda.

[36] Cf. Hugo de Almeida Leme, "A evolução das máquinas de beneficiar café no Brasil", cit., p. 15-7; Thomas H. Holloway, "Condições do mercado de trabalho e organização do trabalho nas plantações da economia cafeeira de São Paulo, 1885-1915: uma análise preliminar", *Estudos Econômicos*, v. 2, n. 6, Instituto de Pesquisas Econômicas-USP, 1972, p. 151. A coleção de documentos de família de Amelia de Rezende Martins (*Um idealista realizador – Barão Geraldo de Rezende*, Rio de Janeiro, Officinas Gráficas do Almanak Laemmert, 1939) contém vários indícios da relação entre a modernização do beneficiamento e a aceleração do processo de produção do café.

[37] "... incompatibilidade entre a permanência do regime escravista e a mecanização, obrigava a utilização de mão de obra numerosa." Cf. Emília Viotti da Costa, *Da senzala à colônia*, cit., p. 27. Uma argumentação oposta à de Viotti da Costa encontra-se em Antonio Barros de Castro, "Em torno à questão das técnicas no escravismo", cit. Diversamente desses dois autores, penso que é preciso distinguir técnicas que exigiam investimentos de capital, como no caso da mecanização, de técnicas relativas à simples substituição da população envolvida no processo de trabalho, como foi o caso da passagem do trabalho coletivo do eito, na escravidão, para o trabalho familiar, no colonato. No primeiro caso, o escravo não era empecilho, enquanto trabalhador, mas a escravidão o era, na medida em que o escravo constituía renda capitalizada, capital que não se transformava em meio de incremento da força de trabalho. O dispêndio de capital na compra do cativo desviava o capital que poderia ser empregado na compra da máquina, como capital constante, coisa que não aconteceria se o trabalho fosse livre e mesmo salarial, o capital empregado na mobilização da força de trabalho reduzido ao capital variável.

[38] "A carpa dos cafezais, que em muitos lugares em grande parte senão quase completamente pode ser feita por máquinas, é um dos serviços em que o trabalho dos colonos hoje ainda é muito esperdiçado na maioria das fazendas." Cf. F. W. Dafert, *Relatório annual do Instituto Agronomico do Estado de S. Paulo (Brasil) em Campinas – 1894 e 1895*, v. VII e VIII, São Paulo, Typographia da Companhia Industrial de S. Paulo, 1896, p. 200; Louis Couty, *Étude de biologie industrielle sur le café*, cit., p. 26-7.

[39] Cf. José Graziano da Silva, *Progresso técnico e relações de trabalho na agricultura*, São Paulo, Hucitec, 1981, p. 111.

[40] Cf. Amelia de Rezende Martins, *Um idealista realizador – Barão Geraldo de Rezende*, cit., p. 252, 298 e 488.

[41] José Graziano da Silva, num trabalho documentado, tratando da desagregação do colonato, mostra que a modernização da agricultura brasileira "onde se fez presente, atingiu apenas algumas fases do ciclo produtivo", o que acentuou a sazonalidade das atividades agrícolas, tornando mais vantajoso o emprego intermitente do trabalhador volante. Cf. José Graziano da Silva, *Progresso técnico e relações de trabalho na agricultura*, cit., p. 5. Essa característica do nosso desenvolvimento agrícola já havia sido apontada pelos agrônomos Antonio A. B. Junqueira e Antonio D. Piteri, num trabalho apresentado, em janeiro de 1965, na reunião anual da Sociedade Brasileira de Economistas Rurais, a propósito dos então chamados trabalhadores volantes, mais tarde denominados "boias-frias": "Assim, a mecanização dispensando mais mão de obra em algumas fases do labor agrícola que em outras, pode contribuir para agravar o problema." Cf. Antonio A. B. Junqueira e Antonio D. Piteri, "Estudo preliminar da mecanização agrícola em São Paulo", *Anais da IV Reunião da Sociedade Brasileira de Economistas Rurais*, São Paulo, 1966, p. 362 ss., esp. p. 364. Em ambos os casos, é problemática a concepção esquemática de "fase" na organização do trabalho no regime de colonato. No caso do trabalho de Graziano da Silva, não só as fases do processo de produção são definidas de modo mecânico, como o próprio processo de produção está circunscrito àquela parte do tempo de produção propriamente agrícola. Ora, o tempo de produção de um determinado produto agrícola pode ou não completar-se na fase propriamente agrícola. Alguns produtos estão, há muito tempo, sujeitos a uma elaboração industrial, como era e é o caso do café, no beneficiamento. Se segmentarmos o processo da mercadoria e o separarmos do momento e das condições de sua realização como tal, se perdermos de vista que o tempo da produção se concretiza quando o produto se torna efetivamente mercadoria, perdemos de vista conexões importantes na determinação capitalista da produção. Perdemos igualmente de vista as determinações recíprocas das diferentes fases do processo. A determinação capitalista da produção, ainda que não haja modernização agrícola, pode alterar os ritmos e as condições do trabalho na agricultura, a partir de determinações "externas" à produção. A modernização do

beneficiamento do café, "fora", portanto, da atividade agrícola, impôs colheita mais rápida que, sendo fase não mecanizável, naquele momento, teve que responder com mais mão de obra na colheita, em período menor. Se separarmos as fases, como se fossem segmentos autônomos, como se a modernização de umas e não de outras fosse uma questão puramente técnica, uma questão de engenharia, e não uma relação social, suprimiremos o movimento que faz da sequência dessas fases um processo social, uma sequência de relações determinadas reciprocamente.

[42] Cf. Amelia de Rezende Martins, op. cit., p. 488; Emília Viotti da Costa, *Da senzala à colônia*, cit., p. 187; Louis Couty, *Étude de biologie industrielle sur le café*, cit., p. 43 e 47.

[43] Cf. Amelia de Rezende Martins, op. cit., p. 553.

[44] Cf. C. F. Van Delden Laërne, *Le Brésil et Java*, cit., p. 296-310.

[45] Cf. C. F. Van Delden Laërne, idem; Emília Viotti da Costa, cit., p. 29 e 54; Verena Stolcke, "A família que não é sagrada – sistemas de trabalho e estrutura familiar: o caso das fazendas de café em São Paulo", em Suely Kofes de Almeida et al., *Colcha de retralhos – Estudos sobre a família no Brasil*, São Paulo, Brasiliense, 1982, p. 46-7; Verena Martinez-Alier e Michael M. Hall, *From Sharecropping to the Colonato*, abril de 1978, mimeo, p. 3 e 7; Maria Sylvia C. Beozzo Bassanezi, loc. cit., p. 247 e 262; Mario Ramos, *A illusão paulista*, Rio de Janeiro, 1911, p. 19; Pierre Denis, op. cit., p. 154-5.

[46] Na Segunda Exposição de Café no Brasil, realizada em 1883, apresentaram-se 1.277 produtores. Desses, 49,5% utilizavam máquinas modernas de beneficiamento e 50,5% utilizavam máquinas primitivas (carretão, pilão d'água e monjolo). A proporção dos que utilizavam máquinas modernas nas diferentes províncias era a seguinte: Espírito Santo, 31,6%; Rio de Janeiro, 48,2%; Minas Gerais, 48,9%; São Paulo, 58,7%. Cf. Hugo de Almeida Leme, "A evolução das máquinas de beneficiar café no Brasil", cit., p. 15-7.

[47] Cf. Maria Sylvia C. Beozzo Bassanezi, loc. cit., p. 248-52; Chiara Vangelista, op. cit., p. 146.

[48] Cf. Louis Couty, *Étude de biologie industrielle sur le café*, cit., p. 75; C. F. Van Delden Laërne, cit., p. 257; Pierre Denis, op. cit., p. 151. Como referência comparativa do calendário agrícola, utilizei, também, o *Almanach Commercial Brasileiro – 1918*, São Paulo, "Revista de Commercio e Industria", 1918, passim.

[49] Já em meados do século XIX, o Barão de Pati do Alferes, grande fazendeiro de café na Província do Rio de Janeiro, mencionava o uso dos toldos na colheita, feitos de algodão grosso de Minas, de 4 metros quadrados. Cf. Francisco Peixoto de Lacerda Werneck, *Memória sobre a fundação de uma fazenda na província do Rio de Janeiro* (1ª edição: 1847), Brasília/Rio de Janeiro, Senado Federal/ Fundação Casa de Rui Barbosa, 1985, p. 67.

[50] Cf. Pierre Denis, op. cit., p. 151.

[51] Cf. Guido Maistrello, "Fazendas de café – Costumes (S. Paulo)", em Augusto Ramos, op. cit., p. 556.

[52] Cf. Sérgio S. Silva, *Valor e renda da terra*, São Paulo, Polis, 1981, p. 104. Cf., também, do mesmo autor, "Formas de acumulação e desenvolvimento do capitalismo no campo", em Paul Singer et al., *Capital e trabalho no campo*, São Paulo, Hucitec, 1977, p. 7-24.

[53] Sobre o fetichismo das formas, cf. Norbert Guterman e Henri Lefebvre, *La Conscience mystifiée*, Le Paris, Sycomore, 1979. p. 12-5.

[54] Cf. Henri Lefebvre, *Hegel, Marx, Nietzsche (O el reino de las sombras)*, trad. Mauro Armiño, segunda edición, México, Siglo XXI Editores S.A., 1976, p. 1-69.

[55] "... em situações extremas, por exemplo, em que não havia uma prévia existência da pequena exploração, a grande exploração, a grande propriedade obrigava-se a ceder parte de suas próprias terras para que os trabalhadores rurais a *explorassem 'por conta própria' durante o período de não trabalho*, ao qual ideologicamente chamava-se de tempo livre." Cf. José Graziano da Silva, *Progresso técnico e relações de trabalho na agricultura*, cit., p. 55 (grifo meu). Mais adiante, Graziano da Silva incorpora uma interpretação de Jacob Gorender ("Da senzala ao caminhão", *Anais da IV Reunião Nacional de Mão de Obra Volante na Agricultura*, Botucatu, 1978, mimeo, p. 5-22) sobre a "economia natural de subsistência", durante a escravismo, como trabalho da entressafra do café, e afirma: "... o mesmo problema da variação sazonal das exigências de força de trabalho existia também anteriormente na cultura do café e o colono representou uma solução admirável numa época em que o mercado de trabalho estava em gestação: presente na época de colheita como assalariado, sobrevivia com sua 'roça de subsistência' – que preferencialmente era inclusive intercalar ao café – nos demais meses do ano." Cf. José Graziano da Silva, op. cit., p. 113. Na realidade os trabalhos de trato do cafezal, para o fazendeiro, e de cultivo de gêneros de subsistência, para o colono, (e,

antes, para o escravo que, com seus frutos, podia formar pecúlio), tanto no escravismo quanto no colonato, excetuados os casos em que a agricultura de subsistência foi excluída do cafezal, constituíam um *único e combinado processo de trabalho*, e não processos distintos entre si, como supõem Gorender e Graziano, que o acompanha na interpretação. Só como abstração essas tarefas podem ser separadas umas das outras. Em sua viagem de 1883-1884, Delden Laërne notou que "se mede sempre a extensão das plantações de café pela quantidade de milho que se *tem* ou *tinha* hábito de plantar entre os cafeeiros." Op. cit., p. 241. Não levar em conta, pois, que esses diferentes produtos eram o resultado de um único processo de trabalho é que leva esses autores a considerar a produção de subsistência como produto de não trabalho. No esquema de Graziano, o tempo de não trabalho tende a crescer pela redução do tempo de trabalho em relação ao tempo de produção. Nesse caso, a questão problemática está em definir o que é trabalho e o que é não trabalho.

[56] "A não coincidência entre o tempo de produção e o tempo de trabalho somente pode dever-se ás condições naturais que aqui interferem diretamente na valorização do trabalho, isto é, na apropriação de sobretrabalho pelo capital. Tais obstáculos no caminho deste não constituem, naturalmente, vantagens, mas, de seu ponto de vista, perdas." Cf. Karl Marx, *Elementos fundamentales para la crítica de la economia política*, trad. Pedro Scaron, México, Siglo Veinteuno Editores, 1978, v. 2, p. 191.

[57] Cf. Maria Nazareth Baudel-Wanderley, *O camponês: um trabalhador para o capital*, texto para discussão n. 2, Campinas, Departamento de Economia e Planejamento Econômico do Instituto de Filosofia e Ciências Humanas – Unicamp, maio de 1979, p. 26.

[58] Cf. Karl Marx, *Un Chapitre inédit du capital*, trad. Roger Dangeville, Paris, Union Générale d'Editions, 1971, p. 191-223.

[59] Cf. Sérgio Milliet, "O desenvolvimento da pequena propriedade no Estado de São Paulo", *Roteiro do café e outros ensaios*, cit., p. 73-116. Tratando da introdução da empreitada nos cafezais, depois da abolição da escravatura, sem o recurso à reforma agrária preconizada por setores da opinião pública e da própria classe dos proprietários da terra, um autor observou: "Um fato que comprova as vantagens do sistema foi que os fazendeiros evitaram a divisão de seus latifúndios. Completo domínio sobre a terra e as colheitas continuou sendo a regra." Cf. Stanley J. Stein, *Grandeza e decadência do café no Vale do Paraíba*, cit., p. 328.

[60] Cf. Emilio Franzina, *Merica! Merica! – Emigrazione e colonizzazione nelle lettere dei contadini veneti in America Latina, 1876-1902*, Milano, Giangiacomo Feltrinelli Editore, 1980, passim.

[61] Cf. Chiara Vangelista, op. cit., p. 92 e 100; Pierre Denis, op. cit., p. 133; A. Piccarolo, *Um pioneiro das relações ítalo-brasileiras (B. Belli)*, cit., p. 27.

[62] Cf. Secretaria dos Negócios da Agricultura, Commercio e Obras Publicas do Estado de São Paulo, *Relatorio Apresentado ao Dr. Jorge Tibiriçá, presidente do Estado, pelo Dr. Carlos Botelho, Secretario da Agricultura – Anno de 1905*, São Paulo, Typographia Brazil, Rothschild & Co., 1907, p. 179-180; Pierre Denis, op. cit., p. 154-5 e 169; Joaquim Silvério da Fonseca Queiroz, *Informações úteis sobre a cafeicultura*, São Paulo, Estabelecimento Graphico Universal, 1914, p. 23; Augusto Ramos, op. cit., p. 203. O Departamento Estadual do Trabalho distinguia *colonos* de *apanhadores de café* e estes de *assalariados*, estes e *camaradas*. Os apanhadores de café, ganhando por quantidade colhida, recebiam salário por peça; os assalariados recebiam, conforme o ajuste, salário por semana, por quinzena ou por mês. Cf. *Boletim do Departamento Estadual do Trabalho*, Anno 1, n. 1 e 2, , São Paulo, Secretaria da Agricultura, Commercio e Obras Publicas do Estado de São Paulo1912, p. 19-21.

[63] "O remédio consiste em facilitar a este (imigrante) os meios de estabelecer-se por conta própria, sem tirar-lhe a condição de assalariado da grande lavoura ... [...] Já em 1899, a Comissão de Obras Públicas do Senado [...] salientava a conveniência de estabelecer estes núcleos de modo a constituí-los em viveiros de trabalhadores para a grande lavoura." Cf. *Relatório Apresentado ao Dr. Francisco de Paula Rodrigues Alves, Presidente do Estado, pelo Dr. Antonio Candido Rodrigues, Secretario da Agricultura – Anno de 1900*, São Paulo, Typographia do "Diário Official", 1901, p. 11 (grifo meu); Chiara Vangelista, op. cit.op. cit., p. 51.

[64] Cf. Eric Williams, *Capitalism & Slavery*, New York, Capricorn Books, 1966; Leslie Bethell, *A abolição do tráfico de escravos no Brasil*, São Paulo, Expressão e Cultura, 1976.

[65] Cf. Pierre Denis, op. cit., p. 128; Michael M. Hall, "Approaches to Latin American History", cit., passim.

[66] Thomas Davatz, op. cit., p. 140-208; J. J. Von Tschudi, op. cit., p. 145-6.

[67] Cf. A. Lalière, op. cit., p. 270-3.

[68] Cf. Chiara Vangelista, op. cit., p. 70 e 77.

O café: as mediações do luxo

Na história visual do mundo do café, há fotografias de imigrantes chegando de navio ao Porto de Santos, imigrantes no porto embarcando em trem da São Paulo Railway com destino à Hospedaria de Imigrantes, imigrantes desembarcando na estação da Hospedaria, em São Paulo, imigrantes trabalhando nos cafezais. De certo modo, há um triunfo imagético do trabalho livre na confiante expectativa dos que foram desenraizados na pátria de origem em relação ao desconhecido da terra da adoção. As fotografias antigas contam a história de um articulado e contínuo sistema de abastecimento das fazendas de café com a mão de obra importada.

Há também uma história visual da transição nas relações de trabalho, da escravidão ao colonato. Há fotografias de colônias, misto de aldeias e vilas operárias, de portas voltadas para a rua, o avesso das senzalas, de portas voltadas para dentro do quadrado. A porta da casa do colono voltada para a rua era, num certo sentido, símbolo do trabalho livre, símbolo do fim do confinamento do trabalhador. O cativeiro do trabalhador tutelado pelo feitor, com a abolição, passa a depender do feitor que cada um tinha agora dentro de si. Durante muito tempo, até o casamento do colono de uma fazenda com a colona de outra dependia de permissão do fazendeiro, do mesmo modo que ausentar-se para ir à cidade por algum motivo era algo que dependia de autorização. A liberdade jurídica do colono não coincidia com a sua liberdade social. Nessa transição, os símbolos do trabalho livre foram mais fortes do que a efetiva liberdade do trabalhador.

As imagens fotográficas do café mostram um aspecto importante da história social da transição do trabalho escravo para o trabalho livre nos cafezais do Brasil. Se compararmos as fotos de escravos no eito com as de colonos no eito, as de escravos colhendo café com as de colonos colhendo café, as de escravos secando café no terreiro com as de colonos secando café no terreiro, como faço aqui, notaremos que o fim da escravatura não representou uma transformação no processo de trabalho, o que atenuou significativamente as mudanças no modo de produção propriamente dito.

As fotografias registram gestos que são os mesmos nos dois casos, o que é essencial para compreender e interpretar a relação entre o trabalhador e o instrumento de produção, entre o sujeito da produção, os meios de trabalho e o objeto da produção. A mudança no arcabouço jurídico do trabalho foi imensa, mas foi muito pequena na relação de produção. As fotografias mostram grandes mudanças no beneficiamento do café, pequenas mudanças no trabalho do terreiro, mas praticamente nenhuma mudança na carpa e na colheita do café durante longo período.

Nas fotografias, pode-se ver algumas permanências e algumas mudanças na organização social do trabalho livre em relação ao trabalho na escravidão.

Nelas, o trabalho no eito, na carpa do cafezal, tanto na escravidão quanto no colonato, tem uma certa organização militar, como se fosse trabalho industrial e trabalho masculino. Já a colheita, na escravidão, mantinha essa característica da organização do trabalho e, no colonato, organiza-se como trabalho familiar, o que permite notar crianças e adolescentes incorporadas ao trabalho em torno do cafeeiro. No terreiro, na escravidão, a presença ostensiva do feitor, os homens puxando o rodo da espalhação e as mulheres carregando os jacás de transporte do café; no colonato, homens fazendo todo o trabalho do terreiro. Sendo a colheita feita por empreitada e a secagem por assalariamento, e sendo elas tarefas que ocorriam na mesma época, na secagem utilizava-se ou mão de obra sobrante das famílias de colonos ou mão de obra externa à fazenda. Já a família do colono empenhava-se na colheita, até como forma de evitar o pagamento de salários a trabalhadores auxiliares, de fora, o que corria por conta do colono para que pudesse incumbir-se da empreitada.

O café era, na Europa e nos Estados Unidos, um artigo de sobremesa e foi historicamente um artigo de luxo. Luxo exibido pelo refinamento de bules e colheres de prata, bules e xícaras de porcelana finíssima, verdadeiras obras de arte. Foi a bebida da ostentação social e pública e do prazer da sociabilidade burguesa. Fez nesse sentido contraponto ao chá, que era bebida mais feminina do que masculina, o chá que, no interior das mansões, palacetes e palácios, incorporou a mulher à sociabilidade civilizada dos salões, no nascimento da vida privada. O café, ao contrário, foi sobretudo bebida masculina, só adjetivamente acolhendo a mulher à mesa, bebida que se tomava durante a conversação extradoméstica no esplendor e no luxo dos cafés famosos, fora de casa, portanto. No Brasil, o café fez de cidades caipiras, como São Paulo, uma extensão de Paris, nos palacetes espalhados pelos bairros novos e aristocráticos dos Campos Elíseos, da Avenida Paulista, de Higienópolis, as residências dos saraus e da confinada sociabilidade da elite, que repudiava a rua e até a temia.

A compreensão da revolução econômica e social representada pelo café depende de que se compreenda a mediação do luxo na sua realização como mercadoria e como lucro. Era o bem supérfluo que gerava relações de trabalho supérfluas, lucros substanciais nas remunerações residuais do trabalho. O que era diferente dos bens essenciais, como os da indústria, que geravam relações de trabalho igualmente essenciais e vitais, com base em definidas relações de classe, as tensões sociais e os antagonismos trazidos para o cotidiano, a estrutura social exposta abertamente nas suas tensões e nos seus conflitos.

Embarque de imigrantes japoneses em trem especial da São Paulo Railway, no Porto de Santos, com destino à Hospedaria de Imigrantes, no bairro do Brás, em São Paulo.

O CAFÉ: AS MEDIAÇÕES DO LUXO 159

Chegada de imigrantes ao Porto de Santos.
(Foto: Guilherme Gaensly)

O CAFÉ: AS MEDIAÇÕES DO LUXO   161

Chegada de imigrantes à estação da Hospedaria, em São Paulo, provenientes do Porto de Santos.

Trem na estação do Memorial da Imigração, onde desembarcaram e se hospedaram milhares de imigrantes de várias nacionalidades, entre 1888 e 1930, antes de serem encaminhados às fazendas de café do interior de São Paulo.
(Foto: José de Souza Martins)

Imigrantes na Hospedaria, em São Paulo.

O CAFÉ: AS MEDIAÇÕES DO LUXO 163

Imigrantes na Hospedaria à espera do encaminhamento às fazendas do interior.

164 O CATIVEIRO DA TERRA

Tropa transportando provisões por uma picada na mata, na frente pioneira da região Noroeste (c. 1921).

O CAFÉ: AS MEDIAÇÕES DO LUXO   165

Remanescente da mata original da Fazenda Santa Genebra,
em Campinas (SP).

Derrubada da mata para abertura de fazenda.

O cafezal avança sobre a floresta: caieiras de proteção dos cafeeiros recém-plantados contra a insolação. Os restos da cultura consorciada de milho são um componente necessário da paisagem na fase da formação do cafezal. O empreiteiro pagava ao fazendeiro, em cafezal, o direito de usar a terra para plantar alimentos para consumo próprio e comércio. (Foto: L. Misson, c. 1906)

168 O CATIVEIRO DA TERRA

Cafezal novo.

O CAFÉ: AS MEDIAÇÕES DO LUXO   169

Colonos transportam jacazinhos com mudas de café para replantio nas falhas do cafezal. A replanta era de obrigação do empreiteiro, que, no final do contrato, de quatro a seis anos, recebia um pagamento fixo em dinheiro por número de cafeeiros plantados e em produção. (Foto: J. Michel, 1907)

Escravos no eito do cafezal.

O CAFÉ: AS MEDIAÇÕES DO LUXO 171

Colonos no eito do cafezal.

Cafezal novo em fazenda do imigrante Geremia Lunardelli, que se tornaria o "rei do café". Nos primeiros anos depois do plantio, ainda se pode ver os restos da floresta abatida e queimada.

Início da colheita de café.

Colonos colhendo o café.

Escrava colhendo café.
(Foto: Christiano Jr.)

Escravos colhendo café.
(Foto: Marc Ferrez)

O CAFÉ: AS MEDIAÇÕES DO LUXO 177

Colonos colhendo café. Com o colonato, a colheita passa a ser feita em família, com participação de homens, mulheres e crianças, consequência da remuneração por quantidade de café colhido. A incorporação de todos os membros da família na colheita era modo de o colono evitar a contratação de assalariados avulsos para dar conta da colheita no talhão que lhe cabia.

Família de colonos colhendo café.
(Foto: Guilherme Gaensly)

O CAFÉ: AS MEDIAÇÕES DO LUXO   179

Colônia da Fazenda Santa Veridiana. Por trás da capela, remanescentes da mata original.
(Foto: Guilherme Gaensly)

Colônia de uma fazenda. No primeiro plano, os cercados para horta e criação doméstica de cada família de colono.

O CAFÉ: AS MEDIAÇÕES DO LUXO 181

Colônia de uma fazenda de café em Ribeirão Preto (SP).

Colônia da Fazenda Santa Genebra, em Campinas (SP).

O CAFÉ: AS MEDIAÇÕES DO LUXO   183

Máquinas de beneficiamento de café.

Escravos na secagem do café no terreiro. (Foto: Marc Ferrez, 1890)

O CAFÉ: AS MEDIAÇÕES DO LUXO 185

Colonos trabalhando na secagem do café no terreiro da Fazenda Santa Genebra, em Campinas, SP. O trabalho de carregamento do café para o terreiro, espalhação e amontoamento aí aparece como trabalho masculino. Outras fotos mostram meninos puxando o rodo na esparramação do café. (Foto: Julius Nickelsen)

Estivadores carregando café para um navio no Porto de Santos.
(Foto: Guilherme Gaensly)

O CAFÉ: AS MEDIAÇÕES DO LUXO 187

Bules de prata para café. (século XVIII)

Café Bauer, Berlim. (Lesser Ury, 1895)

O CAFÉ: AS MEDIAÇÕES DO LUXO 189

Palacete de Dona Veridiana Prado, em Higienópolis, São Paulo.

Café La Paix. (Paris, 1900)

Palacete do Conselheiro Antonio Prado, na Chácara Carvalho, Campos Elíseos.

192   O CATIVEIRO DA TERRA

Avenida Paulista, em São Paulo.

As relações de classe e a produção ideológica da noção de trabalho

Meu objetivo neste capítulo é analisar a *produção ideológica da noção de trabalho*, tendo como referência principal a área de influência do café, como uma contribuição ao entendimento das relações de classe na sociedade brasileira. Essa noção tem um lugar central na realidade das classes sociais em confronto e possibilita a compreensão das formas do conflito social e do que, aparentemente, surge na cena política como uma acomodação entre classes historicamente contrapostas. Esse é o caminho para penetrarmos na realidade cotidiana das relações de classe e das formas do conflito de classe, pois o trabalho está no núcleo dessas relações.

Trabalho livre: a força das origens

A institucionalização do trabalho livre na sociedade brasileira é um fenômeno relativamente recente: mais de um século se passou desde a abolição da escravidão negra e em relação à chamada Grande Imigração, principalmente italiana – a principal corrente de imigrantes que resultou na formação do contingente de trabalhadores livres, empregados principalmente no trato dos cafezais e na colheita do café. Esse *período de tempo*, por ser relativamente curto se levarmos em conta que os avós dos avós de hoje conviveram com ex-escravos, é um ponto de grande importância histórica e política na determinação da consciência do trabalhador e das relações de classe. O que temos, de fato, é uma classe operária de origem relativamente recente, sem uma forte e duradoura tradição de classe.

Ainda hoje é possível encontrar pessoas cujos pais vivenciaram diretamente esse momento da moderna constituição da força de trabalho no país. Um grande número de trabalhadores rurais e urbanos, sobretudo na região Sudeste, foi socializado nas condições sociais dessa fase de transição e das indefinições que lhe foram próprias. O estudo das origens do trabalho livre, em particular relacionado com a imigração, é um passo essencial para penetrarmos na realidade social de amplos contingentes de trabalhadores do Brasil de hoje.

O primeiro fato a ser considerado é o de que o nosso contingente de trabalhadores livres era, nessa época, constituído principalmente de imigrantes, estrangeiros, particularmente italianos, espanhóis, portugueses e alemães. Esse fato marca indelevelmente a classe operária brasileira, entre outras razões, porque os seus setores mais antigos e de mais nítida tradição proletária estão fortemente caracterizados, ainda hoje, pela ascendência estrangeira. A imigração em nossa história de algum modo se confunde com os primeiros passos da industrialização, decorrentes da expansão do café, da adoção do trabalho livre nos cafezais com base num regime de trabalho que anulava a função história do salário, porque híbrido.

A origem desse contingente de trabalhadores está diretamente relacionada com a substituição dos escravos e a preservação da economia colonial contra qualquer tipo de transformação que pudesse ser produzida pelo desaparecimento do regime de trabalho cativo.[1] O processo foi conduzido de modo a garantir a reprodução da economia voltada para a produção de artigos tropicais destinados aos mercados metropolitanos, fundamentalmente o café. No entanto, é necessário acentuar que essa não foi a única tendência no processo migratório. Houve imigrantes que se devotaram ao comércio ou à indústria, seja como empresários, seja como trabalhadores; assim como houve os que se dedicaram a atividades culturais. Mas eles foram exceções. Um caso como o de Francisco Matarazzo, que se tornaria famoso industrial e milionário, de modo algum caracteriza a verdadeira natureza da imigração estrangeira para o Brasil.[2]

Mais tarde, na passagem do século, quando a indústria começou a crescer significativamente, muitos daqueles primeiros imigrantes ou seus filhos e filhas mudaram-se para as cidades onde a indústria tornava-se importante para juntar-se aos imigrantes que vieram diretamente do exterior para trabalhar nas fábricas que surgiam ou para trabalhar por conta própria em oficinas de artesãos. Mas sua principal experiência de vida era rural, basicamente camponesa, e de modo algum era caracteristicamente operária.

Em outras palavras, isso significa que o processo básico de *acumulação primitiva*, que leva à separação do trabalhador de seus meios de produção, resultando na sua transformação em homem livre sem outro recurso de sobrevivência que não seja a venda de sua força de trabalho no mercado, *ocorreu fora da sociedade brasileira*. Isto é, a expropriação do trabalhador, com sua característica violência, que se expressa na chamada acumulação primitiva e na produção das condições sociais e históricas para a reprodução capitalista do capital e da força de trabalho, enquanto *processo vivido pessoal e subjetivamente* pela maioria dos próprios trabalhadores (imigrados para o Brasil) deu-se fora da sociedade brasileira. Essa sociedade recebeu o *trabalhador livre sem ter feito a acumulação responsável por tal liberação*, isto é a acumulação dos meios expropriados do camponês, a terra em particular. A expropriação ocorreu nas sociedades de origem, de modo que a própria emigração foi episódio dela, que veio a se consumar no Brasil, na migração dessa força de trabalho desprovida de meios próprios para as fazendas de café.[3] Trata-se de uma circunstância histórica que diferencia as condições de expansão e desenvolvimento do capitalismo aqui, em comparação com aquelas em que tal transformação seguiu os moldes hoje definidos como clássicos.

No entanto, também tivemos o que foi o nosso tênue equivalente da acumulação primitiva. A Lei de Terras, de 1850, que legalizou e universalizou o regime de propriedade privada da terra, condição das grandes transformações institucionais que nos anos seguintes levarão à abolição da escravatura e à viabilização plena do capitalismo no Brasil, determinou que se fizesse o Registro Paroquial das terras havidas por qualquer título. Esse registro seria feito em 1854 e, em alguns lugares, em 1856, perante o pároco, em livro sob sua guarda, que se tornaria a fonte da legitimidade da cadeia dominial em nosso direito de propriedade.

Teoricamente, a Lei de Terras reconhecia aos titulares de posse de terra a qualquer título o direito à propriedade da terra possuída a qualquer título. Os posseiros, muitos dos quais mestiços remanescentes da escravidão indígena – abolida em 1757 pelo *Diretório, que se Deve Observar nas Povoações dos Índios do Pará, e Maranhão*, cujos efeitos foram estendidos ao Estado do Brasil, em 1758 – adquiriram por ela o direito de fazerem o registro de suas posses e sítios, ainda que fossem enclaves em sesmarias dos grandes senhores de terra. Tiveram, assim, o reconhecimento de que suas posses estavam cobertas, retrospectivamente, com base no próprio legado da tradição firmada na Lei de Sesmarias, pelo direito de enfiteuse, que a Lei de Terras convertia em direito de propriedade mediante simples declaração, em livro próprio, redatada e firmada pelo pároco.

A leitura dos Registros, porém, mostra que frequentemente essas pessoas foram levadas pelo fazendeiro ao pároco para que declarassem expressamente que as terras que ocupavam eram efetivamente terras dele e não deles. Nesse ato renunciavam, sem o saber, a um direito e formalizavam em nome do fazendeiro, e não em nome próprio, o registro que lhes daria direito a terem como sua a terra ocupada. No fundo, a dominação patrimonial e pessoal dos agregados pelo fazendeiro funcionou como instrumento de expropriação do direito reconhecido, na "suave" violência cultural, política e psicológica que fazia dos agregados das fazendas seres sem vontade própria. No momento oportuno, foram eles expulsos da terra, convertendo-se em pessoas livres porque livres do único meio que, de fato, lhes asseguraria a liberdade. Foi essa a forma extensiva da acumulação primitiva entre nós, o nosso processo de conversão dos remanescentes da escravidão indígena em pessoas livres de qualquer direito sobre sua terra de trabalho.

Absorvidos pela sociedade brasileira, na grande maioria dos casos os imigrantes experimentaram uma relação entre o homem e a terra e entre o trabalhador e o proprietário que se havia se tornado difícil no país de origem (como a *mezzadria* no norte da Itália, encontrando aqui um regime formalmente análogo na parceria e até na empreitada). Em consequência, a interpretação que o próprio imigrante desenvolveu sobre a acumulação primitiva – a expropriação na sociedade de origem, a expulsão ou privação e a emigração para o Brasil – assumiu um conteúdo conservador, porque num certo sentido restauracionista de relações sociais historicamente vencidas. A sociedade de adoção aparentemente, num outro formato, recriava relações que estavam desaparecendo no país de origem e se apresentava para ele como a "boa sociedade", pois os que o expulsaram da terra e que se beneficiaram com a expulsão não estavam aqui para ser acusados e enfrentados. A sociedade brasileira, de certo modo, oferecia-lhe de volta o que lhe haviam tirado no país de origem, fazia de sua privação a base de uma esperança, o que ganhava corpo na motivação de "fare l'America", "fazer a América", mote da ideologia da ascensão social pelo trabalho.

É conveniente dizer que a abolição da escravatura não foi, em si mesma, fator de acumulação primitiva, porque ela *não produziu a separação entre o trabalhador e os seus meios de trabalho*. A própria escravidão já era resultado dessa separação, garantindo ao fazendeiro o monopólio dos meios de produção. A libertação dos escravos produziu unicamente a separação entre o trabalhador e sua força de trabalho.[4] Mas, acentuo, isso ocorreu em relação a um trabalhador já despojado dos meios de produção. Apoiada no trabalho cativo, porque *o cativeiro já era a base de separação do trabalhador de seus meios de trabalho*, a sociedade brasileira não dispunha de outra via regular e institucional para subjugar a força de trabalho, não podendo fazê-lo unicamente através do monopólio dos meios de produção, como ocorria nas sociedades metropolitanas. Em consequência, quando foi possível perceber que mais cedo ou mais tarde a escravidão seria abolida, os fazendeiros e os políticos (na verdade, com grande frequência eram um único e mesmo personagem) passaram a preocupar-se com o problema.[5] A libertação do escravo, em face da terra livre à ocupação dos juridicamente iguais, destruía o único meio acessível de sujeição do trabalho.

Impõe-se, também, considerar uma outra questão. A abolição da escravatura não foi o resultado de um processo estritamente interno da sociedade brasileira. Sua dinâmica ligou-se a uma dinâmica própria da economia internacional daquele momento e das peculiaridades como a questão da liberdade da pessoa se propunha também em outras sociedades, cujo poder político de interferência em questões como essa ultrapassava fronteiras nacionais. Para entendê-la temos que levar em conta o processo econômico como um todo, porque ele inclui não só a produção da mercadoria, mas *também* a sua realização na circulação, a realização do valor que contém, do trabalho que a ela se incorporou no processo de produção. Como assinala Marx, esses dois momentos estão vinculados entre si, de modo que o momento da produção só se torna significativo e inteligível pela mediação do momento da realização do valor da mercadoria.[6] As relações produzidas pela mercadoria, isto é, tecidas por seu intermédio, envolvem mais do que a mera compra e venda da força de trabalho.

O trabalho escravo foi, no Brasil, uma forma de trabalho diretamente ligada às relações comerciais. Sem elas, a escravidão não tinha sentido. Essa é razão pela qual a escravidão indígena foi, na forma, diferente da escravidão negra. O desenvolvimento da mineração aurífera no final do seiscentismo deixou claro esse vínculo. Ele demonstrou as bases funcionais de uma primeira abolição do cativeiro indígena em 1611, um reconhecimento do índio fora do marco de presa e cativo, que precisou, no entanto, de reiterações nos séculos seguintes, a mais importante das quais contida no já mencionado *Diretório, que se Deve Observar nas Povoações dos Índios do Pará, e Maranhão*. Efetivamente, estabeleceu-se que a mineração do ouro e das pedras preciosas seria realizada mediante o emprego de escravos africanos. As concessões auríferas seriam feitas de conformidade com o número de escravos negros possuídos pelo requerente da data. Como os paulistas, devotados à caça ao índio e habituados à exploração do seu trabalho teriam seus interesses prejudicados por essa decisão metropolitana, sobretudo porque estavam apoiados numa economia monetariamente pobre, o rei de Portugal estipulou que uma cota dos escravos desembarcados no Rio de Janeiro lhes seria vendida por um preço favorecido. Isso garantiria a prevalência do princípio de que essa nova etapa da economia colonial estaria apoiada no escravo negro, isto é, no escravo-mercadoria e não no escravo obtido fora do marco propriamente mercantil, como era o caso do cativo obtido por meio da caça ao índio. Ou seja, tinha em vista a promoção do comércio marítimo e os interesses dos mercadores metropolitanos envolvidos no tráfico de escravos africanos.

A mineração, particularmente a aurífera, criou um sistema de trocas que incluía necessariamente a importação de escravos, consolidando o escravismo brasileiro, já anunciado na economia açucareira do Nordeste, com base no tráfico, e não na caça de cativos. Em consequência, *tudo indica que a produção fundada no trabalho escravo resultou do comércio de escravos, e não o contrário*.[7] Daí que o tráfico de escravos negros tenha se constituído no ponto nuclear e sensível da escravidão. *A economia colonial poderia, pois, ser redefinida como o regime em que a produção é subjugada pelo comércio, dado que não só o produto do trabalho, mas o próprio trabalhador, é objeto de comércio* – isto é, a forma da produção colonial era determinada pela sujeição ao comércio com a metrópole, o que define a singularidade da exploração da força de trabalho, como trabalho escravo.

Quando, nas primeiras décadas do século XIX, a Inglaterra aboliu a escravidão nas Índias Ocidentais, para romper as condições dos preços monopolísticos das mercadorias que dali recebia, o intento era o de reduzir o custo de reprodução de sua própria mão de obra industrial. Assim, mercadorias como o açúcar brasileiro, ainda produzidas sob regime escravista, começaram a competir com a produção colonial britânica. Os antigos senhores de escravos das colônias britânicas, proprietários absenteístas de terras, que viviam na Inglaterra, passaram a exigir o fim do tráfico de escravos, de modo a suprimir a escravidão em outros países. Diferentes grupos trocaram seus papéis contra e a favor da escravidão, principalmente em defesa de seus próprios ganhos.[8]

Como consequência, a Inglaterra declarou-se contra o comércio internacional de escravos nas suas relações com o Brasil e obteve, nesse sentido, um acordo com o governo brasileiro, favorável às suas pretensões. No entanto, esse acordo só se tornou efetivo pouco depois da lei que, em 1850, extinguiu o tráfico negreiro.[9]

O impacto da cessação do tráfico na economia brasileira foi temporariamente atenuado pelo chamado tráfico interprovincial, a que já me referi, a venda de escravos de diferentes regiões do país, sobretudo Nordeste, aos fazendeiros do Sudeste, onde começava a expandir-se a cultura do café.[10] Na própria extensão dos cafezais para o oeste da província de São Paulo, região que ficaria marcada pela inauguração do trabalho livre do colono estrangeiro, mas onde a escravidão ainda persistiu, houve a importação de escravos da Bahia, como se vê pelos numerosos registros de sepultamento do cemitério de Amparo, na região de Campinas.

Ainda no mesmo ano de 1850, foram adotadas mudanças na legislação que assegurassem que a substituição dos trabalhadores cativos por trabalhadores livres, que se previa acabaria acontecendo, não privassem a chamada grande lavoura da mão de obra de que carecia. No debate parlamentar as coisas se encaminharam para a promoção da imigração de trabalhadores livres, do exterior, tendo-se cogitado, até mesmo, na servidão temporária dos trabalhadores. Nesse ponto refletiu-se o fato de que, no Brasil, a escravidão era o principal recurso institucional para garantir aos fazendeiros uma oferta de força de trabalho compatível com a demanda de seus empreendimentos. Se a escravidão cessasse nada poderia prevenir o deslocamento dos antigos escravos e dos novos trabalhadores para as abundantes terras livres da fronteira agrícola, assim reconhecidas pela legislação sesmarial, suspensa mas não substituída, onde poderiam tornar-se trabalhadores autônomos em suas próprias terras.[11]

A produção ideológica da noção de trabalho

O regime de colonato consagrou uma premissa que era a principal ideia e a principal necessidade do fazendeiro: o colono deveria ser primeiramente um trabalhador da fazenda para tornar-se independente só após certo período de trabalho em terra alheia; o seu trajeto seria de empregado, primeiro, e de autônomo ou, até, patrão, depois. Algumas autores que trabalham numa perspectiva meramente culturalista preferem encarar essa proposta como um elemento da tradição cultural do imigrante italiano, o que expressa apenas a eficácia do que foi, na verdade, ideologia da classe dominante. Mesmo onde tal aspiração já existia, na sociedade de origem do imigrante, ela foi mobilizada pelos fazendeiros de café, propositalmente, e agregada aos meios que a própria sociedade do café definiu como legítimos para efetivá-la. Esses fazendeiros, quando expressaram seu ponto de vista a respeito, sempre estiveram alarmados com a mobilidade ocupacional de seus colonos, mesmo de uma fazenda para outra. No fundo, temiam o que propunham, pelos riscos que envolvia.

A autonomia do trabalhador, preconizada no que tenho chamado de ideologia do trabalho, embora fosse ideologicamente mobilizada e difundida pelos setores mais conspícuos da burguesia cafeeira, era sabotada na prática pelos próprios fazendeiros mais distantes das premissas e condições da política de superação do trabalho escravo pelo trabalho livre. Tal autonomia representava um problema para a reprodução do regime de colonato. Sobre ela tinha precedência a reprodução do capital na perspectiva do fazendeiro, decorrente das muitas complicações da própria transição para fora da escravidão que o tornavam um capitalista inconstituído, sem plenitude. Não raro era ele um capitalista deformado pelos atalhos pré-capitalistas que condicionavam historicamente a reprodução de sua riqueza. Autonomia do trabalhador para mover-se segundo os critérios próprios de um mercado de trabalho e reprodução ampliada do capital passaram por combinação ideológica contraditória, que atendia à hegemonia dos interesses desse capitalismo tolhido. Mas as complicações existiam também, e em consequência, do lado dos trabalhadores do café, socializados na cultura camponesa da restauração e do retorno a uma situação social utópica, que não fazia do trabalho autonomizado e contratualizado, propriamente, o eixo de seu projeto de vida e de suas esperanças. Na convergência desses atrasos e retardamentos definiam-se as bases conservadoras do pensamento da classe operária que nasceria dessas relações e do colonato.

É importante observar que o caminho percorrido para chegar a essa meta, de transformar o trabalhador em cúmplice da ideologia da ascensão social pelo trabalho e, por esse meio, legitimar o modo pré-moderno de sua inserção na economia do café, está fortemente marcado por uma concepção pré-capitalista ou camponesa de trabalho autônomo. No entanto, a mediação formal pré-capitalista propôs-se e impôs-se através da exploração do trabalho sob pressupostos e orientações capitalistas, vinculados à reprodução do capital. Essa via foi possível porque o regime de colonato tornou-se uma complexa combinação de formas não capitalistas e capitalistas na produção e reprodução do capital. A *mesma* relação entre o colono e o fazendeiro envolvia elementos não capitalistas (a produção direta dos meios de vida) e elementos capitalistas (a produção do café para exportação sob o pagamento de salário por empreitada, no trato, e por tarefa, na colheita). Porém, o conjunto do colonato se determinava pela reprodução capitalista do capital. A definição concreta das relações de produção não pode ser encontrada estritamente na forma das relações de trabalho, mas nos seus antagonismos, vinculações e determinações, nas contradições, enfim que estão no lugar dessas relações na dinâmica social,

Tal conciliação produziu o que se pode chamar de ideologia da mobilidade através do trabalho (consagrada até mesmo em alguns estudos de sociologia do trabalho feitos no Brasil). Nesse caso, admite-se como legítima a ideia de que um estilo de vida prévio ao advento do modo de produção caracteristicamente capitalista poderia ser um bom objetivo para o capitalismo (na verdade, a restauração do mundo da ordem, a supressão das tensões de classe). Esse ponto de conciliação ideológica foi alcançado imediatamente antes da abolição da escravatura e constituiu a base para o que foi definido como "a grande imigração", entre 1886/1888. Nas palavras de um conspícuo representante dos fazendeiros, os imigrantes deveriam ser "morigerados, sóbrios e laboriosos". Assim poderiam, através do trabalho árduo, obter os recursos para comprar a terra necessária ao seu trabalho autônomo. A ideia era a de que os imigrantes deveriam cultivar as principais virtudes consagradas na ética capitalista. Nesse caso, o trabalho árduo e os sofrimentos e privações dos primeiros tempos seriam compensados pelo acesso à pequena agricultura familiar mais tarde. Os núcleos coloniais oficiais, de fato em decadência, chegaram a ser utilizados, nessa fase, como prova que legitimava tal aspiração.

Essas ideias sustentaram uma política de seleção de imigrantes. Famílias tiveram preferência em relação a imigrantes solteiros. Além disso, os italianos eram preferidos em relação aos trabalhadores de outras nacionalidades. Os alemães sofreram fortes objeções porque preferiam de imediato o trabalho autônomo; os portugueses eram rejeitados porque preferiam trabalhar no pequeno comércio. A predominância de italianos nas correntes migratórias para o Brasil não pode ser absolutamente explicada sem a mediação das necessidades de reprodução do capital na grande fazenda de café. O italiano submisso, proveniente das áreas em que a economia ainda estava baseada em relações pré-capitalistas, preenchia uma condição essencial à reprodução capitalista numa economia, como a cafeeira, que continuava a mesma apesar da abolição legal da escravatura.

Por isso, um ponto precisa ser esclarecido: é crença comum a muitos pesquisadores que a principal corrente de imigrantes italianos procedia das regiões industrializadas da Itália (havendo quem, por isso, fale até na superioridade técnica do trabalhador italiano), pois o principal contingente de operários nas origens da industrialização brasileira era italiano. Muitos desses autores fazem tal inferência a partir da superficial constatação de que tais imigrantes procediam do Norte. Logo, como o Norte era a região italiana mais industrializada, os imigrantes que vieram para o Brasil teriam experimentado antes uma militante existência nas regiões fabris de seu país. Tal suposição, entretanto, não é correta. Foerster e Sereni observam que no porto de Nápoles, no Sul, as pessoas eram necessariamente embarcadas para os Estados Unidos da América e no de Gênova, no Norte, elas eram necessariamente embarcadas para o Brasil ou para a Argentina.[12] Entretanto, os dados estatísticos mostram que, do Norte, o Vêneto era a região de onde procedia a maioria. Logo, não vinham do Norte industrializado. O Vêneto era tão pobre e subdesenvolvido como o Sul. Por isso, é pelo menos curioso que o mais famoso imigrante italiano, que aqui se tornaria grande industrial, o conde Matarazzo, não veio, afinal, do Norte industrializado, mas de Salerno, no Sul agrícola. Tal fato deveria servir para relativizar as interpretações culturalistas.

Do mesmo modo, as origens da ideologia da mobilidade pelo trabalho não correspondem a ideias comuns a vários cientistas sociais. Algumas pessoas creem que ela foi essencialmente produzida pelo próprio imigrante. Minhas pesquisas, no entanto, mostram que ela foi produzida pela elite fundiária para o trabalhador imigrante. Essa elite estabeleceu as condições e o roteiro social, os meios, para receber e assimilar o imigrante, verdadeiras técnicas sociais cuja meta não se limitava à incorporação econômica do trabalhador imigrado. Este não teve, em princípio, outro caminho senão se conformar com essas condições. Sua integração na economia cafeeira consistiu em orientar suas aspirações para os canais institucionais definidos pela classe dos grandes proprietários de terra, de modo que, ainda que com alguma tensão e descaracterização, acabasse se concebendo de acordo com as necessidades históricas daquela classe e as circunstâncias de sua imigração.

Mas, essa não era, realmente, como já disse, uma ideologia de mobilidade social. Ela consistia numa ideologia que legitimava a um só tempo a concepção camponesa da vida e a exploração capitalista do trabalho. É preciso não esquecer que antes de deixar o seu país de origem, o imigrante tinha, em princípio, a possibilidade de optar por tornar-se um verdadeiro trabalhador assalariado nas plantações de trigo da Argentina. O Brasil, porém, não tinha condições de oferecer-lhe um verdadeiro regime de trabalho assalariado. É conveniente lembrar que a crise do regime escravista foi produzida essencialmente fora da sociedade brasileira e fora da economia do café. O advento do trabalho livre teve que ocorrer como meio para preservar (e não para mudar) a economia de tipo colonial, como observou M. Hall. Isto é, teria que ocorrer como meio para preservar a produção tropical baseada em alguma modalidade de trabalho compulsório e não caracteristicamente baseada no pagamento de salários.

Isso significa que a combinação da produção da mercadoria e da produção direta dos meios de vida, na economia do café, constituía uma combinação necessária e contraditória. Sem uma é impossível entender e explicar a outra; sem a segunda é impossível realizar a primeira. Em consequência, o que importa no que tem de repercussão ideológica, a reprodução da força de trabalho não era plena e exclusivamente mediada pelo comércio de mercadorias. Assim, o imigrante aparentemente não trabalhava apenas para os outros, mas também para si.

O imigrante encontrou, desde o começo da sua vida no novo país, condições de trabalho que convergiam para o seu desejo de preservar um estilo camponês de vida, embora não completamente autônomo. A sua autonomia permaneceu fundamentalmente como um forte desejo, como um sonho político, como uma virtualidade da sua situação concretamente ambígua. Esse sonho alcançou uma forte possibilidade de realização com a Crise de 1929. Como observam Milliet e Prado, a crise acentuou a proliferação de pequenas propriedades.[13] Não só pela divisão de grandes fazendas em sítios menores (pois, com a crise a terra se desvalorizou), vendidos aos antigos colonos. Como, também, pelo avanço sobre as novas terras da fronteira agrícola, conduzido pelos especuladores imobiliários, de forma a atender uma aguda demanda de pequenas propriedades agrícolas que já vinha dos anos 1920. O número de imigrantes italianos e espanhóis proprietários de terra, em São Paulo, multiplicou-se várias vezes entre os anos anteriores à crise e os primeiros anos posteriores ao início da crise. Que essa ascensão social tenha sido possibilitada pela crise não confirma, propriamente, a eficácia da ideologia de ascensão pelo trabalho. Se não tivesse havido a crise, provavelmente a conversão de colonos em proprietários de terra teria tardado, ainda, alguns anos ou, no mínimo, teria sido bem mais lenta. De um lado, os colonos puderam atender sua ânsia pela terra investindo as economias penosamente feitas no colonato. De outro lado, muitos fazendeiros descobriram que poderiam transformar suas terras, diminuídas de preço após a crise, em capital que poderia ser aplicado em outros setores da economia ou que poderia saldar débitos.

A crise da economia cafeeira e a proliferação da pequena propriedade deram uma inesperada e nova vida à autonomia suposta na ideologia da mobilidade pelo trabalho. A proliferação de pequenas indústrias, pela iniciativa dos que tinham habilidades artesanais, coadjuvantes do desenvolvimento industrial dos anos 1930 e 1940, trouxe um novo suporte para essa concepção. Esses são dois momentos importantes para entendermos a forte aspiração pelo trabalho autônomo ainda hoje entre amplos contingentes do operariado brasileiro, pois essa ideia é de revitalização muito recente.

Essa autonomia é uma espécie de pedra fundamental da ideologia do trabalho, sobretudo porque ela encobre e obscurece o conteúdo principal da relação entre o patrão e o empregado. Por meio dela, o trabalho não é considerado *principalmente* como uma atividade que enriquece o patrão. Ao contrário, o trabalho é considerado como uma atividade que cria a riqueza própria e, ao mesmo tempo, pode liberar o trabalhador da tutela do patrão. O trabalhador é nela sempre considerado um patrão potencial de si mesmo, sobretudo porque a condição de patrão é essencialmente concebida como produto do trabalho árduo e das privações materiais do próprio patrão, quando era trabalhador, regulados por uma espécie de prática ascética. A riqueza, no sentido de capital acumulado, torna-se aceitável e legítima porque é produto do trabalho e porque o trabalho é concebido como uma virtude moral universal. A capacidade de criar riqueza através do trabalho é concebida como uma virtude socializada, sem distinção de classes, que abre acesso ao capital e ao capitalismo a todo homem que trabalha.

No entanto, esse é o ponto crucial do problema, *o capital (a riqueza) não é visto nem concebido como produto do trabalho de outros*, isto é, como produto do trabalho do operário despojado dos meios de produção, do confronto e do antagonismo entre o capital e o trabalho, personificados no capitalista e no proletário. Ao contrário, *o capital é concebido como produto do trabalho do próprio capitalista.* É exatamente essa concepção que está na raiz do mais importante mito no corpo da ideologia do trabalho no Brasil: a biografia popular do conde Matarazzo, um milionário de grande sucesso, que veio da Itália no século XIX e morreu em 1937. As pessoas acreditam, sem fundamento, que ele nada tinha quando chegou ao Brasil. Teria enriquecido através do seu próprio trabalho pesado e sofrido.

Esse deslocamento da ideia de que a riqueza não é produto do trabalho explorado do trabalhador, mas resulta do trabalho e das privações do próprio patrão, na *origem* do seu capital, consagra e justifica para o trabalhador a sua exploração por outra classe. Em outras palavras, essa concepção legitima a exploração do proletariado pela burguesia, constituindo-se numa espécie de redenção original do capitalismo.

A autonomia suposta na ideologia do trabalho sofrido, porém, não tem unicamente os componentes burgueses que poderíamos supor por sua similaridade com a ética capitalista. Na medida em que a exploração capitalista é ocultada pela ênfase nas virtudes do trabalho do empresário como base de sua riqueza, temos, em decorrência, que a solidariedade é considerada mais importante do que a exploração. A concepção é a de que as pessoas que *trabalham* estão naturalmente unidas entre si porque trabalham. Nesse caso, o capitalista tem que ser solidário com as aspirações do trabalhador. Essa ideia é um ponto importante para o entendimento do paternalismo patronal, do populismo, dos princípios da "paz social" e do corporativismo que marcaram as relações de classe no Brasil por longo tempo. Tal solidariedade enfatiza antes o que é comum a pessoas vinculadas a classes sociais diferentes e opostas, obscurecendo o que é comum e característico a cada classe. Na verdade, há uma comunidade utópica suposta na ideologia do trabalho, cuja quebra, em geral por parte do patronato, compromete a dominação que daí decorre. Ela, no entanto, está essencialmente em tensão contra a concepção estritamente burguesa de que é necessário trabalhar pelo trabalho. Enquanto para o burguês o trabalho é meio e fim, para o proletário subjugado pelas concepções burguesas o trabalho é apenas meio.

O trabalhador, no contexto aqui analisado, concebe o trabalho como o veículo da libertação, não só como meio de exploração. A libertação do trabalhador seria, assim, um resultado necessário do trabalho penoso. A essência dessa ideia é a de que só o trabalho redime. Populismo, paz social, corporativismo, de algum modo são resultados da produção ideológica dessa concepção de trabalho, a da atividade produtiva dominada pelo ideário da ascensão social, a honra do trabalho como sua condição e seu prêmio. Todavia, a acomodação entre classes antagônicas, aí suposta, está negada na própria base. Muito além da ênfase no trabalho pelo trabalho, que poderia basear um ponto de vista patronal, na essência da concepção do trabalhador o trabalho é admitido como veículo de libertação, como meio para superar a dependência no trabalho, a exploração baseada no trabalho. Ou seja, o homem se torna livre quando trabalha para si. Daí nasce a dimensão ambígua da ideologia do trabalho. Incorporado à produção capitalista, sobretudo na indústria, e vinculado, pois, irremediavelmente ao trabalho socializado pelo capital, o trabalhador consegue entender que no trabalho está o segredo da sua liberdade. Entretanto, a sua concepção de trabalho está em grave tensão com a realidade do trabalho moderno, como virtude do trabalhador coletivo, como trabalho abstrato. Espera, por isso, escapar da sujeição ao capital movendo-se para trás, em direção a uma concepção camponesa de trabalho que se efetivaria no trabalho independente – na agricultura familiar, no artesanato urbano ou no pequeno comércio.

Essa forma ambígua de conceber a condição e a superação da condição operária está fortemente marcada pelas origens recentes da classe operária no Brasil, por suas raízes na crise do campesinato e do trabalho escravo. Decifrar essa ambiguidade pode ser um passo importante para o entendimento dos avanços e recuos da classe operária brasileira desde o fim do século XIX até hoje.

* Com o título "The Origins of Free Labour in Rural Brazil – The Problem of Italian Immigration", este trabalho foi originalmente apresentado num seminário do Centre of Latin American Studies, University of Cambridge (Inglaterra) em 29 de janeiro de 1976 e repetido no St. Antony's College, University of Oxford, em 12 de março de 1976. Foi publicado em português com o título "As relações de classe e a produção ideológica da noção de trabalho", em *Contexto*, n. 5, São Paulo, Hucitec, mar. 1978.

Notas

[1] Cf. Michael M. Hall, *The Origins of Mass immigration in Brazil, 1871-1914*, cit., p. 181.
[2] Cf. José de Souza Martins, *Conde Matarazzo – O empresário e a empresa*, 2. ed., 2. reimp., São Paulo, Hucitec, 1976; Azis Simão, *Sindicato e Estado*, São Paulo, Dominus/Editora da Universidade de São Paulo, 1966.
[3] Fernando Henrique Cardoso já havia sublinhado que o fazendeiro paulista do oeste "sequer precisou, como seus antecessores capitalistas europeus, libertar pela violência seus trabalhadores dos meios de produção que possuíam: importou-os já inteiramente livres, isto é, livres juridicamente e 'livres' da posse de meios e instrumentos de trabalho". Cf. *Mudanças sociais na América Latina*, cit., p. 190.
[4] Importantes análises sobre a separação entre a força de trabalho e a pessoa do trabalhador foram feitas por Florestan Fernandes, *A integração do negro na sociedade de classes*, cit.; Octavio Ianni, *As metamorfoses do escravo*, cit.; Fernando Henrique Cardoso, *Capitalismo e escravidão no Brasil meridional*, cit.; Emília Viotti da Costa, *Da senzala à colônia*, cit.
[5] Cf. José de Souza Martins, *A imigração e a crise do Brasil agrário*, cit., p. 47-80. O tráfico de escravos da África para o Brasil foi abolido oficialmente em 1850 sob pressão britânica. Todavia,

antes da abolição definitiva da escravidão, as crianças nascidas de mãe escrava foram declaradas libertas (Lei do Ventre Livre) e os escravos adultos tornaram-se livres aos 60 anos de idade (Lei dos Sexagenários). Desse modo, o fim da escravidão seria apenas uma questão de tempo.

[6] Cf. Carlos Marx, *El capital*, cit., t. I, cap. 1.

[7] "Este talvez seja o segredo da melhor 'adaptação' do negro à lavoura [...] escravista. Paradoxalmente, é a partir do tráfico negreiro que se pode entender a escravidão africana colonial, e não o contrário." Cf. Fernando A. Novais, op. cit., p. 32.

[8] Cf. Eric Williams, *Capitalism & Slavery*, New York, Capricorn Books, 1966.

[9] Cf. Leslie Bethell, *A abolição do tráfico de escravos no Brasil*, São Paulo, Expressão e Cultura, 1976.

[10] Cf. Paula Beiguelman, *A formação do povo no complexo cafeeiro*, cit.

[11] Cf. Maurício Vinhas de Queiroz, loc. cit., passim. A Lei de Sesmarias, que foi vigente em Portugal e seria vigente em suas futuras colônias, era de 26 de junho de 1375. De fato, instituiu as bases de uma reforma agrária permanente contra o abuso dos proprietários, arrendatários, foreiros e outros ocupantes da terra que não a cultivassem ou que a ocupassem apenas com a criação de gado. Nesses casos, podiam os particulares, a partir da lei, para cumpri-la, fazer cultivá-la por quem lhes aprouvesse. A lei estabelecia, porém: "Se por negligência ou contumácia, os proprietários não observarem o que fica determinado, não tratando de aproveitar por si ou por outrem as suas herdades, as Justiças territoriais, ou as pessoas que sobre isso tiverem intendência, as deem a quem as lavre, e semeie por certo tempo, a pensão ou quota determinada". Cf. Maria Jovita Wolney Valente (org.), *Coletânea (Legislação agrária, legislação de registros públicos, jurisprudência)*, Brasília, Ministério Extraordinário para Assuntos Fundiários, 1983, p. 55. Não só as rendas assim obtidas iam para o comum, e não para o proprietário, como também podiam as terras ser perdidas para o comum. No Brasil, esse princípio com frequência implicou a separação entre domínio e posse útil, tendo o domínio do rei precedência sobre os direitos do sesmeiro. Nesse caso, a falta de cultivo da terra ou seu notório abandono resultava em sua distribuição a quem a ocupasse com agricultura, que poderia, assim, obter em seu favor a carta de sesmaria das terras já concedidas, mas caídas em comisso e arrecadadas pela Coroa. No Brasil, o regime de sesmarias foi suspenso pela Resolução n. 76, de 17 de julho de 1822, até a Convocação da Assembleia Geral, Constituinte e Legislativa, que deliberaria a respeito. A Independência encontrou o país já em processo de ordenação de um novo regime de propriedade da terra, o que só se efetivaria com a Lei n. 601, de 18 de setembro de 1850, que estabeleceu, contra o que era próprio do regime sesmarial: "Ficam proibidas as aquisições de terras devolutas por outro título que não seja o da compra". Cf. Maria Jovita Wolney Valente, cit., p. 356-7.

[12] Robert F. Foerster, *The Italian Emigration of Our Times*, New York, Russel & Russel, 1968; Emilio Sereni, *Il capitalismo nelle campagne*, Torino, Piccola Biblioteca Einaudi, 1968.

[13] Sérgio Milliet, op. cit., p. 73-116; Caio Prado Júnior, *Evolução política do Brasil e outros estudos*, cit.

O café e a gênese da industrialização em São Paulo

A controvérsia sobre o café e a indústria

Diversos estudos referenciais têm sido feitos sobre a industrialização brasileira. Seguindo diferentes caminhos, os pesquisadores procuram descobrir quais foram os recursos mobilizados pela economia da agricultura de exportação para se chegar à atividade industrial, como foram engendradas as novas relações sociais envolvidas na gênese da indústria, como se deu a transição histórica dessa passagem, qual a articulação que se deu entre agricultura e indústria, particularmente entre o café e a industrialização.[1]

No entanto, pode-se notar diversas falhas em vários desses estudos, sobretudo afirmações, hipóteses e conclusões geralmente negadas pelos fatos empíricos. Apesar de todos os esforços, a história e a análise histórico-concreta da industrialização brasileira ainda estão por ser feitas. Temos hoje, infelizmente, mais interpretação e generalização do que a pesquisa empírica realizada comportaria. Uma tendência ao esquematismo, apoiado no que se conhece dos países de referência da história da industrialização, induz à leitura seletiva das informações conhecidas e a conclusões que podem ser questionadas com certa facilidade.

De qualquer modo, os estudos de referência deste capítulo, relativos aos impasses históricos do período prévio ao golpe de Estado de 1964, orientaram-se para dois temas relacionados com a questão das condições do grande salto histórico e econômico pelo qual a sociedade brasileira passou com a abolição da escravatura: a *substituição de importações* pela produção interna, num país agrícola que sempre dependera de manufaturados importados; e a *emergência e difusão da competência empresarial* numa elite marcada pela longa tradição do trabalho escravo e do bloqueio que esse fato representava à emergência de uma mentalidade capitalista centrada na lógica própria do capital. É claro que os caminhos seguidos para analisar esses temas não são sempre os mesmos e é claro, também, que eles não têm sido propostos como temas alternativos um em relação ao outro. Em um dos casos, esses temas foram considerados conjuntamente. Na verdade, nos anos 1960, quando maior foi o interesse na história da questão da transição da hegemonia do café para a hegemonia da indústria na economia brasileira, a diversidade de abordagens e perspectivas evidenciavam a tensão de opções políticas conflitantes quanto ao destino do Brasil.

O debate acadêmico era claramente um debate político, um conflito de projetos históricos. A agudeza do interesse na transição, como se vê tanto na obra de Caio Prado Júnior quanto na de Celso Furtado, é que estava referido a uma busca de legitimidade para rumos futuros nas evidências do passado. A motivação de fundo era o nacional-desenvolvimentismo. Em Celso Furtado, é notória a intenção de colher indicações de que, na economia, o Brasil que dera certo em momentos decisivos da história, os momentos da reorientação de rumos, como na Revolução de Outubro de 1930, era o Brasil da economia voltada para dentro, apoiada no mercado interno, o Brasil alternativo ao Brasil da economia colonial e de exportação, ao Brasil do café e da cana-de-açúcar. Na obra do historiador e industrial Roberto Cochrane Simonsen, que foi influente no industrialismo de Getúlio Vargas e precursor dessa orientação interpretativa, a história econômica era o recurso para rastrear evidências de que o café e a economia agrícola de exportação se esgotavam. Nesse esgotamento e no potencial de desenvolvimento econômico que havia criado estava a possibilidade de uma superação necessária em favor da indústria. Ali estava o clamor por uma política de Estado-demiurgo que interferisse criativamente no processo econômico para o salto histórico em favor da indústria.

Neste trabalho, pretendo sublinhar alguns problemas que podem ser encontrados nos diferentes estudos. Estou ciente de que estas considerações implicam a sugestão de uma interpretação alternativa para a gênese da industrialização brasileira.

* * *

O leitor de *Formação econômica do Brasil*, de Celso Furtado,[2] surpreende-se pela falta de um capítulo ou secção sobre as origens da indústria no Brasil e, particularmente, sobre as relações da indústria nascente com a economia cafeeira e a economia de outros produtos primários de exportação. Entre a parte IV, sobre "Economia de transição para o trabalho assalariado (século XIX)" e a parte v, sobre "Economia de transição para um sistema industrial (século xx)", há um capítulo unicamente sobre a crise do café, mas absolutamente nada sobre as origens da indústria. O leitor se depara repentinamente, sem nenhum esclarecimento, com a referência ao sistema industrial como base para a explicação das razões pelas quais a Crise de 1929 não foi desastrosa para o Brasil, quando houve declínio nos preços do café e, consequentemente, declínio da capacidade brasileira de importação. Ao contrário, a crise teria propiciado a oportunidade decisiva para que a dominância agrária na economia brasileira fosse vencida pela precedência dinâmica da indústria.

Quando a crise começou, o preço do café sofreu enormes reduções no mercado internacional, enquanto a produção cafeeira cresceu em decorrência do incremento do plantio em meados dos anos 1920.

Além disso, o mercado internacional do café não cresceu. Os produtores se defrontaram, então, com este dilema: não colher o café, para não fazer gastos inúteis, ou procurar suporte financeiro para colher e estocar o produto. A última solução parecia impraticável porque as estimativas mostravam que esse café não poderia ser negociado a curto prazo. Dez anos seriam necessários para que o mercado retornasse a níveis normais.

Na interpretação de Furtado, o governo, visando estritamente proteger os interesses dos produtores de café, tomou medidas para que o café fosse colhido e decidiu financiar essa operação para em seguida estocar e destruir o produto. Em consequência das condições externas difíceis, o crédito não poderia ser recebido de fora. Assim, o governo adotou um sistema de expansão interna do crédito. O café poderia ser comprado a preços que não prejudicassem os interesses dos cafeicultores. Isso ocorreria de modo que recursos de origem externa fossem substituídos por recursos de origem inflacionária. Em vez de a crise atuar como multiplicador de desemprego, que era o que estava acontecendo em outras partes do mundo, ela atuaria na direção oposta. A manutenção da renda do setor importador promoveu o crescimento da demanda de importações, desproporcionalmente à capacidade de importação do país. Esse fato implicou um crescimento dos preços de produtos importados, acima do que teria ocorrido se o Estado não tivesse decidido comprar o café e se o seu resultado não tivesse sido o decréscimo do desemprego provável. Por esse meio, os preços das importações subiram mais do que os preços internos e, em consequência, a situação econômica tornou-se propícia para a indústria interna. Em decorrência, o fluxo de renda originado da compra e queima de café incrementou a renda e o emprego nos setores industriais e agrícolas devotados ao mercado interno.

A política econômica do governo teria, assim, produzido o que Furtado denomina de "socialização das perdas".[3] Ou seja, por meio do crédito interno a sociedade inteira foi obrigada a pagar pelas perdas do café, distribuídos os prejuízos por meio da inflação que afetou o preço de tudo e a vida de todos. No entanto, a socialização das perdas teria produzido um resultado não esperado. Inconscientemente, teria sido promovida uma política de emprego que estimulou principalmente a produção industrial para o mercado interno.[4] A indústria, então, encontrou-se na função de produzir para substituir importações.

Esse esquema geral apresenta diversos problemas. O principal deles é o da afirmação de que a manutenção do nível de emprego e o seu resultado, o estímulo à industrialização, foram produtos *inconscientes* da política adotada.[5] Oficialmente, o governo teria pretendido proteger apenas os interesses dos cafeicultores. Teria mirado numa coisa e atingido outra. Na verdade, entretanto, isso não parece completamente verdadeiro. Em primeiro lugar, porque um certo período de tempo decorreu entre o começo da crise e as primeiras tentativas de resolvê-la. Quando a crise começou, em 1929, Washington Luís era o presidente. Aparentemente, o seu governo era expressão do poder dos fazendeiros de café. Mas sabe-se que ele discordava dos cafeicultores sobre a política do café e que tinha com os industriais um relacionamento bem diverso do que supõe o esquematismo que, em outros autores, contrapõe o que se supõe serem os interesses da burguesia industrial aos interesses de uma suposta aristocracia agrária. Muitos fazendeiros eram acionistas de empresas não agrícolas e havia até os que eram grandes industriais, do mesmo modo que muitos industriais tornaram-se fazendeiros para verticalizar suas economias.

Isso quer dizer que, pelo menos, o Estado brasileiro não estava exclusivamente comprometido com os representantes da economia do café, embora fossem eles hegemônicos, nem era necessariamente refém dos interesses da cafeicultura, nem estava contraposto aos interesses dos industriais. Os autores dessa tendência de compreensão do tema forçam o uso, descabido, de um esquema interpretativo que toma a Crise de 1929 como divisora numa suposta e equivocada, porque simplista, passagem de pré-capitalismo a capitalismo, e a Revolução de Outubro de 1930 como se fosse a revolução burguesa de que o Brasil carecia para libertar-se de seus supostos bloqueios feudais.

Somente um ano mais tarde, depois da Revolução que assumiu o poder com Getúlio Vargas, no plano militar conduzida pelos tenentes das revoltas de 1922 e de 1924, aliados, agora, aos regionalismos inconformados com a hegemonia política de São Paulo e Minas Gerais, é que foram tomadas medidas para resolver o problema do café e seus desdobramentos no conjunto da economia brasileira. Antes dessa ocasião, há indicações de casos de fazendeiros que ficaram sem recursos para enfrentar a crise e tiveram que entregar suas terras para os credores – bancos e comerciantes – e até fragmentá-las e vendê-las a colonos.

Não é absolutamente correto que evitar o desemprego e a inatividade econômica tenha sido completamente inconsciente por parte do governo brasileiro, que se tenha praticado "inconscientemente" uma política anticíclica ou que o objetivo do governo tenha sido unicamente o de proteger os interesses dos produtores de café, devendo-se a recuperação econômica, após 1933, "à política de fomento seguida inconscientemente no país e que era um subproduto dos interesses cafeeiros".[6] O próprio responsável pela política econômica do Governo Provisório, o banqueiro paulista e negociante de café José Maria Whitaker, assim explica as decisões governamentais em relatório publicado em abril de 1933, antes da recuperação:

> Formara-se, então, em São Paulo, um grande estoque de café, que impedia, como uma muralha de barragem, a livre saída da produção desse estado. Atrás dessa muralha debatia-se a lavoura na situação terrível de não poder nem vender o seu produto, que só chegaria a Santos depois de dois anos e meio de retenção, nem levantar sobre ele qualquer quantia, que os particulares lhe negavam e os institutos oficiais já lhe não podiam fornecer. Em consequência dessa situação cessaram de ser pagos regularmente os próprios colonos, e como, com isso, não recebessem os comerciantes do interior, o que já lhes tinham adiantado, deixaram, por seu turno, de pagar aos atacadistas e importadores, refletindo-se, naturalmente, tais dificuldades nas *indústrias*, que ficaram inteiramente paralisadas. [...] Resolvida pelo Governo, a demolição daquela barragem, iniciada, por outras palavras, a compra do estoque, a produção pôde escoar normalmente, restabelecendo-se, assim, o ritmo interrompido da vida econômica em todo o País.

Constata Whitaker, então, que "o comércio reanimou-se, *as indústrias movimentaram-se, desapareceram os 'sem trabalho'*".[7] Desde 1928, ao definirem os seus antagonismos com os comerciantes, com os quais se congregavam na Associação Comercial de São Paulo, e fundarem o Centro das Indústrias de São Paulo, os industriais optaram por constituir-se em grupo de pressão sobre o governo para obter em seu favor uma política protecionista.[8]

Uma falha no estudo de Furtado é, justamente, a falta de dados empíricos e históricos para apoiar seu esquema de uma política inconsciente de emprego, pois inconsciente não foi. Uma outra é que o leitor fica sem saber de onde vem a indústria, cuja produção passa a substituir as importações e que se desenvolve como novo centro dinâmico da economia brasileira.

Há mais dois autores, pelo menos, que explicam a industrialização brasileira como resultado da substituição de importações. Um deles é Roberto Simonsen[9] e o outro é Antônio Castro.[10] Nesses casos, a Primeira Guerra Mundial é considerada um ponto de referência essencial na consideração dos fatores da industrialização. Embora não se explicitem quais os meios econômicos que suportaram a industrialização, de forma clara como o faz Furtado nas suas considerações hipotéticas, esses autores tomam como referência algumas evidências estatísticas que comprovam o *boom* industrial nesse período.

De um lado, o censo de 1920 fornece dados sobre o ano de origem das indústrias recenseadas nesse ano. Esses dados, à primeira vista, sugerem que o período da guerra foi importante para a indústria brasileira. Mas esses autores não levam em conta que fábricas organizadas muito antes da guerra foram fechadas, devido a vários fatores próprios da dinâmica industrial, e seu patrimônio reaparece mais tarde, como empresas mais recentes, nas mãos de outros capitalistas que não os do primeiro momento. Outras vezes, as empresas foram reorganizadas anos depois da origem e da data oficial de sua formação ou foram simplesmente fechadas. É possível que, neste último caso, novas fábricas tenham ocupado seu lugar no período da guerra, sem que a data mais recente signifique origem mais recente. Além do que, os dados desse recenseamento omitem o fato essencial do movimento de concentração de capital, que foi significativo no período por ele coberto. Os dados de 1920 não reconstituem a verdadeira sequência de fatos relativos à história da nossa industrialização. O censo sobrestima o que ocorreu durante o período da guerra e subestima o que ocorreu em anos anteriores, já desde antes do Encilhamento e após a abolição da escravatura e a liberação de capitais nela empregados.

De outro lado, em 1907, o Centro Industrial do Brasil realizou um censo incompleto da indústria brasileira. No entanto, alguns autores não hesitam em comparar entre si os dados incomparáveis de 1907 e de 1920 para concluir que um grande crescimento da indústria teve lugar entre aquelas duas datas. Em consequência, eles admitem que as causas do crescimento teriam sido as dificuldades de importação de manufaturados durante os anos da guerra. Entretanto, como demonstrou Warren Dean, o período intercensitário abrange 13 anos, enquanto a guerra durou apenas quatro anos. O seu cuidadoso exame dos dados mostrou que o crescimento industrial dessa época ocorreu antes – e não durante – da guerra.[11]

Numa certa medida, alguns dados arrolados por Richard Graham, relativos à importação de bens de capital da Grã-Bretanha, são indicativos de um contínuo e crescente investimento na indústria desde tempos recuados até 1909, quando cessam as informações. A importação de bens de capital daquele país subiu, sobre o total de importações, de 14,2%, em 1850/1854, para 41,7%, em 1905/1909, enquanto a importação de têxteis caiu de 72,5%, em 1850/1854, para 35,8%, em 1905/1909.[12]

Essas são indicações de que o crescimento da indústria no período da guerra foi seguramente menor do que leva a crer a comparação indevida das duas fontes e de que a guerra teve um papel menos importante no desenvolvimento industrial brasileiro. As estatísticas relativas à diminuição da importação de manufaturados durante a guerra e ao substancial aumento da produção interna sugerem, antes, que as restrições econômicas impostas pelo conflito mundial estimularam significativamente o aproveitamento da capacidade ociosa da indústria já instalada. Uma indústria, portanto, originária de outros fatores e condições que não propriamente a guerra.

Warren Dean representa outra tendência na tentativa de relacionar a substituição de importações com a industrialização brasileira. Em sua interpretação, foi a familiaridade dos comerciantes importadores com o mercado consumidor de manufaturados e com os produtos industriais que costumavam importar que lhes abriu a porta para que produzissem eles próprios as mercadorias que mandavam buscar no exterior. Dean tenta provar sua interpretação através de uma lista em que arrola 65 empresas que, em 1910, se devotavam à importação e que passaram a dedicar-se à indústria antes da guerra. Ele descobriu que 37 dessas 65 casas importadoras passaram a produzir diretamente alguns produtos que até então haviam importado.[13]

No entanto, é preciso ser cuidadoso com essa interpretação do dado. Não é a mesma coisa dizer que quase 50% das casas importadoras passaram a desenvolver algum tipo de atividade industrial e dizer qual a proporção destas no total das indústrias da época. O que Dean faz é produzir uma explicação para o que ocorreu com as casas importadoras e não para o que ocorreu com a indústria. Se pudéssemos organizar um rol de todas as indústrias existentes nesse ano, quantas de fato originaram-se nos negócios de importação? A proporção será, provavelmente, muito menor, como se pode inferir do rico elenco de informações contidas no estudo que Maurício Vinhas de Queiroz realizou cuidadosamente de 1962 a 1972.[14] Além do que, seria necessário trabalhar com dados mais precisos do que aqueles utilizados por Dean. De algumas das empresas constantes da sua lista, há indicações, por outras fontes, de que não inauguraram atividades industriais, mas adquiriram o controle de fábricas já existentes.

Dentre os grandes grupos econômicos, há o caso, por exemplo, de Zerrener, Bülow & Cia., uma casa importadora que começou suas atividades no século XIX, na cidade de Santos, e que mais tarde se transferiu para São Paulo. Essa empresa assumiu o controle, provavelmente no começo do século XX, da importante fábrica de cervejas, gelo e refrigerantes Companhia Antárctica, cujas origens remontam aos anos 1880. Na lista de Dean, Zerrener, Bülow & Cia. aparecem, equivocadamente, como iniciadores da atividade industrial da empresa que fora de Joaquim de Salles, empresa que entrou em dificuldades e lhes chegou às mãos porque eram os seus maiores fornecedores e credores.

É inegável que as casas importadoras desempenharam um importante papel na difusão de conhecimento sobre os mercados para bens industriais, sobre costumes econômicos ou praxes de comercialização, o que foi significativo na experiência dos importadores que se tornaram industriais. Mas é absolutamente claro que os negócios de importação não foram o único e, provavelmente, nem o mais importante ponto de partida para a industrialização brasileira. De qualquer modo, a conclusão alcançada por Dean é mais simples e modesta do que aquela sugerida por sua declaração inicial. Ele diz: "a industrialização de São Paulo dependeu desde o começo da demanda gerada pelo crescente mercado externo de café".[15]

Dean arrola algumas condições, relacionadas com essa suposição geral, para que a industrialização se efetivasse. A primeira refere-se à existência de uma economia monetária. A propósito, afirma:

> O café foi o fundamento do crescimento industrial interno, em primeiro lugar porque propiciou o mais elementar pré-requisito de um sistema fabril – uma economia monetária. Sem um artigo de exportação, os fazendeiros de São Paulo tinham pouca necessidade de dinheiro ou crédito. Antes da introdução do café, as fazendas eram tipicamente devotadas à agricultura de subsistência, mesmo quando fossem suficientemente extensas para necessitar trabalho escravo ou de parceiros.[16]

Essa afirmação é completamente errônea. Primeiramente, porque o café foi antecedido, na região oeste, por um ciclo da cana-de-açúcar, que se estendeu à região norte-litorânea de São Paulo. A primeira dessas regiões foi onde o café penetrou já na fase de substituição do escravo pelo colono e na fase de surgimento da indústria. Muitos fazendeiros de cana-de-açúcar tornaram-se fazendeiros de café. Nunca é demais destacar o caso de uma família emblemática na história dessa mudança, a família Silva Prado. Seu fundador, o Barão de Iguape, fez fortuna como arrematador da cobrança de direitos sobre a passagem de tropas de muares e rebanhos de gado pelo registro de Sorocaba e tornou-se depois grande produtor de cana e de açúcar no século XVIII e em boa parte do século XIX. A família veio a ser, em seguida, uma das maiores produtoras de café do mundo.[17]

Além do que é necessário ter em conta a agricultura do algodão, que na província de São Paulo teve seu momento entre 1861 e 1875, praticada por pequenos proprietários e trabalhadores livres, estimulada pela cessação do fornecimento da fibra à indústria têxtil inglesa em decorrência da Guerra Civil americana. Um surto econômico que coincidiu com a transição do predomínio da cana-de-açúcar para o predomínio do café na agricultura paulista de exportação. Não por acaso, o declínio do surto algodoeiro coincide com o surgimento de várias fábricas têxteis na província nesse período de transição agrícola.[18]

Desde o século XVIII algum tipo de economia exportadora existira em São Paulo. Isso está amplamente relacionado, embora não exclusivamente, com a decisão do governo português de centralizar as atividades de exportação no porto de Santos, na passagem do século XVIII para o século XIX, ao mesmo tempo que determinou o fechamento de outros portos dos litorais sul e norte da capitania ao comércio externo. Foi nesse momento que o crescimento econômico de São Paulo tornou-se significativo, propiciando o aparecimento de uma dinâmica burguesia comercial, que se ligará aos negócios do açúcar e que assumirá a hegemonia política do processo de Independência, estando no centro dos acontecimentos de 1822, em São Paulo (a "bernarda" de Francisco Inácio e a Independência propriamente dita).

Mesmo assim, é necessário considerar que, para Dean:

> Em São Paulo havia apenas dois bancos antes de 1872, ambos filiais de firmas do Rio. A partir do momento em que os fazendeiros encontraram um mercado monetário para os seus produtos, no entanto, o volume de dinheiro em circulação e o crédito bancário cresceram.[19]

Acontece, porém, que o desenvolvimento das atividades bancárias e o aparecimento de novos bancos, principalmente durante os anos 1890, estão relacionados com a transformação das então chamadas secções bancárias das casas comerciais em bancos autônomos. Tudo indica que comerciantes e fazendeiros abonados desempenharam um papel bancário antes dessa época, não se podendo esquecer que as casas comissárias de café tinham essa função. O número de "capitalistas", arrolados nos almanaques paulistas do século XIX, sugere que não se deve deixar de lado esses emprestadores particulares que viviam de juros. Assim sendo, o aparecimento de instituições de crédito com o nome de bancos não deve ser confundido com o começo de um sistema de crédito em São Paulo, mas sim com seu desenvolvimento.

Aquelas referências estão relacionadas com a suposição mais geral de um amplo crescimento da economia de mercado que teria ocorrido na área de São Paulo, nessa época, exclusivamente em função do comércio de café.

Mas Dean vai adiante:

> Em São Paulo os fazendeiros descobriram que era impossível atrair trabalhadores da Europa sem o pagamento de salários em dinheiro. Depois eles descobriram que o pagamento em dinheiro lhes era vantajoso. O emprego mais econômico de seus trabalhadores era na produção do café e não na de produtos de subsistência; em consequência, os colonos – trabalhadores imigrantes – foram proi-

bidos de cultivar qualquer outra coisa que não fosse café, uma vez os cafeeiros alcançassem a maturidade.[20]

Essa é uma interpretação demasiadamente esquemática. Como demonstrei em capítulos anteriores, nem os colonos eram característicos trabalhadores assalariados nem foram proibidos de cultivar outra planta que não fosse café após a maturação dos cafeeiros e o início de sua produção comercial. O contrário é o verdadeiro. A imigração para o Brasil só se tornou um fato, tanto para os fazendeiros quanto para os trabalhadores, quando se chegou à fórmula que combinou o pagamento do trabalho em dinheiro (pelas carpas do cafezal e pela colheita do café) com a permissão para cultivo de gêneros de subsistência entre as leiras do cafezal ou num terreno à parte, dentro da fazenda, a chamada roça. O regime de colonato desenvolveu-se como uma complexa combinação técnica e econômica de produção do café como mercadoria e de produção direta dos meios de vida necessários à reprodução da força de trabalho. Em consequência, a extensão da economia de mercado e do dinamismo do mercado foi menor do que Dean presume ou, ao menos, foi diferente.[21]

Os pagamentos monetários residuais aos colonos de café, sem dúvida, a seu modo, tiveram amplo desdobramento no estímulo à expansão da indústria no marco singular de fábricas locais. Significativamente, nelas se aproveitava a cultura artesã e doméstica que muitos imigrantes europeus trouxeram consigo. Não se tratava de substituição de importações, propriamente, mas de uma indústria complementar da importação de manufaturados que expressava o bifrontismo da economia cafeeira. A imensa massa de trabalhadores agrícolas trabalhava por menos do que valia o seu trabalho, não só em consequência da taxa normal da exploração do trabalho na sociedade do lucro, mas porque remunerava-se a si mesma com a produção direta dos seus meios de vida. Recebia em dinheiro apenas o complemento desse ganho direto, principal e não monetário. Um dinheiro mais para poupar do que para gastar, como se viu com a extensa conversão de colonos em pequenos proprietários de terra dedicados à agricultura familiar na lenta ascensão social do imigrante agricultor entre 1886 e 1930, sobretudo depois deste último ano.

As diferentes interpretações sobre o papel desempenhado pela substituição de importações na industrialização brasileira tem em comum a ideia redutiva de um mercado interno estreitamente vinculado às exportações. Um pressuposto que não leva em conta a duplicidade de moedas do Brasil de então, com o mil-réis como moeda do residual mercado interno e as moedas estrangeiras, principalmente o franco, como moeda dos importados. Uma sociedade em que na elite dos fazendeiros havia os que na fazenda tomavam até sopa desidratada importada,[22] como ocorria com os avós de Tarsila do Amaral, enquanto o colono se contentava com a serralha que brotava espontaneamente no meio do cafezal, como mistura de seu feijão com farinha. Poupava seus restritos ganhos monetários para emancipar-se em relação à fazenda, evitando consumi-los com o que não fosse além do vestuário e das despesas inevitáveis, como as que se fazia com médicos e remédios. Duas lógicas diversas de consumo, de inserção no mercado e de mercado.

Existia no Brasil, e isso foi particularmente significativo em São Paulo, um potencial de criatividade empresarial e industrial que se aproveitou da demanda intersticial de produtos industriais, não atendida pela importação. Foi beneficiada pelo protecionismo não intencional representado pela duplicidade do dinheiro, uma moeda para quem trabalha, e não pode consumir o produto importado, e uma moeda para quem lucra e se sente inferiorizado no consumo do relativamente tosco produto da indústria local. A capacidade de consumir, da sociedade brasileira, cresceu muito mais do que sua capacidade de importar no período do reinado do café. Esse desencontro era parte integrante tanto da modalidade econômica e cultural de exploração da força de trabalho nos cafezais, quanto das técnicas econômicas e sociais de acumulação de capital que os grandes fazendeiros adotaram. Foi uma política explícita e clara, deliberada e socialmente criativa, que promoveu a travessia do país para a sociedade industrial e moderna no marco de uma lentidão histórica que responde até hoje por aquilo que o Brasil é social e politicamente.[23]

Em outras palavras, na perspectiva dos autores que revejo criticamente, a economia de exportação teria sido inteiramente responsável pelo aparecimento do mercado ou, dizendo de outro modo ainda, o mercado teria sido uma função das exportações. Entretanto, tendo em conta essa linha de reflexão, não fica absolutamente clara a origem da indústria entre nós, quais os fatores de seu surgimento e da sua disseminação. Particularmente, não se pode entender como a indústria cresceu fora dos períodos de crise no setor exportador. O importante a notar é que, para explicar a substituição de importações nos períodos críticos do café, os autores referem-se ao fato de que a indústria veio socorrer a economia; mas ocorre que essa indústria já existia, por outros fatores, e não se explicava, portanto, apenas pelas crises externas e pela impossibilidade de importar produtos industrializados ou pela redução da capacidade da economia para fazê-lo. Em 1907, o Centro Industrial do Brasil comparou o valor da importação com o valor da produção nacional de trinta produtos, dos mais consumidos. Mesmo com os valores da produção nacional subestimados e tendo sido excepcional a importação desses itens naquele ano, o valor da produção da indústria nacional correspondeu a 78,2% do total.[24]

Como sugeri em estudo anterior sobre a industrialização, tendo como referência o caso Matarazzo,[25] e constatei na pesquisa histórica que fiz sobre doze grupos econômicos pioneiros de São Paulo,[26] a indústria brasileira não surgiu no próprio corpo das relações imediatamente produzidas pelo comércio de produtos coloniais de exportação, como o café. Mas sim nos interstícios dessas relações, à *margem* e *contra* o circuito de trocas estabelecido pelos importadores. Assim, a *gênese* da indústria brasileira não deve ser buscada nas oscilações da economia do café, na alternância de períodos de crise e de falta de crise. Na verdade, o aparecimento da indústria está vinculado a um complexo de relações e produtos que não pode ser reduzido ao binômio café-indústria.

Isso não minimiza as interpretações que ressaltam os períodos de crise econômica, sobretudo do café, como poderoso estímulo ao *desenvolvimento industrial* (haveria que levar em conta, também, a crise e a ruína da indústria extrativa da borracha, ao fim da primeira década do século XX, e a redução da entrada de suas divisas). A capacidade de importação de manufaturados gerada pelo café não anulou a indústria já instalada e, de certo modo, nem concorreu com ela. Era uma indústria do padrão do artesanato e da manufatura, de pequena escala, mas disseminada pelo país inteiro, localista, protegida pela insuficiência e precariedade das vias de comunicação contra as mercadorias desembarcadas nos portos, que dependiam de demorado e muitas vezes precário transporte para chegar a compradores finais. Sem contar as limitações de escala do mercado consumidor interiorano e a lentidão dos retornos financeiros em face de uma economia dominante para a qual tempo era dinheiro.

A disseminação rápida de uma rede ferroviária, que chegaria a ser extensa, não foi suficiente para quebrar a importância dessa economia industrial pré-moderna: em boa parte tinha ela como referência a população que não era diretamente beneficiada pelo fluxo de dinheiro gerado pela exportação de café. O café não modificou de imediato nem rapidamente a estrutura de consumo dessa população. Agregou, sim, um padrão europeu de consumo às famílias diretamente beneficiadas pela riqueza que gerava, que apenas subsidiariamente se difundia no conjunto da sociedade.

Convém lembrar que a sociedade brasileira manteve por largo tempo características estamentais, a população dividida e confinada em segmentos com mentalidade e costumes próprios, segmentação reforçada pelo modo restrito como se dava a distribuição da riqueza, numa sociedade que não era propriamente uma sociedade de assalariados. O dinheiro circulava de maneira restrita, segundo regras sociais próprias de cada grupo. A imensa população pobre tinha acesso preferencial aos produtos dessa indústria antiga, em boa parte porque era ela vinculada à dinâmica agrícola e era extensão e desdobramento da agricultura. Não operava, propriamente, com regras do capital industrial. Seus produtos circulavam, portanto, como mercadorias de um complexo econômico centrado na subsistência e só marginalmente referido ao mercado.

Minha hipótese é a de que esse dualismo da economia brasileira de então funcionou como proteção contra os efeitos desagregadores da importação de manufaturados, por seu lado mais orientada para bens de consumo, comparativamente, do rol dos produtos de luxo. Num país agrícola, essa importação estava voltada para as cidades da explosão urbana que o café provocou no Rio de Janeiro e em São Paulo e para a urbanização residual que se refugiou no interior da casa-grande das fazendas de café.

Se compararmos as listagens nominais do censo da indústria que o Centro Industrial do Brasil realizou em 1907, com as listagens publicadas, muitas vezes anualmente, nos volumosos e informativos almanaques, como o Almanaque Laemmert, especialmente na segunda metade do século XIX, veremos que as diferenças de classificação e denominação dos diferentes ramos da atividade industrial são poucas. Em boa parte, porque a concepção de indústria que presidiu a realização do censo refletia a própria concepção que da indústria tinham os industriais do Rio de Janeiro que o ordenaram. O conceito de indústria, nesse censo, é abrangente e significativamente diverso da concepção de indústria que prevalece nas análises a que estou me referindo e no debate sobre a industrialização no Brasil entre o fim do século XIX e o início do século XX. Se, de um lado, inclui a já moderna indústria têxtil, inclui também as queijarias rurais de Minas Gerais, os fotógrafos do Rio de Janeiro, os latoeiros de diferentes lugares, os pequenos engenhos de açúcar ao lado de modernas usinas no Nordeste açucareiro, as muitas atividades domésticas de transformação que abasteciam esse mercado dual.

Apesar dos vários alertas tópicos dos organizadores do censo para o caráter incompleto de seu levantamento, os resultados dão um panorama esclarecedor dos rumos que tomava então a industrialização brasileira e da sua procedência parcial nas formas ainda artesanais da produção. Se o censo, como tudo indica, subestima a indústria que era extensão da agricultura, por outro lado parece documentar bem a indústria propriamente moderna. Mesmo assim, o peso dos pequenos estabelecimentos no emprego da população que o censo define como operária é um dos dados significativos desse levantamento, conforme mostra o quadro a seguir.

Brasil – Distribuição dos operários industriais por região
e tamanho dos estabelecimentos – 1907

Operários	Norte	Nordeste	Sudeste	Sul	Centro-Oeste	Somas
Até 9	35,7	25,3	50,4	47,7	70,4	46,6
10 a 49	50,8	38,1	30,8	39,3	24,2	34,4
50 a 99	7,1	13,2	8,0	7,9	2,7	8,4
100 e mais	6,4	23,4	10,8	5,1	2,7	10,6
Somas (100%)	140	431	1.730	781	149	3.231

Fonte: Centro Industrial do Brasil, *O Brasil – Suas riquezas naturaes, suas industrias*, Rio de Janeiro, Officinas Graphicas M. Orosco & C., 1909, v. III.

Em princípio, os detalhes mencionados no levantamento sugerem que se pode trabalhar com a suposição de que os trabalhadores empregados nas indústrias com mais de 500 operários eram trabalhadores da grande indústria, de tecnologia moderna, já privados do conhecimento artesanal que era próprio daqueles situados nos pequenos estabelecimentos que empregavam até nove operários e muitos que empregavam até 25 operários. Mesmo que se adote a necessária cautela de levar em conta a época e as características atrasadas de muitos setores da economia brasileira. A Cia. Mate Laranjeira, produtora e exportadora de erva-mate, no Mato Grosso, empregava mil operários. Mas essa empresa era, na verdade, uma imensa senzala, em várias ocasiões denunciada pelo emprego de trabalho escravo.[27] Estava muito longe de ser uma empresa moderna, apesar do número de seus trabalhadores. A alta proporção de operários que, no Nordeste, trabalhavam em indústrias com mais de cem trabalhadores e, mesmo, mais de quinhentos, deve-se ao peso que nesses números tiveram os empregados nas grandes e modernas usinas de açúcar, no entanto trabalhadores que viviam num cenário rural atrasado, parcialmente presos à economia de subsistência.

Na segunda metade do século XIX, os engenhos começaram a se transformar em engenhos de fogo morto, vencidos por modernas usinas industriais de açúcar, os engenhos centrais, grandes responsáveis pela introdução da grande indústria no Brasil. Foram acompanhados pela moderna indústria têxtil que se difundiu por várias regiões brasileiras, em cidades interioranas, grandemente estimulada pela proximidade das áreas de produção algodoeira. Essa indústria de certo modo concorreu com a indústria têxtil caseira que desde os tempos coloniais produziu tecidos de algodão para o vestuário dos escravos, dos índios administrados e dos mestiços agregados às grandes fazendas. Nos dois casos, a importação de equipamentos assegurou a introdução de moendas e teares modernos na economia brasileira. Porém, ambas as indústrias conviveriam por largo tempo ainda com os similares rústicos e a produção de escala modesta, de tipo artesanal.

A grande indústria têxtil, mais do que substituir importações, com elas concorreu, já no século XIX e, na época do censo de 1907, já era a indústria brasileira de ponta, muito antes, portanto, dos efeitos da Primeira Guerra Mundial, cujas restrições econômicas estimularam a industrialização brasileira a partir de uma indústria de vários modos já estabelecida e que absorveu, em parte, o mercado antes atendido pelas importações.

O quadro anterior mostra o quanto a força de trabalho industrial estava empregada em pequenos e médios estabelecimentos e o quanto a indústria se disseminara, por isso mesmo, pelos vários estados brasileiros. Uma indústria que ainda dependia muito do capital social representado pelo conhecimento artesanal do trabalhador. No conjunto do país, quase metade dos operários trabalhava na própria casa ou em pequenas oficinas de fundo de quintal. A chamada grande indústria, para impor-se, nos demorados anos seguintes, teria que vencer essa indústria artesanal e manufatureira capaz de absorver, como absorveu, as irracionalidades da economia brasileira, que tornavam o mercado incerto e instável e que, com maior facilidade podiam atingir a grande indústria. Grande indústria, aliás, que operava com capacidade ociosa, mobilizada nos momentos de aumento da demanda em face da crise de importações. Nesse movimento, a média e grande indústria não só substituíram importações, como substituíram a produção industrial interna de pequena escala representada por esse setor que nos vinha ainda do tempo da escravidão.

Nesse sentido, o que chama a atenção no censo de 1907 é, justamente, o fato de que a presença do imigrante estrangeiro na indústria ficou circunscrita aos estados do Sul e a São Paulo. Em Minas Gerais, os italianos estavam significativamente presentes na indústria de alimentação, mas não nos demais setores. Nomes luso-brasileiros, predominam na indústria, na maior parte do país. Uma indicação a mais de fatores da industrialização não necessariamente vinculados à imigração estrangeira nem necessariamente vinculados à grande indústria e à suposta função inaugural do café.

O estudo de Stanley J. Stein sobre a indústria têxtil no Brasil, o carro-chefe da indústria em geral e seu principal dinamizador, aquela, portanto, que se pode presumir ter sido estimulada pelas dificuldades de importação advindas com o início da Primeira Guerra Mundial, mostra como essa indústria já dera um salto na época do Encilhamento e um novo salto entre 1905 e 1915, quando o número de fábricas nesse setor passou de 110 para 240 e o número de operários de 39.159 para 82.257.[28]

Os principais grupos econômicos, como demonstrou a ampla pesquisa de Maurício Vinhas de Queiroz, já citada, que se tornaram grandes depois, surgiram no último quarto do século XIX. Praticamente todos eles nasceram para substituir a produção artesanal e doméstica ou a produção em pequena escala disseminadas por um grande número de pequenos estabelecimentos tanto na capital quanto no interior. Aliás, a indústria em São Paulo nasceu distribuída por quase todos os municípios da província. Só depois do Encilhamento, nome da crise especulativa de 1890-1891, é que passou a concentrar-se na capital e nuns poucos municípios importantes do interior, o que completou um processo iniciado com a expansão das ferrovias, que facilitaram a concentração industrial. A industrialização da referência de muitos pesquisadores foi antes de tudo a modernização industrial, a passagem do artesanato para a manufatura e a grande indústria, passagem alimentada pela repercussão das crises econômicas na exportação do café e na importação de manufaturados.

Isso não anula, mas situa, a interpretação de Warren Dean quanto aos fatores da industrialização, se os entendermos como fatores do desenvolvimento industrial. No seu entender, a habilidade dos empresários devotados à importação, como assinalei antes, tornou-se o principal fator da industrialização porque eles perceberam a sua importância durante os períodos de estabilidade no comércio do café. Dean centra sua análise num fator cultural, na cultura como produtora de relações sociais e de transformações sociais. Ele faz sua própria leitura, invertendo-a, da concepção marxista da produção da consciência historicamente determinada, como antecedente das relações sociais que mediatiza. Nesse plano, confunde a habilidade ou a destreza empresarial, definidos como elementos culturais aprendidos na prática comercial, com a consciência empresarial, o capital, na plenitude de suas possibilidades, personificado pelo capitalista. Dean, desse modo, descaracteriza a consciência como interpretação e componente do processo social, como *produto*, ao mesmo tempo criativo, da práxis burguesa, e a reduz à dimensão de capital cultural que *causa* as transformações históricas. Essa cultura teria sido acessível aos comerciantes importadores, transferida do exterior, mas não aos demais setores da burguesia local, que já investia em outras atividades econômicas. Era como se a demonstrada criatividade empresarial dos capitalistas brasileiros, na abolição da escravatura, por exemplo, fosse bem em todas as outras atividades econômicas, menos na atividade industrial.

O café e a gestação do empresário

A posição de Dean é o ponto de partida para um segundo tema relacionado com o problema da industrialização brasileira – o que chamo de habilidade empresarial. Até onde sei, Dean é o único autor que tenta juntar essas duas linhas de interpretação – a da substituição de importações e a da difusão de habilidade na gestão capitalista do capital – formuladas e postas em discussão por pesquisadores brasileiros. Esse segundo tema tem uma origem bem mais rica, teoricamente falando, riqueza que, no entanto, progressivamente se perdeu.

A explanação pioneira com o tema relacionada procede de estudos que Fernando Henrique Cardoso realizou sobre o café e a industrialização.[29] Pela originalidade, ela difere profundamente de outras baseadas numa certa ideia de difusão cultural, como as de Dean e de Graham. A principal diferença é a de que Cardoso analisa os fundamentos históricos e sociais, e as determinações históricas, da consciência empresarial relativa à industrialização.

O problema básico é este: como foi possível a uma economia agrícola, devotada à exportação e baseada no trabalho escravo, transformar-se numa economia industrial baseada no trabalho livre? Quais foram as condições históricas e os fatores dessa transição profunda? A relação entre senhor e escravo não era uma relação capitalista e, à primeira vista, não explicitava os fatores de sua desagregação nem indicava a possibilidade de que dela emergisse uma sociedade estruturada em seus opostos. Como apareceu o capitalista industrial, então? Cardoso orienta sua pesquisa e sua análise no sentido de explicitar as relações de produção cuja mediação determinava a consciência do capitalista industrial que nascia e ao mesmo tempo a transição histórica em que esse processo se dava.

Aos que não estão familiarizados com o tema pode ser útil esclarecer que o café, numa certa medida, tem sido na história agrícola brasileira uma cultura itinerante.[30] O cultivo intensivo e econômico do café começou nas vizinhanças do Rio de Janeiro, no final do século XVIII, embora não tenha sido aí a sua introdução no Brasil. Progressivamente deslocou-se pela província do Rio de Janeiro em direção à província de São Paulo, pelo Vale do Paraíba. Durante a primeira metade do século XIX cobriu o Vale do Paraíba paulista, envolvendo toda a área situada entre a cidade de São Paulo e o antigo Município Neutro ou da Corte. Não obstante, o porto do Rio de Janeiro permaneceu como o principal porto de exportação de café, tanto originário das plantações fluminenses como das paulistas do Vale do Paraíba. No começo da segunda metade do século XIX, o café já havia penetrado na região oeste da província paulista, começando a disputar terras com a já antiga cultura da cana-de-açúcar. No começo do século XX já abrangia o chamado oeste velho. Nas décadas de 1930 e 1940 foi penetrando no Paraná e hoje já penetra no Paraguai. Ao mesmo tempo, as regiões mais antigas foram sendo progressivamente abandonadas em favor, sobretudo, da pecuária de leite. Isso tinha muito a ver com o declínio da fertilidade do solo no Vale do Paraíba. Em 1926, a produtividade dos cafezais dessa região era de metade para menos da produtividade média do estado e de menos de um terço da produtividade das regiões novas.[31]

Durante o período do deslocamento do café do Vale do Paraíba para o oeste, inicialmente para a que foi conhecida também como região central, deu-se o fim do tráfico de escravos. Começaram, então, as primeiras tentativas de substituição dos escravos por trabalhadores livres, principalmente imigrantes europeus, dentro das próprias fazendas, por iniciativa dos próprios fazendeiros, dado que experiências brasileiras anteriores com imigrantes estrangeiros referiam-se apenas a programas oficiais de colonização.

Numa certa medida, mas não completamente, o deslocamento do café de uma região para outra, que colocou a cidade de São Paulo na rota dessa mercadoria, foi momento marcado também pela passagem do trabalho escravo para o trabalho livre. Isso significava que os fazendeiros passaram a vivenciar relações de produção em que o trabalho tornara-se um fator de lucratividade calculável do capital, com seus capitais empregados em funções parcialmente diferentes das funções cumpridas durante a escravidão. Daí que o café tenha levado rapidamente ao desenvolvimento capitalista em São Paulo, embora não tivesse promovido essa mesma mudança, com a mesma rapidez, em outras regiões por onde passara antes.

Diversos fazendeiros adotaram uma posição em favor da abolição da escravatura porque teriam compreendido que o trabalho escravo impunha dificuldades ao cálculo da rentabilidade do capital, ao mesmo tempo que o escravo representava uma imobilização de capital na pessoa do trabalhador, como renda capitalizada, sem que funcionasse como capital propriamente dito, colocado entre parênteses no processo de produção da riqueza.

Em consequência, a abolição da escravatura não somente tornou possível o uso racional da força de trabalho, mas liberou o fazendeiro, ao mesmo tempo, da imobilização de capital na compra de escravos. Essa liberação de capital teria sido um dos primeiros fatores na acumulação relacionada com a industrialização brasileira.[32]

Como fator adicional, muito fazendeiros mudaram-se para a cidade de São Paulo, o que foi favorecido pelo transporte ferroviário, que alterou a relação de dupla moradia que era a característica da cultura residencial dos grandes fazendeiros e que se consolidara com a expansão da agricultura de cana-de-açúcar já no século XVIII. Até então, a residência na capital era a residência secundária, sendo a principal a da fazenda ou de uma das fazendas de um mesmo fazendeiro. Com as ferrovias, surgem na cidade os bairros modernos dos potentados rurais, como Campos Elíseos, avenida Paulista e Higienópolis, cujos palacetes se tornaram a moradia principal dos fazendeiros. Com a São Paulo Railway, em 1866, São Paulo ficou no meio do caminho entre as fazendas e o porto de Santos, que passou a ser o porto de referência da exportação do café paulista e, por isso, a cidade das contas e dos negócios, a cidade dos bancos, numa espécie de divisão do trabalho com a capital. Muito rapidamente, a cidade de São Paulo passou a ser a sede de uma cultura urbana refinada, mais propícia ao desenvolvimento capitalista do que a vida agrária, patriarcal e estreita das fazendas, em que o fazendeiro se confinava com sua família.

Supõe-se que a acumulação de capital esteve estreitamente relacionada com o desenvolvimento da habilidade empresarial. De um lado, porque quando a calculabilidade do capital tornou-se possível em bases racionais teria propiciado condições para que diversos fazendeiros expandissem seus negócios como comerciantes, como comissários de café, como exportadores e como importadores. Mais tarde eles teriam podido dedicar-se a atividades bancárias, o que os teria habilitado a descobrir que a rentabilidade do capital decorre do uso do capital pelo capital. E que o uso capitalista do capital é bem mais do que emprestar dinheiro a juros, que era a noção comum por aqui no último quartel do século XIX, sendo definido como capitalista apenas aqueles que viviam de tais empréstimos.

Numa certa medida, isso teria permitido o aparecimento de uma atividade empresarial "pura". A liberação do capital, resultante da libertação do escravo e da transformação das relações de produção, teria produzido, como consequência, aquele tipo de pessoa, o empresário, capaz de assumir a racionalidade desse capital, dedicando-se, então, ao desenvolvimento da atividade industrial como parte necessária do elenco das alternativas de investimento do capital originariamente acumulado na produção do café.

Como se vê, esse esquema trata o assunto integradamente: ao mesmo tempo que centra a discussão na transição histórica das relações sociais, trata essas relações no âmbito da totalidade por elas engendradas, vinculando-as a uma modalidade de consciência – a consciência burguesa – necessária, como mostrou Marx, à realização do movimento do capital. O que ela expressa é a personificação do capital pelo capitalista. Por aí temos indicações de como o capital se libera das peias que dificultam o seu circuito e, ao mesmo tempo, de como ele se apossa da pessoa do capitalista, para assumir a vida que não tem, para que sua racionalidade, a sua necessidade de reprodução, se metamorfoseie na necessidade existencial do capitalista.

Não obstante a sua adequação teórica para explicar a industrialização no Brasil, esse esquema ainda assim oferece alguns pontos de dúvida.

Um primeiro ponto, teoricamente claro, mas empiricamente, no caso brasileiro, sujeito a dúvidas, consiste em saber se a consciência capitalista foi condição ou resultado das transformações nas relações de trabalho. De um lado, porque é preciso não confundir origem com determinação. Sabemos que, nesses casos, a consciência se determina pela mediação das relações de produção. O que não quer necessariamente dizer que, no efetivo processo de transição, a emergência da consciência capitalista dependa da emergência do que Marx chamou de modo de produção caracteristicamente capitalista, pois nesse caso estaríamos num circulacionismo imobilizante, o oposto do que a transição é. Os ritmos desiguais do desenvolvimento descompassam os planos da realidade que, assim, se propõe contrapondo esses planos entre si e na contraposição evidenciando contradições e embates que determinam transição e superações.

Concretamente, a experiência e as tradições da burguesia comercial têm um papel significativo, embora nem fundamental nem exclusivo, na condução do processo de reformulação das relações de trabalho. Não é por menos que, no caso brasileiro, a substituição do trabalho escravo pelo trabalho livre, como demonstraram os estudos de Florestan Fernandes, Otávio Ianni, Fernando Henrique Cardoso, Paula Beiguelman e Emília Viotti, entre outros, teria sido conduzida pelo caráter impositivo da racionalidade do capital, admitida, assumida, praticada e difundida por muitos fazendeiros e comerciantes. Para a cafeicultura, a escravidão entrou em crise quando seu custo revelou-se irracional em face dos preços do café, quando comprometeu o taxa de lucro da fazenda cafeeira e quando entrou em conflito com a racionalidade econômica alternativa e possível do trabalho livre. Daí que a liberdade *do* escravo não tenha se constituído em liberdade *para* o escravo, no que a liberdade propriamente significa, e sim em liberdade para o fazendeiro, isto é, para o capital que ele representava e personificava, ainda que no marco e nas limitações das tradições que o tolhiam.

A noção de liberdade que comandou a Abolição foi a noção compartilhada pelos setores da elite que nela se envolveram, e não a noção de liberdade que tinha sentido para o escravo. Em consequência, o escravo, quando livre, caiu na indigência e na degradação, mergulhado na anomia, como mostrou Florestan Fernandes.[33] Foi o fazendeiro quem se libertou do escravo, e não o escravo quem, propriamente, se libertou do fazendeiro. A proposta da Abolição, em tese, não se destinava a remir o cativo mas a dele libertar o capital, que se contorcia nas limitações, impedimentos e irracionalidades da escravidão. Era o capital que queria romper caminho nas contradições do cativeiro, sem que se ignore, evidentemente, os ideais humanistas que norteavam a vida, as inspirações e as decisões dos que batalharam, no Parlamento e fora dele, pela disseminação da liberdade jurídica da pessoa como valor universal. Na Abolição, além do mais, libertavam-se brancos e negros, até mesmo quem sendo branco não tinha escravos, como se libertavam, também, os negros que, sendo livres, tinham escravos e à custa deles viviam, especialmente os chamados escravos de aluguel ou de ganho, como se dizia, de que há notícias aqui e ali, bem como os negros que eram feitores de escravos e capitães do mato. O sistema inteiro ruía.

Por outro lado, quando a escravidão ainda era a principal fonte de trabalho, fazendeiros e comerciantes que se dedicavam à produção da cana e do açúcar na região central da província de São Paulo, a de Campinas e Piracicaba, e a diversos negócios comerciais com ela relacionados, organizaram um banco e uma indústria têxtil. Isso se deu ainda nas proximidades do período da Independência.[34] O que indica o quanto, mesmo na vigência do regime servil, a economia que praticavam se apoiava num capital que pedia desdobramentos propriamente capitalistas, além dos limites e constrangimentos de um regime de produção em que o trabalho não estava livre do corpo do trabalhador e com ele se confundia. Esse é um dado que não pode ser esquecido quando se quer analisar a emergência de uma burguesia moderna entre nós e transformações no perfil do que no século XIX se autodefinia como fazendeiro ou mesmo como capitalista. Convém ter presente que, até meados do século XIX, fazendeiro era o administrador de cabedal, a fazenda, mesmo de cabedal alheio. Como era o caso, nos séculos XVIII e XIX, dos chamados padres-fazendeiros, os monges administradores das fazendas da Ordem de São Bento, gestores do capital de custeio que recebiam do padre-gastador para manutenção e funcionamento da economia agrícola e industrial das fazendas a seu cargo. De modo algum o conceito de fazendeiro se restringia ou mesmo se confundia com o de dono da grande propriedade agrícola ou pecuária, que veio a ser mais tarde o seu significado.

Além do que, mesmo no período crucial para a gênese da indústria em São Paulo, que vai, aproximadamente, de 1870 a 1905, não parece que tenham sido muitos os fazendeiros que se dedicaram à atividade industrial, em parte devido ao caráter intersticial da indústria e às incertezas decorrentes, em parte porque a cafeicultura já era um negócio conhecido, baseado em padrões estabelecidos de gestão e conduta econômica. Uma pesquisa exploratória que realizei há alguns anos, cobrindo esse período, sobre "A cafeicultura e a urbanização dos investimentos", mostrou que, pelo menos até 1905, os fazendeiros dedicavam-se a vários negócios, além do das suas fazendas, não se limitando a elas: comércio, bancos, ferrovias, indústria, comércio imobiliário, como cotistas ou, principalmente, como acionistas das empresas – sociedades anônimas em que tinham pequena participação juntamente com um grande número de outros investidores. A palavra *capitalista*, nessa época, em São Paulo, significava para eles, como já mencionei, a pessoa que vivia dos rendimentos de seu capital, como os juros do dinheiro emprestado a terceiros, mais na perspectiva do proprietário que vive da renda da terra, o rentista, embora esses rendimentos se referissem principalmente ao lucro do capital aplicado em empresas de outrem. É verdade, no entanto, que diversos desses acionistas tornaram-se diretores de empresas, sobretudo bancos e ferrovias, e que, em consequência, envolveram-se no processo tipicamente empresarial de tomada de decisões nos negócios. Nas duas situações, há elementos para considerar que o escravismo não foi, em termos causais, impeditivo para a prática capitalista num contexto de abundância de mão de obra escrava, antes da proibição do tráfico que se tornaria efetiva em 1850. E, de outro lado, o desaparecimento do escravismo não foi suficiente para um despertar de vocações empresariais entre os possuidores de capital.

Outro ponto a ser considerado é o de que o desenvolvimento da cidade de São Paulo não parece ter sido tão exclusivo quanto se supõe no crescimento e diversificação dos negócios e, especialmente, para o surgimento do comportamento capitalista e empresarial entre os fazendeiros. De 18 bancos arrolados no estado de São Paulo, em 1902, cinco eram estrangeiros, seis tinham a sua matriz na cidade de São Paulo e sete tinha sua matriz em cidades do interior do estado.[35] Entre os últimos, podemos encontrar o Banco Melhoramentos de Jaú, mais tarde Banco de São Paulo S/A, um dos mais importantes bancos paulistas, que existiu até 1973, quando foi incorporado pelo Banespa. Isso indica que mesmo no interior distante, nas proximidades da vida culturalmente estreita das fazendas, os fazendeiros desenvolviam atividades empresariais intensivas.

Finalmente, parece que, ainda que apenas num número reduzido de casos, fazendeiros acumularam uma experiência de liderança nos negócios, seguindo esta sequência: fazendeiro, comerciante de café, empresário de ferrovia, negócios imobiliários rurais e urbanos, banqueiro, industrial. Na maior parte dos casos, combinaram algumas dessas atividades. O único caso, largamente conhecido, em que o modelo foi seguido por inteiro e é a sua referência, pelo menos o único invocado para sustentar e legitimar o modelo, é o de Antônio da Silva Prado, o neto. Alguns autores esperam que a essa biografia comprove acima de qualquer dúvida o que teria acontecido na economia do café para transformar o senhor de escravos num moderno capitalista industrial. Prado parece reunir todas as condições para ser considerado o tipo ideal do empresário brasileiro dessa fase: ele e a família foram proprietários de várias grandes fazendas de café, sua família fundou e administrou a Companhia Prado Chaves Exportadora, dedicada à exportação de café, foi diretor de banco (o Banco do Comércio e Indústria), foi diretor de ferrovia (a Companhia Paulista), organizou e dirigiu empresas industriais, como o Frigorífico de Barretos e a Vidraria Santa Marina. De outro lado, foi senador e ministro da Agricultura, do Império. Nessa função foi o principal responsável pelo encaminhamento da Abolição da escravatura e pela promoção da imigração em massa de trabalhadores estrangeiros, livres, para o Brasil, especialmente para os cafezais de São Paulo, segundo um modelo que preservou a economia de exportação e a grande propriedade em que se baseava. Mais tarde tornou-se o prefeito de São

Paulo que durante dez anos transformou o que restava do centro caipira numa cidade europeia e moderna.

Entretanto, uma pesquisa mais cuidadosa pode revelar outras características de grande importância na sua biografia e na sua história familiar. Prado nasceu e cresceu na cidade de São Paulo, longe das fazendas da família. Era filho de um rico produtor de café e de dona Veridiana Prado, uma das primeiras mulheres empresárias no Brasil. Seu avô homônimo, o Barão de Iguape, e outros parentes, ancestrais e colaterais, foram, além de fazendeiros, importantes comerciantes, alguns já no século XVIII. Esse avô começou a vida como negociante de tropas e gado trazidos do Sul para São Paulo e comerciante de vários efeitos. Depois de viver um tempo na Bahia, negociando, retornou a São Paulo, onde foi fornecedor de tropas militares, arrematador de impostos, acionista da caixa filial do Banco do Brasil e fundador de uma indústria têxtil nas primeiras décadas do século XIX. Mas foi também produtor de açúcar no oeste inicial, a chamada região central da província, onde mais tarde entraria o café.

Não me parece que a biografia de uma única pessoa, quando estudada como exemplo e não como caso, seja a melhor maneira de explicar a habilidade empresarial e a acumulação do capital como expressões do que uma sociedade é. Mais importante é ter em conta o próprio capital, sua reprodução e as condições de sua reprodução, as personalidades que cria e socializa. No caso dos Prado, alianças de família, do século XVIII ao século XX, criaram uma rede parental extensa em que comprovadas vocações empresariais nas várias famílias que se uniram tornam pouco provável que não tenha se formado nela uma cultura empresarial intrafamiliar, a começar da própria grande matriarca que foi dona Veridiana Valéria da Silva Prado.[36]

Nessa rede, trânsitos entre a economia e a política foram frequentes e uma visão empresarial da economia na política marcou toda a obra de político de Antônio Prado.[37] Sua visão dos nexos entre os vários planos da economia capitalista foi, sem dúvida, uma das mais completas que houve em toda a história do Brasil. O que dele fez um reformador social capaz de articular as relações de produção com o poder, de um lado, e com uma ideologia conformista dos trabalhadores rurais e urbanos, de outro. Foi ele quem enunciou, num discurso no Senado, em 1888, os princípios da ideologia da ascensão social pelo trabalho em conexão com o modelo de desenvolvimento agrícola e industrial que decorreu do modo como propôs e realizou a substituição do trabalho escravo pelo trabalho livre.

Outros complexos familiares, concebidos como empreendimentos econômicos, norteados por uma cultura ao mesmo tempo empresarial e patriarcal podem ser facilmente identificados em São Paulo. O que confirma, no fundo, já no século XIX e, provavelmente, até antes, a gestação de um capitalismo fundado, ao mesmo tempo, na tradição conservadora e fundiária, mas aberto até a ousadas tendências inovadoras não só na economia, mas também na cultura, especialmente nas ciências e nas artes.

Não foi pequeno o número de fazendeiros paulistas que enviaram seus filhos à Europa e aos Estados Unidos para estudar Medicina ou Engenharia. É significativo que o governo de São Paulo tenha criado, respectivamente em 1891 e 1893, a Faculdade de Medicina e a Escola Politécnica, que forneceu os quadros de engenheiros para a formação e disseminação da indústria em São Paulo. Na Medicina, é necessário mencionar que um de seus fundadores, o médico e também filósofo fluminense Luís Pereira Barreto, de uma família de fazendeiros de café, foi um dos principais descobridores das terras roxas da região de Ribeirão Preto, fazendeiro ele próprio que trouxe consigo, do Rio, outros fazendeiros de café. Era ele um experimentador de técnicas agrícolas e promotor de inovações na agricultura, tendo sido o principal responsável pela introdução da cultura da vide em São Paulo e da produção do vinho. É de 1898, a criação da Escola Prática de Agricultura, em Piracicaba, que veio a ser a Escola Superior de Agricultura Luís de Queirós, para formar técnicos agrícolas e engenheiros agrícolas. Outras iniciativas foram tomadas, ainda nessa época, no campo da ciência e da pesquisa, por fazendeiros e filhos de fazendeiros, o que indica um denso e ativo espírito inovador, muito além da mera consciência empresarial referida aos interesses particulares.[38]

As transformações estruturais da economia paulista, identificadas por Cardoso, foram fator referencial e básico para a expansão e difusão do que se pode chamar de vocação e de consciência empresariais (e que aparece, simplificada, como cultura e habilidade empresariais em Dean), mas certamente não foram os exclusivos fatores de sua origem no Brasil. No entanto, essas transformações libertaram e expandiram uma experiência e uma visão de mundo que já ocorria, ainda que em pequena escala, no mundo da escravidão, em diferentes regiões do país. A riqueza criada pelo café atraiu, aliás, capitalistas de outras províncias, como o conde Prates, originário do Rio Grande do Sul, que em São Paulo teve a famosa Fazenda Santa Gertrudes e foi um dos grandes investidores na renovação urbana do centro de São Paulo. Ou Domingos Jaguaribe, médico cearense, historiador, que fez investimentos imobiliários em São Paulo e Osasco e foi um dos promotores da criação da estância climática de Campos do Jordão, de que resta memória na denominação de Vila Jaguaribe de um de seus bairros.

Warren Dean e Richard Graham são os dois autores que, em meu entender, adotaram as proposições de Cardoso, mas o fizeram num plano sensivelmente empobrecido porque destituído da historicidade própria da análise daquele autor. Em Cardoso, o centro da análise está nas transformações históricas profundas e radicais. Em Dean e Graham, a referência é a mudança social. Ou seja, eles reduziram as formulações de Cardoso sobre a consciência capitalista a simples domínio da cultura empresarial, a um problema de *difusão* de habilidades empresariais e não de *gênese* (histórica) da consciência do empresário. Com isso, historicamente falando, eles promovem uma alteração radical na interpretação de Cardoso. Essa alteração permite introduzir no assunto uma visão missionária, criadora e positiva da dominação econômica dos países hegemônicos *simultaneamente* com uma concepção negativa da dinâmica histórica do país dominado. Essa interpretação idealista das transformações sociais tem como última implicação a ideia de que a história se faz nos centros hegemônicos do capitalismo, tendência muito mais nítida em Graham do que em Dean. Eles tomam a expansão empresarial como uma função das relações econômicas externas e não como produto de rupturas internas da economia que engloba relações externas. É como se fosse um apêndice exterior à sociedade brasileira, como se esta não constituísse uma realidade histórica, com determinações externas e internas. Isso não exclui que se proclame a importância dos trabalhos desses dois autores, que acabaram secundando a produção dos pesquisadores brasileiros com uma contribuição significativa sobre um dado do problema que vinha tendo um tratamento menor em vários estudos – que é o vínculo entre as transformações sociais e a hegemonia econômica dos países economicamente dominantes.

Como já indiquei, Dean presume que a experiência empresarial envolvida na industrialização provinha de uma familiaridade prévia do empresário com os negócios de importação – um elo importante na dependência externa produzida pelo que Caio Prado Júnior chamou de economia colonial. Nesse ponto, Dean adota a premissa de que as atividades agrícolas não continham as condições suficientes para a gestação do que se poderia chamar de habilidades empresariais ou, na perspectiva de Cardoso, o espírito de empresa.[39] O que, na verdade, se reflete nessa interpretação é a suposição de que não sendo capitalistas as relações de produção na grande lavoura, baseadas no trabalho escravo, não poderiam engendrar uma concepção empresarial e propriamente capitalista da existência e uma interpretação capitalista para o uso da riqueza, segundo as regras e a dinâmica do próprio capital. Ocorre, porém, que a análise da transição histórica não pode ficar centrada na polarização mecânica de modos de produção, porque aí se torna impossível apreender o movimento da história, o caráter complexo e historicamente desigual do processo social. O trabalho escravo também permitia a acumulação de capital, ainda que principalmente fora dos quadros restritos da fazenda, nas escalas percorridas pela circulação da mercadoria e pela exploração econômica que por meio dela se dava no plano propriamente especulativo. No meu modo de ver, Cardoso está lidando essencialmente com a emergência das condições históricas para a reprodução capitalista do capital, que teve na adoção do trabalho livre, no lugar do trabalho escravo, a transformação necessária e a condição decisiva. A diferença de tratamento do tema entre Cardoso e Dean é que o primeiro trabalha com uma teoria da transição concreta, em que fatores objetivos interferem no curso das mudanças, definindo a situação social da tomada de decisões por parte do capitalista. É nesse quadro que se pode pensar no campo de alternativas e possibilidades das decisões do capitalista ou aquilo que Marx definiu como personificação do capital. Por seu lado, Dean trabalha com uma teoria da mudança social, em que os homens são os agentes conscientes e intencionais das mudanças, produzidas segundo seus interesses.

Num outro plano, há o estudo de Graham, que não pretende se constituir numa explicação sobre a industrialização, a não ser indiretamente, pois é um estudo sobre a influência britânica no Brasil, o país mais industrializado de então, sem a qual a indústria no Brasil era inviável. É por isso que cabe aqui só um comentário geral sobre a sua suposição de que os ingleses teriam sido os patrocinadores da modernização necessária para vencer o tradicionalismo brasileiro. O comércio com a Grã-Bretanha trouxe capital e conhecimento para a construção de uma economia em bases modernas. Mas parece que ele atribui demasiada importância ao que Schumpeter denomina de racionalidade técnica, confundindo-a com a racionalidade do capital. Graham esquece que uma das regras principais do capital é a de não fazer favores a quem quer que seja. Ele não assume que a racionalidade técnica opera sob o domínio da racionalidade econômica. Mas, uma questão, pelo menos, subsiste do seu trabalho no que possa ter como implicação para a análise da industrialização: foi a influência britânica que incrementou o desenvolvimento industrial brasileiro ou o desenvolvimento industrial que incrementou a influência britânica?

Gostaria de concluir fazendo ligeiras referências a considerações alternativas que, acredito, estão contidas neste capítulo:
1. Há várias indicações de que antes da Abolição da escravatura e da chamada grande imigração (1886-1888) ocorreu uma significativa expansão da atividade comercial e da indústria de pequeno tamanho e em pequena escala na província de São Paulo; não apenas na capital, mas em quase todas as cidades do interior. Isso parece sugerir que nessa época a indústria artesanal passou a desenvolver-se mais intensamente nos meios urbanos do que nas fazendas de café, cana e algodão, configurando num certo sentido a separação de agricultura e indústria.
2. No começo dos anos 1890, durante o chamado Encilhamento, houve em São Paulo uma intensa atividade econômica extra-agrícola. Diversas empresas foram organizadas com a finalidade de adquirir pequenas fábricas. O resultado do Encilhamento, em São Paulo, parece ter sido uma alteração na escala da produção industrial. Nesse sentido, no iní-

cio, a industrialização visível como ramo autônomo da economia, visou principalmente substituir a produção industrial doméstica e, até, clandestina, e a produção organizada em pequena escala.

3. Um último ponto a ser considerado, quanto ao envolvimento do Estado na industrialização, é o de que desde 1900 o Estado brasileiro implantara o imposto de consumo. Com isso, o governo reconheceu que as taxas de importação não cobriam a totalidade do consumo da sociedade brasileira e que o Tesouro Federal estava, em consequência, perdendo dinheiro. Desde então, os rendimentos públicos passaram a depender progressivamente desse imposto e, portanto, da industrialização. O setor industrial passou, pois, a ter uma importância vital para a manutenção do Estado. Assim sendo, a indústria ganhou sua importância nas decisões governamentais, como ocorreu durante o Governo Provisório da Revolução de Outubro de 1930, em face da Crise de 1929, quando o governo pagou para que o café sem mercado fosse colhido e posteriormente queimado. Uma política que, se beneficiou o café, beneficiou também a indústria, ao que parece deliberadamente, pelo que sugere o já mencionado relatório do ministro José Maria Whitaker.

* Exposição feita no Institute of Latin American Studies, University College, Londres, em 18 de fevereiro de 1976; no Institute of Latin American Studies, University of Glasgow (Escócia), em 2 de junho de 1976; e no Seminar of Economic Research, Pembroke College, University of Cambridge, em junho de 1976. Texto publicado originalmente em *Contexto*, n. 3, São Paulo, Hucitec, jul. 1977. Agradeço ao Prof. Sérgio Buarque de Holanda a leitura interessada deste artigo e os comentários a diversas de suas passagens. Agradeço igualmente a Tamás Szmrecsányi a leitura atenta e os comentários. Fiz, para esta edição, uma revisão crítica do texto à luz das grandes transformações que a chamada Revolução de 1964 promoveu na economia brasileira, justamente contra o projeto histórico do varguismo e a alternativa apontada nos estudos de Celso Furtado, da interiorização dos centros de decisão e da economia voltada para dentro, para o mercado interno.

Notas

[1] Além dos trabalhos citados nas notas seguintes, menciono, entre outros: Caio Prado Júnior, *História econômica do Brasil*, cit.; Nélson Werneck Sodré, *História da burguesia brasileira*, 2. ed., Rio de Janeiro, Civilização Brasileira, 1967; Heitor Ferreira Lima, *História político-econômica e industrial do Brasil*, São Paulo, Companhia Editora Nacional, 1970; Omer Mont'Alegre, *Capital & capitalismo no Brasil*, Rio de Janeiro, Expressão e Cultura, 1972; Carlos Manuel Peláez, *História da industrialização brasileira*, Rio de Janeiro, Apec, 1972; Florestan Fernandes, *História da Revolução Burguesa no Brasil*, Rio de Janeiro, Zahar, 1975; Sérgio Silva, *Expansão cafeeira e origens da indústria no Brasil*, cit.
[2] Celso Furtado, *Formação econômica do Brasil*, 2. ed., Rio de Janeiro, Fundo de Cultura, 1959.
[3] Cf. Celso Furtado, op. cit., p. 218-20.
[4] Idem, p. 225.
[5] "Praticou-se no Brasil, inconscientemente, uma política anticíclica de maior amplitude que a que se tenha sequer preconizado em qualquer dos países industrializados." Cf. Celso Furtado, op. cit, p. 224-5.

[6] Idem, p. 224-5.
[7] Cf. José Maria Whitaker, *A administração financeira do Governo Provisório de 4 de novembro de 1930 a 16 de novembro de 1931*, São Paulo, Revista dos Tribunais, 1933, p. 10 e 14 (grifos meus).
[8] Cf. José de Souza Martins, *Conde Matarazzo:* O empresário e a empresa, cit., p. 103-4.
[9] Cf. Roberto C. Simonsen, *Evolução industrial do Brasil*, São Paulo, Federação das Indústrias do Estado de São Paulo, jul. 1939.
[10] Cf. Antônio Barros de Castro, *7 ensaios sobre a economia brasileira*, Rio de Janeiro, Forense, 1971, v. II, p. 103-4.
[11] Cf. Warren Dean, *The Industrialization of São Paulo, 1880-1945*, Austin/London, University of Texas Press, 1969, p. 83-104.
[12] Cf. Richard Graham, *Britain and the Onset of Modernization in Brazil:* 1850-1914, Cambridge, Cambridge University Press, 1968, p. 330-2.
[13] Cf. Warren Dean, op. cit., p. 26-8.
[14] Cf. Maurício Vinhas de Queiroz, *Grupos econômicos e modelo brasileiro*, mimeo., Brasília, 1972.
[15] Cf. Warren Dean, op. cit., p. 3.
[16] Idem, p. 4.
[17] Cf. Maria Thereza Schorer Petrone, *O Barão de Iguape*, cit., passim; Maria Thereza Schorer Petrone, *A lavoura canavieira em São Paulo*, cit.; Darrell E. Levi, op. cit.
[18] Cf. A. P. Canabrava, *O desenvolvimento da cultura do algodão na província de São Paulo (1861-1875)*, São Paulo, Indústria Gráfica Siqueira S/A, 1951, esp. p. 275 ss.
[19] Cf. Warren Dean, op. cit., p. 4-5.
[20] Idem, op. cit., p. 5.
[21] Cf. José de Souza Martins, *A imigração e a crise do Brasil agrário*, cit.; José de Souza Martins, *Capitalismo e tradicionalismo*, op. cit.
[22] Cf. Nádia Battella Gotlib, *Tarsila do Amaral, a modernista*, 2. ed., São Paulo, SENAC, 2000, p. 29.
[23] Sobre o tema e outros desdobramentos dessa configuração estrutural da sociedade brasileira, cf. José de Souza Martins, *O poder do atraso (Ensaios de sociologia da história lenta)*, São Paulo, Hucitec, 1994.
[24] Cf. Centro Industrial do Brasil, *O Brasil – Suas riquezas naturaes, suas indústrias*, Rio de Janeiro, Officinas Graphicas M. Orosco & C., 1909, v. III, p. 261 (edição fac-similar do IBGE, Rio de Janeiro, 1986).
[25] Cf. José de Souza Martins, *Conde Matarazzo – O empresário e a empresa*, cit.
[26] Refiro-me à pesquisa coordenada pelo Professor Maurício Vinhas de Queiroz, no Instituto de Ciências Sociais da Universidade do Brasil, sobre os grupos econômicos no Brasil, em 1965. Coube-me parte do levantamento histórico com base no qual preparei as monografias sobre a origem de cada um dos seguintes grupos: *Matarazzo, Cicillo Matarazzo, Matarazzo Pignatari, Antárctica, Almeida Prado, Alcan, Vidro Plano, Dedini-Ometto, Bunge & Born, Wallace Simonsen* e *Monteiro Aranha*. Antonio Carlos de Godoy encarregou-se da pesquisa sobre as origens de um segundo elenco de grupos econômicos e sobre um deles, o Grupo Votorantim, elaborou a sua dissertação de mestrado.
[27] Cf. Nelson Werneck Sodré, *Oeste – Ensaio sobre a grande propriedade pastoril*, Rio de Janeiro, Livraria José Olympio, 1941, passim.
[28] Cf. Stanley J. Stein, *Origens e evolução da indústria têxtil no Brasil – 1850/1950*, trad. Jaime Larry Benchimol, Rio de Janeiro, Campus, 1979, p. 97 e 111.
[29] Cf. Fernando Henrique Cardoso, "O café e a industrialização na cidade de São Paulo", em *Revista de História*, n. 42, São Paulo, 1960; Fernando Henrique Cardoso, "Condições e fatores sociais da industrialização de São Paulo", em *Revista Brasileira de Estudos Políticos*, n. 11, Belo Horizonte, 1961; Fernando Henrique Cardoso, "Condições sociais da industrialização de São Paulo", *Mudanças sociais na América Latina*, São Paulo, Difusão Europeia do Livro, 1969, p. 186-98; Fernando Henrique Cardoso, *Empresário industrial e desenvolvimento econômico no Brasil*, São Paulo, Difusão Europeia do Livro, 1964.
[30] Cf. Sérgio Milliet, op. cit, passim.
[31] Cf. Paulo R. Pestana, *O café em São Paulo (notas históricas)*, São Paulo, Typographia Levi, 1927, p. 20 (anexo).
[32] Cf. Octavio Ianni, *Raças e classes sociais no Brasil*, Rio de Janeiro, Civilização Brasileira, 1966.
[33] Cf. Florestan Fernandes, *A integração do negro na sociedade de classes*, cit., v. I, esp. p. 70-190.
[34] Maria Teresa Schorer Petrone, em dois livros, documenta e explicita vários aspectos de um dos casos, o de Antônio da Silva Prado, o Barão de Iguape. Cf. seus *A lavoura canavieira em São*

Paulo, cit., e *O Barão de Iguape*, cit. São, nesse sentido, igualmente importantes, respectivamente, a orelha e o prefácio que Sérgio Buarque de Holanda escreveu para esses dois livros.

[35] Cf. José de Souza Martins, *Conde Matarazzo:* O empresário e a empresa, cit., p. 80.

[36] Sobre a fascinante história de dona Veridiana Prado e a história da trama parental dos Silva Prado enquanto trama de alianças econômicas e políticas, cf. Luiz Felipe D'Avila, *Dona Veridiana – A trajetória de uma dinastia paulista*, São Paulo, A Girafa, 2004, esp. p. 31-79.

[37] Darrell E. Levi fez uma reconstituição dessa rede e da presença de vários membros da família em vários âmbitos da sociedade, da política e da economia. Cf. Darrell E. Levi, op. cit., esp. p. 243 ss.

[38] Um aspecto significativo do alcance das mudanças sociais que estavam ocorrendo em São Paulo nessa época é que, na criação da Escola Politécnica, além de seu principal idealizador, Antônio Francisco de Paula Souza, branco, de uma família de fazendeiros de Itu, tenham participado dois mulatos: Ramos de Azevedo, filho de uma negra e de um comerciante branco, de Campinas, e o baiano Teodoro Sampaio, nascido escravo e filho de uma escrava com um padre branco, que o alforriou no batismo e que foi responsável por sua educação no Rio de Janeiro. Depois de formado em Engenharia, Sampaio retornou à Bahia e comprou e libertou sua própria mãe e dois irmãos, todos escravos.

[39] Na interpretação de Cardoso, o que se poderia chamar de o nascimento da indústria dependeu da combinação de várias condições num processo em que o fazendeiro "perdia sua condição de senhor para tornar-se um empresário capitalista". De um lado, dependeu não só das condições econômicas, como a acumulação propiciada pela economia do café, o declínio do caráter autárquico da economia da fazenda, o trabalho livre e a consequente ampliação do mercado interno em relação à escravidão, e a generalização da economia mercantil, e de condições naturais. Mas também, de outro, de condições sociais, decisivas na articulação dos vários fatores envolvidos na "formação do sistema capitalista de organização econômica", como o "espírito de empresa" ou "espírito de racionalização da empresa". Cf. Fernando Henrique Cardoso, "Condições sociais da industrialização: o caso de São Paulo", *Mudanças sociais na América Latina*, São Paulo, Difusão Europeia do Livro, 1969, p. 186-98.

Empresários e trabalhadores de origem italiana no desenvolvimento industrial brasileiro entre 1880 e 1914: o caso de São Paulo

A constituição das relações não capitalistas na economia capitalista do café

A partir do último quarto do século XIX, imigrantes italianos chegaram regularmente a diversas regiões brasileiras. Embora mais da metade deles tenha se dirigido ao estado de São Paulo, foi significativo o número de italianos que se estabeleceram no Rio Grande do Sul, em Santa Catarina, no Paraná e no Espírito Santo. Além de italianos, vieram para o Brasil grandes contingentes de alemães, espanhóis, portugueses e japoneses. Só a região de São Paulo recebeu, entre 1877 e 1914, 1.728.620 imigrantes, dos quais 845.816 eram italianos.[1]

As condições de imigração para o Brasil não podem ser corretamente entendidas se partirmos dos pressupostos liberais das mais difundidas teorias da migração. O quadro de referência histórica que define o sentido das migrações para o Brasil, nos fins do século XIX e no começo do século XX, está impregnado de características que nada têm a ver com os princípios liberais da individualização da pessoa, da sua liberdade de deslocamento, do seu direito de ir e vir. A sociedade brasileira estava mergulhando na crise do regime de trabalho escravo, a partir da qual já se podia perceber que, com o tempo, a economia brasileira, que era uma economia de tipo colonial, de exportação de produtos de origem agrícola, como o café, o algodão e o açúcar, não poderia se expandir na dependência do trabalho do negro cativo.

É impossível entender a forma da absorção dos imigrantes estrangeiros na sociedade brasileira se não tivermos em conta que a sua vinda para o país estava intimamente articulada com o processo de substituição do trabalho escravo pelo trabalho livre. Não foram poucos os imigrantes italianos que chegaram a trabalhar, nas fazendas de café, ao lado de trabalhadores negros escravizados, em condições praticamente servis.[2]

É impressão geral, muito difundida no Brasil e no exterior, que essas centenas de milhares de imigrantes vieram para o Brasil na condição de trabalhadores assalariados, muitos dos quais a partir de uma árdua disciplina de trabalho teriam feito fortuna e se transformado em grandes empresários capitalistas. Nem uma coisa é verdadeira nem outra. A grande massa dos imigrantes que vieram para este país destinou-se ao trabalho, mas não àquilo que se poderia chamar corretamente de trabalho assalariado, como mostrei em capítulos anteriores. Do mesmo modo, os imigrantes, italianos em particular, que se tornaram aqui grandes empresários têm origem muito distinta daqueles que foram destinados ao duro trabalho nos cafezais.

Devem ser distinguidos três destinos dados aos imigrantes italianos que chegaram ao Brasil. A parte mais numerosa foi levada compulsoriamente para as fazendas de café do interior de São Paulo. Uma parte, até significativa, foi levada para os núcleos coloniais, na maior parte núcleos oficiais, organizados pelo governo imperial ou pelos governos provinciais, geralmente nas regiões pioneiras e afastadas dos centros urbanos, no caso de São Paulo, Rio Grande do Sul, Santa Catarina, Paraná e Espírito Santo.[3] Uma terceira parte dirigiu-se às cidades, sendo composta de pequenos negociantes, intelectuais, artesãos, operários e até capitalistas. Cada um desses grupos viveu o problema da migração de modo diferente, porque em cada uma dessas situações era distinto o processo de engajamento do imigrante. Do mesmo modo, esses diferentes grupos já se diferençavam no próprio processo de migração, na própria viagem. Desde 1870, as correntes migratórias para o Brasil eram constituídas por migrantes classificados como espontâneos ou subsidiados. Via de regra, os primeiros viajavam por sua própria conta. Já os segundos eram arregimentados em suas aldeias de origem na Itália e transportados para o Brasil por agenciadores e traficantes de mão de obra contratados pelo governo brasileiro, tendo as suas passagens e a sua manutenção pagas até o destino final, nas fazendas ou nos núcleos coloniais.[4] Os imigrantes que desembarcavam em Santos eram imediatamente transportados por ferrovia para a cidade de São Paulo, desembarcando diretamente, a partir de 1888, na grande Hospedaria de Imigrantes que fora construída pelo governo provincial. Dali os colonos eram remetidos, por estrada de ferro, para as estações do interior em cujas regiões as fazendas tivessem necessidade de mão de obra. Na primeira década do século XX, os serviços de imigração em São Paulo recebiam informes constantes e minuciosos do interior sobre a procura de trabalhadores e o montante do pagamento em dinheiro para as diferentes tarefas.[5] Na estação ferroviária de chegada, os fazendeiros ou seus gerentes e capatazes percorriam a plataforma examinando os imigrantes e escolhendo para suas fazendas os que lhes conviessem, como no passado recente haviam feito no ato de compra de seus escravos. Outras vezes, donos de pensões e alojamentos das pequenas cidades do interior recolhiam os imigrantes e depois tratavam de repassá-los para os fazendeiros em troca das despesas de alojamento. Às vezes, ocorria de o imigrante burlar esse esquema fechado, fugindo da Hospedaria ou então se extraviando já no porto de Santos, para evitar que fosse levado para as fazendas, preferindo localizar-se na cidade de São Paulo, geralmente junto a patrícios e conhecidos que o antecederam.[6]

A imigração subvencionada ou subsidiada teve um papel essencial na transformação da sociedade brasileira e na transição para o trabalho livre, que se dá basicamente no período que estou analisando. Sem ela dificilmente correntes migratórias espontâneas teriam se orientado para o Brasil, pois sem ela teria sido impossível pôr fim à escravidão negra, como afinal se deu a 13 de maio de 1888.[7] O Brasil não tinha um mercado de trabalho desenvolvido, já que as tarefas fundamentais da economia brasileira eram realizadas pelo escravo. O imigrante espontâneo era, na verdade, o trabalhador livre ou o livre negociante que circulava na sociedade segundo os mesmos critérios de liberdade que regem a circulação das mercadorias de que são portadores – o trabalho ou o capital. Se o trabalho não é livre, também o trabalhador não o é. Por isso pode-se dizer que, na crise do trabalho escravo, a imigração espontânea para o Brasil foi caudatária da imigração subvencionada. Esta última produziu transformações sociais que deram sentido àquela outra.

O imigrante subvencionado ou vinha já contratado para se instalar em núcleos coloniais ou vinha com o destino certo da fazenda, nesse sentido conduzido e monitorado por mecanismos de cerceamento que o levavam até a estação ferroviária mais próxima da fazenda que o encomendara. A liberdade de circulação desse imigrante era muito pequena. Se destinado aos núcleos coloniais, já de imediato se envolvia na dívida para pagamento do lote colonial. A sua localização era decidida exclusivamente pelos funcionários dos programas de colonização. Não raro, o imigrante assentado num núcleo em São Paulo esperava que, em vez disso, fosse levado para Santa Catarina ou Rio Grande do Sul, onde já estavam parentes que o antecederam. Os contratos de engajamento de imigrantes, assinados em Gênova entre recrutadores-concessionários do governo brasileiro e os interessados em migrar, estabeleciam condições rígidas para localização final dos imigrantes, sendo extremamente difícil a sua remoção para outras áreas, sua reemigração ou mesmo seu repatriamento. Nesses casos, a movimentação do imigrante passava a depender dos seus próprios recursos, geralmente escassos, já que os imigrantes selecionados para os programas de colonização oficial eram-no deliberadamente por sua pobreza.[8] Além disso, a imigração subvencionada recrutava, de preferência, famílias de trabalhadores a trabalhadores isolados. A mesma coisa ocorria em relação aos trabalhadores destinados às fazendas de café, cujas condições de vida ultrapassavam em muito pouco os limites da sobrevivência.

No período que nos interessa, a imigração subvencionada alcançou 57,5% dos imigrantes, contra 38,7% dos imigrantes espontâneos. Só no período de 1891 a 1895 correspondeu a 89,1% dos imigrantes entrados em São Paulo. Em 1891, chegou a 98,9% dos imigrantes.[9]

A substituição do escravo pelo colono, como era chamado o imigrante destinado às fazendas e não aos núcleos coloniais, como mostrei antes, passou por duas etapas principais – de um lado, a da imigração particular, em que as despesas de transporte e alojamento do imigrante eram custeadas pelo fazendeiro para posterior desconto dos ganhos que o colono obtivesse no seu trabalho; de outro lado, a imigração oficial, em que o governo brasileiro, ou da província, custeava as despesas de transporte e alojamento do imigrante até que ele, dentro de um prazo limitado e curto, fosse engajado no trabalho de alguma fazenda. A imigração oficial, por sua vez, também teve duas etapas: uma em que o imigrante trazido pelo governo era destinado aos núcleos coloniais oficiais; outra em que o imigrante subvencionado era entregue aos fazendeiros sem necessidade de qualquer retribuição ou indenização. Basicamente, o período em que a imigração subvencionada pelo governo era destinada aos núcleos coloniais oficiais correspondeu à fase em que a imigração estrangeira para as grandes fazendas de café era custeada pelo próprio fazendeiro.

A substituição do trabalhador escravo pelo trabalhador livre tinha raízes sociais bem definidas. O abastecimento de mão de obra nas fazendas de açúcar do Nordeste brasileiro ou de café do Sudeste dependia em grande parte do tráfico negreiro. Quando a Inglaterra aboliu a escravidão nas suas colônias das Índias Ocidentais, em 1833, devido à nova situação política e aos interesses dos seus antigos senhores de escravos, começou a pressionar o governo brasileiro para que também cessasse o tráfico de escravos para este país. O açúcar das Antilhas só tinha condições de concorrer com o açúcar de países como o Brasil, produzido ainda com trabalho escravo, por meio de tarifas protecionistas que o tornavam preferencial na Inglaterra. Essas tarifas encareciam o custo de vida da classe trabalhadora empregada na indústria inglesa, o que, no final, redundava em ônus para o capital industrial e, na prática, no pagamento de um tributo aos proprietários de terra nas suas colônias açucareiras. As pressões britânicas acabaram produzindo resultados em 1850, quando foi abolido o tráfico de escravos da África para o Brasil.

A cessação do tráfico trazia sérios problemas para os fazendeiros. O primeiro deles é que a expansão das culturas de cana-de-açúcar e café dependia da expansão de oferta de trabalhadores escravos. Uma política de imigração maciça de trabalhadores livres, no entanto, acarretava outro problema. É que, como mostrei antes, o regime de ocupação de terras no Brasil ainda estava inspirado nos pressupostos do chamado regime de sesmarias, que decorria da livre ocupação das terras devolutas, sancionada depois pelo poder público através da concessão de títulos de terras, as cartas de sesmarias. Embora esse regime tivesse sido suspenso em 1822 e formalmente abolido com a Constituição de 1824, nenhum outro chegou a ser formulado até 1850, subentendendo-se, no entanto, o direito de livre ocupação da terra. Se o critério da livre ocupação das terras devolutas tivesse perdurado, a entrada maciça de imigrantes no lugar de escravos teria levado os novos trabalhadores a ocuparem as novas terras, como estava acontecendo em outros países, caso dos Estados Unidos, recusando o seu trabalho aos grandes fazendeiros, coisa que não acontecia com o negro porque era escravo. Na previsão de semelhante desfecho, no mesmo ano de 1850 é promulgada uma lei, conhecida como Lei de Terras, que proibia outra forma de acesso à terra, mesmo às terras devolutas, que não fosse por meio da compra. Com isso se instituíam os critérios de absorção do trabalhador estrangeiro pela sociedade brasileira: sendo imigrante pobre, deveria trabalhar primeiro para os fazendeiros, para formar o seu pecúlio e comprar depois a terra, se quisesse tornar-se um trabalhador rural autônomo. De certo modo, para tornar-se um camponês livre, o imigrante deveria oferecer durante tempo indeterminado ao grande proprietário de terras, como uma espécie de tributo, o seu trabalho e o da sua família. Um dos principais artífices da substituição do escravo pelo imigrante, grande fazendeiro, senador e ministro do Império, mais tarde industrial e banqueiro, Antônio da Silva Prado, assim se manifestava a respeito no Senado, em 1888, o mesmo ano da abolição da escravatura:

> No entanto, a experiência tem demonstrado, pelo menos na província de São Paulo, que a colocação dos imigrantes nas fazendas é o melhor sistema porque, ao cabo de três ou quatro anos, a família por aquele modo colocada, se for morigerada, sóbria e laboriosa, poderá ter acumulado pecúlio suficiente à aquisição de terras [...].[10]

Numa primeira etapa do processo de substituição do escravo pelo trabalhador imigrante, em São Paulo, foram seguidos dois caminhos: de um lado, os próprios fazendeiros providenciavam a vinda de imigrantes para as suas fazendas, pagando as passagens e outras despesas de viagem. Esses gastos eram imediatamente debitados nas contas correntes dos trabalhadores, sujeitos a juros, para serem saldados progressivamente, à medida que o trabalhador fosse obtendo créditos na carpa dos cafezais, na colheita e em serviços avulsos. Por esse meio, o imigrante ficava inteiramente subjugado pelo fazendeiro, que o tratava como sujeito de sua propriedade. Na verdade, pouca diferença havia entre a situação de um negro cativo e a de um colono, a não ser a da probabilidade de que, dentro de certo tempo, o colono poderia readquirir a liberdade saldando seus débitos para com a fazenda. A subjugação por dívida invadia e anulava completamente não só a liberdade de trabalho do colono, mas também a sua liberdade civil. Um colono insatisfeito com seu patrão só podia mudar de fazenda se o novo patrão aceitasse comprar do anterior a dívida do trabalhador, fazendo um repasse da sujeição deste último. Até mesmo uma questão tão particular como a do casamento de um colono dependia do assentimento do patrão. Ocorriam sérias tensões no relacionamento entre fazendeiros quando o colono de uma fazenda casava com a filha do colono de outra fazenda, pois o proprietário desta última se considerava roubado, já que mantinha sobre os trabalhadores uma tutela por dívida. Mesmo quando essa tutela não existia, o fazendeiro podia considerar-se ofendido pelo fato de que um outro lhe "roubara" um trabalhador. Portanto, até o relacionamento doméstico do colono e a sua intimidade familiar ficavam subordinados aos interesses econômicos do fazendeiro. A simples ausência da fazenda, para uma visita à cidade mais próxima por qualquer razão ou para uma visita a um parente ou conhecido em outra fazenda, dependia do consentimento do fazendeiro ou do administrador da fazenda. A ausência não autorizada era motivo de fortes tensões no relacionamento com o colono.

A imigração subvencionada pelo governo, no início, não se destinava às fazendas, e sim aos núcleos coloniais oficiais, onde o colono recebia um lote para trabalhar. Normalmente, nos dois primeiros anos após a criação do núcleo, o governo assumia a sua tutela através de administradores que se incumbiam de localizar os imigrantes em seus lotes, de dirigir o núcleo, de servir de intermediários entre colono e governo, de oferecer assistência de saúde e atender solicitações dos lavradores no que fosse possível atender no âmbito das suas atribuições, geralmente restritas. Era regra os colonos receberem uma diária pelo número de pessoas da família durante a fase da tutela para permitir que fizessem suas plantações e colhessem os primeiros frutos. Casas ou apoio para sua construção também eram recebidos pelos colonos, além de assistência religiosa e escola. Depois da emancipação, deviam dirigir-se por si mesmos, começando, então, a pagar as dívidas contraídas com a compra da terra e com os financiamentos recebidos. No final, geralmente depois de dez anos ou mais, recebiam o título definitivo de propriedade.

Um traço característico da colonização oficial é que os núcleos nem sempre se localizavam em regiões de terras férteis, como eram as regiões das grandes fazendas de café ou cana, ou em regiões próximas a mercados urbanos. Toda a argumentação em favor dos núcleos coloniais repousava num suposto mercado interno de gêneros alimentícios que seria abastecido pelos colonos, já que as grandes fazendas não tinham interesse no cultivo desses produtos, a não ser para o seu próprio gasto. Essa proposta, no entanto, logo foi comprometida pela própria expansão dos cafezais: durante a fase de formação do cafezal e até depois, os fazendeiros permitiam que seus empreiteiros plantassem milho e feijão entre os pés de café, como meio de reduzir o pagamento em dinheiro que lhes devia fazer. A colheita desses produtos pertencia ao colono ou era dividida com a fazenda, num sistema de parceria, de modo que o trabalhador e a fazenda obtinham colheitas de alimentos para o seu próprio consumo e excedentes que eram lançados no mercado a preços que o mercado estivesse disposto a pagar, porque não era produção regulada pela demanda do mercado. Essa produção excedente alterava o comportamento do mercado de alimentos, ressalvados os períodos de carestia, tornando difíceis e até insustentáveis as condições de vida e de trabalho dos colonos dos núcleos que dependiam exclusivamente da comercialização de alimentos para conseguirem o dinheiro necessário à aquisição das mercadorias que não produziam diretamente, como era o caso do tecido, do remédio etc.

Os fazendeiros, por sua vez, desejavam que os núcleos coloniais tivessem sido ou fossem estabelecidos nas proximidades das suas fazendas, como enclaves de mão de obra disponível para os trabalhos extraordinários na fase da colheita do café. Nesse período, trabalhadores adicionais eram necessários não só na própria colheita como para os serviços de espalhamento e amontoamento de café nos terreiros de secagem e diversas outras tarefas relacionadas com a colheita.

Os impasses da imigração de trabalhadores custeada pelo próprio fazendeiro, que geravam tensões e conflitos no interior das fazendas e criavam barreiras à emigração nos países de origem, já que as autoridades consulares acabavam intervindo, o que repercutia, foram resolvidos pela reorientação da política de imigração subvencionada dos núcleos coloniais oficiais para as fazendas de café. É verdade que colonos subvencionados pelo governo já eram encaminhados aos chamados núcleos coloniais particulares das próprias fazendas de café, comuns no início da imigração. Mas é a partir de 1887 que os imigrantes, na imensa maioria italianos, são encaminhados maciçamente às fazendas de café, trazidos ao Brasil através do regime de imigração subvencionada pelo governo. Quando se dá a abolição da escravatura, em 1888, o número de imigrantes entrados em São Paulo já correspondia às necessidades de mão de obra que surgiriam com o término do trabalho escravo.

Somente através da imigração subvencionada, encaminhada inteiramente para as grandes fazendas de café, é que se tornou possível a efetiva libertação do colono. Ela anulou a possibilidade da sua subjugação por dívida. Ao menos, reduziu a sua dependência em relação ao fazendeiro quanto às despesas anuais de custeio da família do trabalhador, contraídas junto ao armazém da fazenda ou aquele por ele indicado, ao período de um ano, já que os acertos de contas se davam anualmente, após a colheita do café. Mais tarde, já no século XX, devido a pressões das autoridades consulares em face de abusos que comprometiam a liberdade do colono, esse período foi reduzido a um trimestre ou a um mês, além de se exigir liberdade para o colono fazer suas compras nos armazéns que desejasse e não naquele de propriedade ou de interesse do fazendeiro.

A verdade é que cada trabalhador imigrante, colocado na fazenda, representava de fato um subsídio governamental ao fazendeiro. Através da imigração subvencionada, o conjunto da sociedade brasileira, pagando o transporte e as despesas do imigrante de Gênova até a fazenda, pagava de fato o custeio de produção da força de trabalho da economia cafeeira. Evidentemente isso só era possível devido ao poder político de que os grandes fazendeiros de café dispunham, o que os levou a ministérios importantes, no Império, e à presidência, na República, a partir de 1894.

Por esse meio instituíram-se as relações de trabalho que caracterizariam a economia do café durante dezenas de anos, até os anos de 1950. Essas não eram, como já mencionei, relações de trabalho assalariado. O chamado regime de colonato combinava várias características: era um regime de trabalho familiar. Como expus antes, cada família tinha a seu cuidado uma parte do cafezal com um determinado número de cafeeiros, correspondente ao número de trabalhadores da casa, cabendo-lhe realizar as diversas carpas anuais, destinadas a manter o cafezal livre das ervas daninhas. Para cada mil pés de café tratados a família recebia uma quantia determinada de dinheiro. Além disso, no período de safra, a mesma família recebia, por sorteio, uma parte do cafezal para colher o café, cabendo-lhe outro pagamento por quantidade de café colhido. Além disso, o colono tanto podia trabalhar para outro colono ou para a fazenda, mediante uma diária, como podia assalariar o trabalho de outra pessoa, mesmo colono, para auxiliá-lo nos seus serviços. O colono estava ainda sujeito a determinado número de dias de trabalho gratuito para a fazenda, destinado à reparação de cercas, caminhos, controle de incêndios etc. Finalmente, a família do colono recebia autorização para plantar alimentos na parcela do cafezal que estivesse ao seu cuidado, como foi dito, produzindo assim, diretamente, a parte principal dos meios de vida necessários ao seu sustento, e de sua família, e à sua reprodução como força de trabalho da fazenda. Quando não havia condições para realizar o plantio de alimentos no meio do cafezal, o fazendeiro cedia um terreno à parte, geralmente nas regiões baixas da fazenda, para que cada família de colonos fizesse a sua roça. Além disso, a fazenda cedia casa de morada e quintal para plantio de hortas domésticas a cada família de colonos, além de autorizar que o colono mantivesse no pasto do fazendeiro um ou dois animais de trabalho ou de montaria.

Tratava-se, portanto, de uma relação social muito complexa que diferençava claramente o colono do operário da fábrica, já que eram diferentes as condições sociais de cada um e o entendimento que cada um podia ter da respectiva situação social. No meu modo de ver, é por isso mesmo que eram proporcionalmente escassos os movimentos grevistas nas fazendas e não há indícios de que os trabalhadores do café tenham se juntado aos seus colegas das fábricas nas greves que fizeram, ou vice-versa.

O caráter peculiar das relações de trabalho nas fazendas de café tem sido alcançado por interpretações que, na verdade, simplificam a sua natureza e as suas determinações históricas. Uma delas vê no regime de colonato relações salariais disfarçadas.[11] Trata-se, na verdade, de um artifício semântico já que, concretamente, no colonato o trabalhador produzia diretamente a parte principal dos seus meios de vida e recebia um ganho complementar em dinheiro. Nesse sentido, essa relação social, embora fosse relação de um trabalhador expropriado, não se determinava pela mediação do mercado, senão de modo incompleto, subtraindo a existência do colono da mediação representada pelo processo de característico de reprodução do capital. Essa mediação é determinação necessária para que as relações de produção se definam como relações capitalistas e, portanto, salariais.

Outra tendência mais recente, sugerindo-se a si mesma singular, é na verdade mera extensão daquela outra. É a que vê no colono um assalariado temporário, isto é, um trabalhador que se definia como assalariado unicamente pelo tempo de trabalho sujeito à remuneração em dinheiro.[12] Essa concepção é produto de um artifício positivista e classificatório que segmenta a totalidade da relação social e privilegia arbitrariamente um dos seus aspectos, que é o do pagamento do trato e da colheita de café em dinheiro. Toma-se, pois, como referência o abstrato, e não o concreto da relação do colono com o fazendeiro, toma-se a parte pelo todo para enquadrar o regime de colonato num esquematismo teórico que traria o colono para o universo político do operário da fábrica, simplificando a explicação do processo social, mas desfigurando-o ao mesmo tempo.

A verdade é que o regime de colonato nas fazendas de café se constituiu num regime de relações não capitalistas de produção engendradas e reproduzidas como momento do próprio processo do capital. Portanto, a questão metodológica da mediação das formas sociais na determinação histórica dessa relação de produção se propõe mais densamente na sua maior e mais problemática visibilidade, a que não há nas relações mais definidas e mais simples, como a da indústria com o operário. É preciso ter em conta que o desenvolvimento das relações capitalistas num ramo ou num setor da produção já cria as condições para que a reprodução capitalista do capital aí ocorra, realizando como excedente capitalista os excedentes gerados em relações não capitalistas. A expansão do cafezal, a reprodução ampliada da economia do café, tinha predominantemente a característica de uma reprodução extensiva. Ela dependia basicamente de uma espécie de pagamento de renda territorial. A abertura de uma fazenda, a plantação do cafezal, era feita por empreitada. O empreiteiro derrubava a mata, queimava-a e limpava o terreno, plantando as mudas ou sementes de café que lhe eram entregues pelo fazendeiro. Tinha, porém, o consentimento do proprietário para plantar milho, feijão e outras plantas, entre as linhas de café, durante os quatro anos da formação do cafezal. Com frequência, cabendo-lhe ainda a colheita do café que fosse produzido nesse período, geralmente no quarto ano. Em seguida, entregava o café formado ao fazendeiro. Nessa época recebia uma quantia insignificante de dinheiro correspondente a cada pé de café formado. Embora na aparência o fazendeiro pagasse o trabalho do empreiteiro com a autorização para o plantio de alimentos, na verdade isso ocultava o fato básico de que era o trabalhador quem pagava ao fazendeiro, em cafezal, o direito de plantar alimentos em suas terras. O cafezal era, portanto, formado mediante a cobrança de uma renda da terra ao lavrador. Nesse sentido é que um grande fazendeiro de cana e profundo conhecedor da economia do café podia dizer que a formação de uma fazenda de café nada custava ao fazendeiro.[13]

Por isso mesmo é que a riqueza gerada na fazenda de café fluía com o próprio café para outros setores da economia. A produção não capitalista do capital na economia do café alimentava e se subordinava à reprodução capitalista desse mesmo capital, o que se deu na indústria que nasceu e se expandiu em São Paulo juntamente com o café e o trabalho livre, em boa parte trabalho do imigrante italiano.

O imigrante e a indústria

É muito difundida a ideia de que a burguesia industrial brasileira, particularmente em São Paulo, era, nas origens, constituída sobretudo de imigrantes – os imigrantes teriam iniciado a industrialização em São Paulo. É igualmente difundida a ideia de que esses imigrantes tiveram origem modesta e graças à perseverança no trabalho tornaram-se ricos e poderosos. No primeiro caso, chegou-se mesmo a supor que os grandes fazendeiros de café optaram exclusivamente pelos negócios agrícolas, deixando o terreno livre para os imigrantes que, enriquecendo-se no trabalho, pudessem se dedicar à indústria. E quando se pensa no imigrante industrial, pensa-se de preferência no imigrante italiano. Um deles, o futuro conde Francisco Matarazzo, que chegou ao Brasil em 1881, procedente de Salerno, tornou-se uma espécie de símbolo e prova das duas ideias – os primeiros industriais brasileiros seriam imigrantes e imigrantes pobres.

Nenhuma das duas ideias é correta.

O processo da industrialização em São Paulo é mais complicado do que geralmente se imagina. Teve, como veremos, uma participação importante dos imigrantes italianos, mas não só deles – também de imigrantes alemães e portugueses, além dos próprios brasileiros, que foram os iniciadores da atividade industrial na região. Ao se estabelecerem as grandes correntes migratórias para São Paulo, o imigrante italiano que se dedicaria às atividades empresariais já encontrou o processo de industrialização iniciado.

A ideia, por outro lado, de que esses industriais eram imigrantes e pobres vem em grande parte do sentido mais difundido da palavra imigrante entre os descendentes dos próprios imigrantes. Ainda hoje muitas pessoas definem como imigrante aquele que chegou ao Brasil através da imigração subvencionada, isto é, o imigrante pobre, o que não tinha nada. É comum ouvir-se de velhos imigrantes, ou seus descendentes mais antigos, que "fulano veio de imigrante, veio com uma mão atrás e outra na frente". Isto é, veio sem nada, praticamente nu, no sentido forçado da palavra, despojado. O que quer dizer que as outras pessoas de origem estrangeira não são definidas, popularmente, como imigrantes. Mais adiante, veremos que essa ideia compõe a ideologia que presidiu a instauração das relações de trabalho entre industriais e operários nessa fase da industrialização brasileira.

Embora seja crença mais ou menos generalizada que o imigrante, particularmente o italiano, foi uma espécie de demiurgo da industrialização, a verdade é que o imigrante que se tornou empresário já se defrontou com um quadro de relações e oportunidades econômicas praticamente definido. É preciso não se esquecer de que ele veio para o Brasil pela mão e pelo interesse de uma burguesia agrária e comercial, aliada ao comércio e aos bancos internacionais. Seu interrelacionamento caracterizava o que se definiu como *economia colonial* – uma economia exportadora de produtos agropecuários e importadora de manufaturados.[14] Um autor definiu as transformações dessa época de modo claro, dizendo que elas ocorreram basicamente para fortalecer e não para modificar a estrutura das relações econômicas de tipo colonial.[15]

Durante a época que interessa para a nossa análise, os diferentes "lugares" na estrutura econômica ficaram definidos de modo bastante claro. Na agricultura, a produção do café, o principal artigo da economia brasileira, estava nas mãos de uma larga e forte categoria de grandes proprietários de terra, cujos elementos mais conspícuos, os chamados barões do café, tinham também uma velha tradição na agricultura e no comércio. Muitos dos mais importantes fazendeiros de café pertenciam a famílias que desde a segunda metade do século XVIII eram grandes proprietários de terra, plantadores de cana-de-açúcar, como era o caso do Barão de Iguape, Antônio da Silva Prado.[16] No começo do século XIX várias dessas famílias estavam envolvidas em atividades comerciais, chegaram a organizar um banco e até criaram condições para o aparecimento de uma indústria de tecidos. Foram elas que se envolveram nas lutas políticas que culminaram com a proclamação da Independência do país em São Paulo, em 1822. Esses negociantes, antes disso, foram não poucas vezes discriminados e alijados dos negócios públicos pelos capitães-generais da capitania exatamente porque eram comerciantes. Foi dessa camada da população, igualmente, que se originou a Faculdade de Direito de São Paulo, pouco depois da Independência, e que teve grande influência na formação dos empresários paulistas no século XIX e nas primeiras décadas do século XX.

No último quartel do século XIX, essa mesma burguesia agrário-comercial dedicou uma parte dos seus capitais e do seu interesse à construção das várias estradas de ferro de São Paulo que se seguiram à implantação da São Paulo Railway pelos ingleses em 1867, uma espécie de linha-tronco que recolhia as cargas, das demais, destinadas ao porto de Santos ou dele procedentes.[17] Também ela fez investimentos na indústria de tecidos, como é o caso da Tecelagem Anhaia, em Itu, e da indústria têxtil montada pelo major Diogo Antonio de Barros na cidade de São Paulo, em 1877. Ela se interessou ainda por outras atividades industriais no fim do século XIX e no começo do século XX, tanto na capital quanto no interior.[18]

Os interesses estrangeiros tinham no Brasil uma presença bem localizada. Eles se dirigiam basicamente às atividades bancárias, e os bancos ingleses, seguidos dos alemães, eram os mais fortes. Serviam principalmente de apoio ao comércio de importação e de exportação. Tinham, portanto, inteiro controle dos vínculos da economia brasileira com o exterior. Eram esses bancos que, até quase o final do século XIX, custeavam a comercialização de safras de café em São Paulo, de charque no Rio Grande do Sul, de açúcar no Nordeste e de borracha na Amazônia. Frequentemente, os mesmos capitais empregados na comercialização da safra de um produto eram remanejados para outras regiões a fim de permitir a comercialização da safra de outro produto, dada a não coincidência de sazonalidades.[19]

As empresas estrangeiras interessavam-se, também, nessa época, pelos serviços de transporte onde fossem rentáveis. Os ingleses fizeram investimentos em ferrovias em várias regiões brasileiras. Em São Paulo interessaram-se pela construção da São Paulo Railway, uma ferrovia do porto de Santos até Jundiaí, praticamente na entrada da região cafeeira. Essa ferrovia teve uma importância estratégica na circulação tanto das mercadorias exportadas, fundamentalmente o café, quanto na das mercadorias importadas, principalmente manufaturados ou matérias-primas. Já as ramificações dessa linha-tronco foram construídas por empresas constituídas pelos próprios fazendeiros e negociantes. Mesmo aí os bancos estrangeiros, particularmente os ingleses, tiveram um papel essencial, já que os equipamentos eram importados sobretudo da Inglaterra. Assim foram construídas ferrovias importantes, como a Paulista que começava no oeste velho; a Mogiana, que entrava no oeste novo; a São Paulo-Rio de

Janeiro, que atravessava o Vale do Paraíba, a primeira região paulista de café, chegando até Cachoeira para entroncar com a estrada de ferro Pedro II, que levava até a capital do Império; a Sorocabana, que ia em direção ao Sul e à região algodoeira; além de outras ferrovias subsidiárias e menores.

A importação estava nas mãos de estrangeiros, mas não necessariamente de empresas estrangeiras. Eram imigrantes que recebiam a representação de grandes casas exportadoras em seus países de origem, principalmente na Alemanha, na França, em Portugal.[20] Era comum os grandes comerciantes da praça de Santos receberem também a incumbência da representação consular de seus países de origem ou de países com os quais os seus mantivessem boas relações comerciais e diplomáticas. Os fundadores de um dos mais importantes grupos econômicos brasileiros, Zerrener & Bülow, que se tornaram proprietários da Cia. Antártica Paulista, tiveram esse tipo de origem. Esses comerciantes tinham relações muito sólidas com os bancos estrangeiros, através dos quais realizavam seus negócios, mas suas empresas eram empresas brasileiras, e não estrangeiras. Eles eram imigrantes radicados no Brasil.

Os negócios de exportação de café estavam divididos entre companhias estrangeiras, que cuidavam da exportação propriamente dita, e casas comissárias, pertencentes a brasileiros, que faziam a conexão com os fazendeiros. Chegou a existir, nesses tempos, uma camada intermediária de ensacadores de café, que faziam misturas, os "blends", para repassá-las aos exportadores. Nos fins do século XIX, os exportadores começaram a procurar o café diretamente nas fazendas, rompendo o círculo de relações que ligavam o fazendeiro à casa comissária. Esta, normalmente, recebia o café diretamente da fazenda, que era sua cliente exclusiva e com a qual mantinha uma conta-corrente. O comissário cuidava de amplos interesses do fazendeiro. Procurava vender o café no momento de alta de preços, fazia compras em nome do fazendeiro, fazia empréstimos, pagava despesas do fazendeiro e até supervisionava e provia as despesas de filhos e parentes do fazendeiro hospedados na cidade, em viagens de estudo ou negócio. Ao comissário cabia unicamente uma porcentagem dos negócios realizados.[21] Nas primeiras décadas do século XX, as casas comissárias entraram em decadência. E não foram poucas as casas de exportação que disputaram espaço nos negócios de café, na região do porto, organizadas por fazendeiros de antigas famílias. Justamente esses negociantes brasileiros é que tinham o controle da mais importante associação de classe da região cafeeira, que era a Associação Comercial de Santos.[22]

Traçando um quadro bastante sumário, podemos ver que as empresas estrangeiras dedicaram-se de preferência aos negócios bancários, ferroviários e de exportação. Negociantes de origem estrangeira, surgidos ainda na fase da escravidão, localizados no porto de Santos a partir da passagem das culturas de café da região do Vale do Paraíba para a região central da província de São Paulo, a região de Campinas, a que veio a ser o oeste velho, dedicaram-se de preferência aos negócios de importação. Capitalistas brasileiros dedicaram-se fundamentalmente à lavoura de café, aos negócios ferroviários, aos negócios bancários e ao comércio de café. Esse era o quadro da situação quando começou a imigração em massa para o Brasil, maciçamente imigração italiana, no período de 1886/1891.

É nesse período que a indústria começa a tornar-se significativa. Pode-se dizer que a década de 1890 é a década da primeira grande expansão industrial em São Paulo. Indústrias já haviam começado a se estabelecer na região a partir de 1870. Um relatório de 1886 mencionava 12 "manufaturas de algodão" na província, que contavam 1.200 teares e empregavam cerca de 1.600 operários, fabricando 12 milhões de metros de pano. Eram ainda mencionadas fábricas de móveis, de produtos alimentícios, de fósforos, de chapéus, de papel e outras de menor importância. Havia ainda, no interior, quatro grandes engenhos centrais de açúcar.[23]

A indústria teve grande importância na história do imigrante, e particularmente na do imigrante italiano, no Brasil, porque foi praticamente o único espaço econômico relativamente aberto que ele encontrou pela frente, durante certo tempo. A indústria foi um setor que praticamente nasceu e cresceu com o imigrante, apesar da atividade industrial inicial já instalada. Ao contrário do que preconizavam os velhos fazendeiros, que haviam promovido a substituição do escravo pelo imigrante, este teve muita dificuldade para tornar-se proprietário de terra. No ano agrícola de 1904/1905 havia em todo o estado de São Paulo apenas 8.392 proprietários de terras estrangeiros – 14,8% das propriedades – às quais correspondiam 9,5% da área. Até essa data haviam entrado em São Paulo mais de 1 milhão e 200 mil imigrantes estrangeiros. Ainda que muitos tivessem retornado a seu país ou reemigrado para a Argentina ou o Uruguai, aquele número é muito pequeno.[24] Do total de proprietários agrícolas estrangeiros, apenas 5.197 eram italianos, quando nessa época os italianos ainda eram a imensa maioria dos imigrantes entrados em São Paulo.[25]

As atividades empresariais urbanas, ainda não ocupadas pelos investidores tradicionais e que começavam a nascer juntamente com o fim da escravidão e o incremento da imigração italiana, eram a indústria, o comércio na capital e nas cidades do interior e as atividades bancárias vinculadas à nova realidade econômica baseada no trabalho livre. Foi a elas que os imigrantes se dedicaram de preferência, embora não tenham sido eles os únicos interessados em investir nelas.

Costuma-se dizer que o desenvolvimento industrial brasileiro se deu num processo de substituição de importações. A questão, no entanto, me parece bem mais complicada. As importações de manufaturados, na nova onda da economia cafeeira, propuseram-se quase que simultaneamente ao movimento de sua própria substituição pela produção interna. A indústria brasileira nasceu e cresceu naqueles anos para atender à nova e crescente demanda de produtos manufaturados que surgiu com as transformações sociais e econômicas da época. Não só surgiu um mercado de bens de consumo, pobre devido ao caráter específico das relações de trabalho nas fazendas de café, só parcialmente realizadas através de dinheiro, como surgiu um mercado de bens de capital relacionado até mesmo com transformações técnicas ocorridas no beneficiamento do café no interior da própria fazenda.[26] A indústria têxtil, supostamente voltada de modo exclusivo para a produção de tecidos para vestuário, produzia também e significativamente equipamentos para as fazendas de café – não apenas sacos de aniagem, mas também grandes lençóis de algodão que eram colocados sob o cafeeiro na hora da colheita para evitar que os grãos de café se misturassem com terrões, gravetos e outras impurezas que lhe depreciavam a qualidade e o preço. Num certo sentido, a indústria brasileira nasceu concorrendo antecipadamente com as importações pelo mercado interno que se expandia já na escravidão com a extensa expansão do café e mais ainda com a difusão do trabalho livre. O Brasil tinha as vantagens comparativas da proximidade dos mercados, da proximidade das fontes de matéria-prima, como o algodão para a indústria têxtil, e da mão de obra barata.

A partir dos anos 1880, a importação de máquinas da Grã-Bretanha, país com o qual o Brasil mantinha a maior parte do seu comércio, duplica em relação aos anos anteriores, e a importação de bens de capital sobre a importação de outros bens passa de 26,9% em 1880/1884, para 41,8% em 1905/1909.[27] A nova demanda de produtos manufaturados passava a ser atendida de um modo novo, através da produção interna. Com isso, os bancos estrangeiros tradicionais mantinham e reforçavam o seu papel já consagrado de financiadores das importações brasileiras, não vindo ao caso se fossem tecidos ou máquinas.

Um outro dado da situação, que não tem sido levado em conta nas análises sobre a industrialização no Brasil, refere-se à produção artesanal, amplamente difundida em toda a região paulista e no país. Em 1873, quando começam a ocorrer grandes transformações econômicas e urbanas na cidade de São Paulo e o café passa a ser significativo na região tributária do porto de Santos, havia na província 2.829 estabelecimentos de artesãos de metais, madeiras, tecidos etc. Havia, também, 778 estabelecimentos industriais, desde as fábricas movidas a vapor, as movidas a água, até as movidas por força humana. Fabricavam açúcar, aguardente, descaroçavam algodão, faziam chapéus, cigarros, material cerâmico etc.[28] Não se tratava, ainda, com uma ou outra exceção, de estabelecimentos organizados segundo o padrão da grande indústria, mas era a produção manufatureira que tinha e teria ainda durante longo tempo uma ampla importância no mercado.

Ainda em 1903, um relatório governamental mencionava o significado que tinha, então, a produção de açúcar em pequenos engenhos e a produção de tecidos em teares isolados. Havia engenhocas que produziam de 100 a 200 kg de açúcar anualmente. Em 1900, a Secretaria da Agricultura acusava a existência de 2.494 engenhocas em São Paulo, sendo 2.259 para aguardente, 123 para açúcar e 72 para rapadura, o que representava a produção de 57 mil toneladas de açúcar anuais, enquanto os grandes e modernos engenhos centrais não produziam mais do que nove mil toneladas.[29] No mesmo relatório é mencionado "o grande número de teares trabalhando no interior", teares a mão.[30] Alguns desses teares já estavam agrupados em pequeno número, sendo relacionados casos de três e de dez. Mesmo a grande indústria chegou a subordinar essa produção, como aconteceu com uma grande empresa de capital italiano, a Dell'Acqua, sediada em São Roque, onde pequenos estabelecimentos com poucos teares desse tipo passaram a "funcionar por conta" da grande indústria.[31] Nessa época, já havia grandes tecelagens ocupando o trabalho de milhares de operários. Uma função importante da industrialização brasileira no século XIX foi justamente a de substituir a produção artesanal e doméstica interna em vários setores de produção. Ainda em 1901, o autor do primeiro relatório importante sobre a indústria em São Paulo destacava as várias modalidades de concorrência entre essa pequena produção e a grande indústria recém-surgida.[32]

A entrada do imigrante estrangeiro, principalmente o imigrante italiano, nos grandes negócios se deu principalmente nos anos 1890, crescendo nos anos seguintes. Ou seja, as grandes empresas de imigrantes italianos surgiram ao mesmo tempo que se deu a entrada mais numerosa desses imigrantes no país, que foi nessa mesma década. Autores têm ressaltado muito o envolvimento do imigrante italiano na formação de empresas industriais. Ele se envolveu, no entanto, em empresas comerciais e, também, significativamente, em empresas bancárias. É bem verdade que os negócios bancários não eram exclusivamente bancários e fica evidente, na análise dos documentos respectivos, que os bancos eram fundados por negociantes e industriais. Entre 1891 e 1905 foram registrados na Junta Comercial de São Paulo 42 novos bancos constituídos no período, além de uns poucos, mas poderosos, bancos já existentes. Desses novos bancos, 22 eram de propriedade de imigrantes italianos radicados no Brasil. Entre 1899 e 1905 foram fundados 23 novos bancos, dos quais 22 eram os referidos bancos de imigrantes italianos. Além disso, havia acionistas italianos em pelo menos três bancos de maioria brasileira, dois dos quais poderosos estabelecimentos de famílias tradicionais de São Paulo.[33] Esse foi um período de crise econômica. Entre 1891 e 1892, houve o Encilhamento, como ficou conhecido esse período de forte especulação financeira e econômica, quando numerosas empresas foram organizadas no vazio, falindo em seguida. Em 1898, começa um período de quatro anos de recessão. Um banco dissolvido em 1901 justificava o encerramento das atividades devido à "difícil crise que atravessa o comércio atualmente". Os anos de 1903 e 1904 foram anos de crise igualmente grave que atingiu profundamente tanto bancos poderosos quanto pequenos, levando alguns a encerrarem as atividades e outros a reduzirem o seu capital em prejuízo dos acionistas.

Alguns dos bancos de imigrantes italianos negociavam com câmbio. Suas atividades destinavam-se em grande parte a canalizar as economias, sobretudo pequenas economias, dos milhares de imigrantes italianos que viviam em São Paulo. Muitos imigrantes preferiam não entregar o dinheiro diretamente a um banco, depositando-o nas mãos de algum pequeno negociante patrício.[34] Este, por sua vez, repassava o dinheiro para negociantes maiores, seus fornecedores, ou para os bancos de imigrantes italianos. Vários desses bancos de imigrantes se estabeleceram no interior de São Paulo, junto às grandes concentrações de trabalhadores italianos. Esses bancos eram, também, o canal para remessa de economias para a Itália, para os parentes dos que imigraram, fenômeno importante no Brasil, embora não tivesse alcançado a amplitude que teve entre imigrantes italianos na Argentina e nos Estados Unidos da América. Isso provavelmente porque apesar do retorno de muitos imigrantes ou da reemigração, a maioria deles veio para o Brasil nas condições já indicadas da imigração subvencionada, acompanhados da família, sem muitas condições para agir como imigrantes temporários. Diferente, portanto, da imigração "golondrina", na Argentina, dos que imigravam para trabalhar na colheita do trigo, finda a qual retornavam à condição camponesa no país de origem.

Imigrantes italianos organizaram pelo menos dois grandes bancos em São Paulo. Um deles em maio de 1900, com um capital de dois mil contos, reunindo 115 acionistas, foi o Banco Commerciale Italiano di São Paulo. Seus principais acionistas eram industriais italianos ligados à indústria de alimentação: Puglisi (moinho de trigo), Falchi (chocolates e confeitos, tecidos, cerâmica), Matarazzo (moinho de trigo, comércio) e Pinotti Gamba (moinho de trigo). Mais tarde, em 1905, Matarazzo e Pinotti Gamba, que haviam se afastado do Banco Commerciale Italiano di São Paulo, fundam o Banco Italiano del Brasile. Nessa ocasião ficou clara a importância das ligações entre grandes empresários italianos da capital e os pequenos negociantes do interior. Os Matarazzo, que eram os principais acionistas do novo banco, representaram 52 dos 195 acionistas; 31% dos acionistas eram do interior. Em 1899, uma outra grande firma industrial, de italianos Regoli, Crespi & Comp. – dedicada à indústria de tecidos, funda a Casa Bancária e Industrial.[35]

Enquanto os grandes bancos de imigrantes italianos se caracterizavam, assim como os pequenos, pela identificação de origem nacional entre os seus acionistas, já as indústrias de propriedade de imigrantes italianos eram predominantemente familiares e sobretudo de família nuclear. A dinâmica de um grande grupo econômico, como o de Francisco Matarazzo, sempre foi no sentido de fazer da empresa uma empresa familiar. Houve um momento em que Matarazzo se associou aos seus irmãos, mas essa associação foi quase que inteiramente liquidada em 1911, quando a empresa se reorganizou apenas em torno de Matarazzo e seus filhos. Um irmão, André, que se manteve associado a ele, foi alijado alguns anos depois para constituir sua própria empresa. Do grupo econômico original, surgiram pelo menos três grandes grupos econômicos: o dele próprio, o de seu sobrinho Cicillo Matarazzo (Francisco Matarazzo Sobrinho, filho de André) e o de seu neto, Francisco Matarazzo Pignatari (o Baby Pignatari). Rodolfo Crespi acabou centralizando a sua empresa de tecidos quando seu sogro decidiu retirar-se da firma Regoli, Crespi & Comp. e voltar para a Itália.

Entretanto, o critério familístico não era um critério fechado na formação de indústrias de imigrantes italianos. Quando Puglisi Carbone fundou a S. A. Moinho Santista, em outubro de 1905, havia uma participação significativa de não parentes e de não italianos, que controlavam 38% das ações, as restantes divididas entre os diferentes membros da família. Mas a regra mesmo era a da empresa industrial familiar ou, então, a associação com patrícios.

Em 1901, já havia pelo menos 36 indústrias de imigrantes italianos em São Paulo, a maioria na Capital, praticamente todas organizadas segundo o padrão da grande indústria, reunindo mais de 3.500 operários. Sem contar, é evidente, pequenas oficinas de trabalhadores italianos autônomos espalhadas por todo o estado. Apenas 4 daquelas foram fundadas antes de 1880; 10 foram-no entre 1881 e 1890; 20 surgiram entre 1891 e 1900.[36] Ao contrário dos descendentes de alemães, que preferiram dedicar-se à indústria mecânica e metalúrgica, os italianos preferiram, nessa época, a indústria de bens de consumo, principalmente tecidos, chapéus, calçados e alimentos.

Há várias indicações de que essas indústrias foram organizadas com base em estímulos de bancos estrangeiros, inclusive bancos italianos interessados em incentivar a exportação de manufaturados de seu país. Quando Francisco Matarazzo instalou o seu grande moinho de trigo, em 1900, no bairro do Brás, com equipamento inglês, foi em grande parte porque, sendo importador de farinha de trigo, fora estimulado por um banco inglês a industrializar o trigo aqui mesmo, o que o levou mais tarde a produzir sacaria para o seu próprio uso na Tecelagem Mariângela.

É significativo que dos grandes industriais de São Paulo, vindos da Itália, apenas dois com certeza tenham sido imigrantes pobres: Dante Ramenzoni, um trabalhador socialista que se tornou produtor de chapéus, e Nicolau Scarpa, industrial têxtil.[37] Os demais já chegaram aqui com recursos. Não eram imigrantes pobres que, através do trabalho árduo, tenham adquirido independência e se tornado grandes industriais. Os dados acima indicados, sobre o período de organização de bancos e indústrias de propriedade de imigrantes italianos, são bem indicativos de que a acumulação individual de capital não pode ter se processado num período tão curto com base estritamente numa obstinada dedicação ao trabalho. Entre o empresário de origem italiana e o trabalhador de origem italiana havia um abismo grande desde o princípio, mal disfarçado pela identidade de origem nacional que supostamente os unia.

A sobredeterminação da classe pela nacionalidade

Um viajante, chegando à cidade em 1900, depois de trinta anos de ausência, exclamava que "era então São Paulo uma cidade puramente paulista, hoje é uma cidade italiana!"[38] Entre 1886 e 1893, a população estrangeira passou de 12.085 pessoas para 70.978, de 25,9% para 54,5% da população da cidade.[39] Os estrangeiros eram predominantemente trabalhadores e constituíam maioria nos serviços domésticos, nas atividades manufatureiras, na produção artesanal, nos transportes e nas atividades comerciais. Em 1893, os operários e os artesãos estrangeiros somavam juntos mais de 12 mil trabalhadores, o que correspondia a 82% dos trabalhadores desses ramos industriais.[40]

Nessa época, quando se falava em operário, falava-se no italiano. Em 1900, no conjunto do estado de São Paulo, 81% dos trabalhadores industriais eram italianos.[41] Num estudo de 1901, relativo principalmente às indústrias da capital, a impressão era de que 90% dos operários eram estrangeiros e quase que totalmente italianos.[42] Os italianos da cidade de São Paulo, em 1897, superavam os brasileiros na proporção de dois para um.[43] Na pesquisa sobre a composição da força de trabalho de 29 indústrias têxteis, realizada em 1911, abrangendo principalmente fábricas da capital, foram encontrados 10.204 operários. Desses, 59,2% eram italianos e apenas 18,1% eram brasileiros. Numa única fábrica em que as indagações foram aprofundadas, de 112 operários brasileiros, 106 eram filhos de italianos.[44]

Enquanto os operários de origem italiana constituíam a grande massa dos trabalhadores das fábricas e oficinas, nas empresas que Bandeira Junior investigou, no mesmo levantamento os industriais de origem italiana constituíam 25% do total. Esse é um dado de grande importância, pois é concepção geralmente difundida a de que os grandes industriais de São Paulo eram majoritariamente italianos. A grande maioria dos imigrantes italianos, no entanto, destinou-se e permaneceu longamente nas posições inferiores da sociedade brasileira, como principal contingente da classe trabalhadora que nascia sob os auspícios da industrialização propiciada pelo café e pelas transformações nas relações de trabalho.

Ser operário e ser italiano, nos fins do século XIX e nas duas primeiras décadas do século XX, na cidade de São Paulo, era assumir duas identidades em conflito. Os trabalhadores italianos, espanhóis, portugueses e alemães, que eram praticamente a totalidade dos trabalhadores industriais, sempre encontravam na sua origem nacional uma barreira à plena manifestação da sua condição operária. Um jornal italiano de São Paulo afirmava, em 1907, que a razão das dificuldades para constituir aqui um partido socialista "consiste no espírito nacionalista, muito vivo entre todos os trabalhadores, que os impede de sentir mais profundamente a solidariedade de classe e dar-lhe prioridade a qualquer outra consideração".[45] As relações entre operários italianos e espanhóis não eram boas; eram particularmente difíceis entre italianos e portugueses. Os preconceitos eram fortes contra os brasileiros pobres, sobretudo em relação ao negro, recém-saído da escravidão.[46]

Embora a classe dominante classificasse a todos os imigrantes vindos da Itália como italianos, havia na verdade fortes tensões e diferenças entre eles próprios. Havia diferenças dialetais, diferenças de costumes, de alimentação, até de gestos, que motivavam discriminação entre italianos de diferentes regiões. Assim como portugueses e espanhóis procuraram agrupar-se, cada um em seu lado, em determinadas áreas da cidade, o mesmo se deu com os diferentes grupos italianos: os calabreses concentraram-se no bairro do Bexiga; os vênetos, em São Caetano e no Bom Retiro; os bareses, no Brás. Os napolitanos na Mooca.[47] Os italianos meridionais eram depreciados pelos vênetos. E mesmo na Mooca, ainda hoje, descendentes de italianos de diferentes regiões da Itália ainda frequentam e se concentram em diferentes igrejas católicas. Houve italianos que foram compelidos a aprender a língua italiana, e não a portuguesa, quando melhoraram de condição e começaram a ter mais contato com italianos ricos, para evitar o preconceito contra o uso do dialeto, um sinal claro de inferioridade social entre eles. Mas a discriminação não envolvia apenas a língua, também os gestos e o próprio modo de conceber as coisas eram observados, para neles colher indícios de estigma.[48]

Os militantes anarquistas e socialistas daquele tempo costumavam imputar a fragilidade política da classe operária local a essas diferenciações regionalistas.[49] Em vez de ver-se como trabalhador explorado, o operário via-se antes como um imigrante desta ou daquela região da Itália e a partir daí como um superior ou um inferior em relação ao seu potencial companheiro de classe social. Esse sectarismo regionalista chegava a motivar propensões corporativas com base não só na profissão, mas também com base na origem regional, como indicam as associações nas quais essas pessoas se congregavam.

A verdade é que o imigrante vindo da Itália, geralmente analfabeto, de origem camponesa, sem qualificação profissional,[50] ao chegar à cidade de São Paulo passava por um duplo processo: ele entrava na "comunidade" italiana e na classe operária. Sofria por isso uma dupla ressocialização. Aqui ele aprendia a ser operário e aprendia a ser italiano, um pouco por antagonismo em relação aos não italianos. Um pesquisador observou que em São Paulo o imigrante passou da fala dialetal para uma fala ítalo-brasileira,[51] na qual expressava a sua identidade nacional. A identidade de italiano desfigurava os contornos da situação de classe, forçava-o à solidariedade, ainda que episódica, com o seu explorador, o seu patrão também italiano. O conde Matarazzo tinha uma das suas indústrias, a Tecelagem Mariângela, no meio de um quadrilátero de ruas ocupadas por moradores procedentes de Polignano-a-Mare, na região de Bari, sul da Itália, muitos dos quais, especialmente moças e menores, eram seus operários.[52] Esses bareses promoviam (e promovem até hoje) uma festa anual, como em sua terra, dedicada a São Vito Mártir. O conde e outros imigrantes ricos faziam-se presentes à festa, procurando ostentar e alimentar uma identidade acima das classes.

Apesar da quase unânime afirmação de que a identidade nacional do imigrante italiano interferia, e prejudicava, na construção da sua lealdade à classe operária, há alguns indícios de que o problema não era assim tão simples. Numa certa época, desenvolveu-se entre os vidreiros de São Paulo, de origem italiana, o interesse pela organização de uma corporação de vidreiros italianos. Assim como as corporações pré-capitalistas, também essa seria uma corporação fechada, cujos aprendizes seriam recrutados entre os filhos dos próprios operários. A motivação era dirigida contra os vidreiros de origem portuguesa. Os operários dessa nacionalidade eram discriminados porque dentre eles os patrões costumavam recrutar fura-greves.[53]

O caso da festa de São Vito Mártir, dos polignanenses do bairro do Brás, também é indicativo de que em determinadas condições a identidade de classe sobrepunha-se à identidade nacional. No início, aí pelo começo do século XX, a festa era realizada em privado nas casas de diferentes famílias. Em 1905, um grupo de jornaleiros decidiu realizá-la num cortiço como festa pública. A festa foi crescendo, até que houve uma disputa em torno da imagem do santo. Um italiano rico que retornava à Itália ofereceu a imagem que mandara buscar em seu país à Igreja do Brás para realização da festa, vinculando, assim, os festejos de São Vito à Igreja institucional e ao controle do pároco. A festa já não era realizada em torno da imagem utilizada nas primeiras vezes no cortiço. Houve desentendimento a respeito do assunto: de um lado, os polignanenses pobres (peixeiros, jornaleiros, garrafeiros), de outro, os polignanenses ricos (cerealistas da rua Santa Rosa). Em consequência foram fundadas duas associações de devotos de São Vito, mas depois de uma disputa ardilosa os imigrantes pobres conseguiram registrar a sua associação, ganhando com isso o controle da festa e produzindo o afastamento dos imigrantes ricos.[54]

Havia ainda o fato de que um significativo número de grandes fábricas, onde os operários italianos constituíam a imensa maioria dos trabalhadores, pertenciam a capitalistas brasileiros ou de outras nacionalidades que não a italiana, o que impedia o desenvolvimento mais acentuado de uma solidariedade vertical. De qualquer modo, nos grandes movimentos grevistas de 1901, 1906, 1907, 1912, 1917, os industriais de origem italiana não foram poupados.⁵⁵ Nos saques e incêndios praticados em fábricas e armazéns de imigrantes italianos, durante a Revolução de 1924, em bairros com grande concentração de trabalhadores dessa nacionalidade, como Mooca e Brás, estes não tiveram dúvida quanto ao caráter de vendeta social que deram às pilhagens que fizeram. Não porque se considerassem explorados, mas porque consideravam injusta e descabida a ostentação de riqueza por esses seus patrícios. Por isso, não lutavam contra a exploração, apenas saqueavam.

São várias, pois, as indicações de que a identidade nacional do trabalhador imigrante tinha uma eficácia limitada para conter e desfigurar a sua identidade de classe. À medida que as condições de vida se tornavam mais difíceis, especialmente devido a crises econômicas de conjuntura, a linha de classe sem dúvida se desenhava na consciência do trabalhador de origem italiana. As conjunturas críticas foram constantes a partir da abolição da escravatura, devido às grandes oscilações no comércio do café, refletindo-se diretamente na economia da indústria. No geral, foram essas mesmas crises que criaram medidas protecionistas diretas ou indiretas, que beneficiaram amplamente os industriais.⁵⁶ No imediato, as consequências das crises eram transferidas para os trabalhadores, através da redução de salários ou da redução das horas ou dos dias de trabalho. É significativo que grandes industriais brasileiros ou italianos, como Antonio da Silva Prado ou Francisco Matarazzo, Rodolfo Crespi e outros, tenham saído fortalecidos ao longo das vacilações da economia brasileira nesse período. É possível que este ou aquele empresário tenha sido devorado pelas adversidades econômicas. Mas a indústria, no seu conjunto, saiu beneficiada. Os casos individuais também são indicativos de como a indústria saiu fortalecida das crises. Um exemplo é o da fábrica de tecidos de algodão, lã e meia de Regoli, Crespi & Comp., fundada em 1894. Segundo uma tentativa de periodização do ciclo econômico, feita na época, 1888 e 1890 foi um período próspero; 1891 a 1892 foi um período de crise, conhecido como Encilhamento; 1893/1894 foi o período da liquidação de empresas, incluindo o fechamento de fábricas.⁵⁷ Portanto, a empresa de Rodolpho Crespi surgiu num período muito desfavorável da economia brasileira. Em 1901, já no meio de outra crise econômica, sua fábrica ocupava de 280 a 300 operários.⁵⁸ Dois anos depois, eram 400 os operários, entre homens e mulheres.⁵⁹ Em 1911, já eram 1.305 os operários da fábrica.⁶⁰

Os militantes anarquistas e socialistas da época costumavam atribuir a fragilidade da classe operária em São Paulo a um outro fator, além da sobreposição da identidade nacional, ou mesmo regional, à identidade de classe: a falta de raízes do operário italiano na sociedade brasileira, sua obsessão de retorno à pátria, de fazer a América e voltar rico à Itália. Com isso, o imigrante não aprofundava compromissos com as lutas dos trabalhadores, já que se considerava em permanência provisória no Brasil.⁶¹

Essa é uma questão que, no meu modo de ver, também deveria ser aprofundada, para termos melhor ideia sobre as condições de vida e a realidade social da classe operária em São Paulo no final do século XIX e no começo do século XX. É um período em que se institui a tributação da produção industrial brasileira, com o imposto de consumo como a nova fonte de recursos para sustentação das despesas governamentais, que já não podiam ser obtidos simplesmente através da tributação do comércio de importação. É também um período de baixa acentuada dos preços do café, o que se refletia no mercado dos produtos manufaturados.[62]

Essa situação se refletiu de imediato no fluxo de entradas e saídas de imigrantes. Entre 1882 e 1914, 45% dos imigrantes entrados em São Paulo retomaram a seus países ou reemigraram.[63] No curto período entre 1900 e 1907, o retorno foi de 89,7%. Em 1900, 1903, 1904, 1907, os retornos ultrapassaram o número de imigrantes entrados em São Paulo.[64] É importante ter em conta que esses retornos não eram necessariamente nem provavelmente retornos dos imigrantes entrados no mesmo ano. Todas as indicações são no sentido de que havia uma renovação cíclica da força de trabalho imigrante, tanto nas fazendas de café, quanto nas indústrias, apesar dos mecanismos sociais de recriação de carências, que tinha como objetivo retardar ou impossibilitar a mobilidade do trabalhador.

Ainda em 1896, num documento dirigido ao Congresso da Internacional Socialista, militantes diziam que:

> A única vantagem de que goza o trabalhador em São Paulo é ter sempre trabalho. A oferta de mão de obra é menos importante aqui do que na Europa. O exército de reserva proletário não atinge as mesmas dimensões. Entretanto, se a imigração italiana continuar no mesmo ritmo atual, nós logo estaremos nos aproximando da situação europeia, ou até mesmo ultrapassando-a, num futuro próximo.[65]

Mas a nova crise iniciada em 1898 alterou esse quadro favorável aos trabalhadores:

> A crise bastante longa, que atravessamos, tem, como é natural, atuado grandemente sobre essa classe, daí as greves contínuas e as divergências entre os operários e o industrial; este não tendo consumo para o que produz; aqueles não se conformando com a redução do salário, que mal lhes chega para apertada subsistência [...].[66]

As condições de vida dos trabalhadores de São Paulo, naquela época, eram péssimas. O empresário Bandeira Júnior, várias vezes citado, constatava em 1901 que:

Nenhum conforto tem o proletário nesta opulenta e formosa Capital. Os bairros em que mais se concentram por serem os que contêm maior número de fábricas, são os do Brás e do Bom Retiro. As casas são infectas, as ruas, na quase totalidade, não são calçadas, há falta de água para os mais necessários misteres, escassez de luz e de esgotos.[67]

Nos bairros operários, era comum os trabalhadores imigrados viverem em condições idênticas às dos negros libertos da escravidão, nos famosos cortiços ou em porões. Os cortiços eram habitações coletivas, predecessores das favelas dos dias atuais. Pequenos cômodos superlotados distribuíam-se ao longo de um corredor que desembocava num pátio onde havia instalações únicas para todos os moradores – sanitário e tanque de lavar roupa. Era frequente que o mesmo cômodo servisse de quarto de dormir e cozinha.[68] Há indícios de que o cortiço era apenas o lugar de moradia do imigrante recém-chegado com sua família, mais tarde procurando deslocar-se para habitações melhores.[69] Mas, de qualquer modo, o cortiço esteve no centro da vida do imigrante italiano em São Paulo durante longos anos.

A vida da família operária não tinha o seu estigma maior no cortiço. A indústria de São Paulo nessa época notabilizou-se pela exploração do trabalho infantil e pela exploração do trabalho da mulher. Bandeira Jr. dizia, em 1901, que "é considerável o número de menores, a contar de 5 anos, que se ocupam em serviços fabris [...]".[70] Muito cedo, antes dos 10 anos de idade, as crianças já eram encaminhadas às fábricas, submetendo-se a um regime de trabalho em que a jornada era sempre superior a onze horas de trabalho diárias. O inspetor do Departamento Estadual do Trabalho, que realizou o levantamento da situação dos trabalhadores na indústria têxtil, em 1911, dizia dos operários menores de 12 anos de uma das fábricas visitadas: "Esqueléticos, raquíticos, alguns. O tempo de trabalho varia para as secções de 11 horas e meia a 12 horas e meia por dia".[71]

Um antigo operário descreve em suas memórias as condições de trabalho das crianças nas fábricas de vidro.[72] Nessas fábricas, o trabalho ainda estava organizado segundo o padrão da manufatura e a produção era inteiramente artesanal.[73] Toda a relação no interior da fábrica se desenvolvia entre o trabalhador adulto e o aprendiz criança. Tal relação era permeada por uma espantosa violência física praticada pelo operário contra o menor.

A violência existia também em outros ramos da produção, não tendo sido poucas as manifestações operárias motivadas por castigos físicos infligidos aos trabalhadores. Em mais de uma ocasião houve greves de menores, nas várias indústrias, contra maus tratos e mesmo contra salários excessivamente baixos.[74]

Pode-se dizer que a mulher recebia um salário de aproximadamente 2/3 do salário do adulto, enquanto os menores tinham salários que variavam entre metade do salário do adulto e 1/3 do salário da mulher. Matarazzo chegou a ter máquinas mais baixas adaptadas unicamente ao trabalho infantil. Muitos militantes tinham presente que a exploração do trabalho infantil era uma forma de desempregar o adulto, criando assim a superoferta de força de trabalho, como técnica para manter os salários em nível baixo.

A exploração do trabalho do menor nos dá um quadro que ajuda a esclarecer a situação do conjunto dos operários de São Paulo, que nos dá uma ideia da intensidade da exploração do imigrante nas fábricas e nas oficinas da cidade. O mais provável, portanto, é que a proporção significativa de retornos de imigrantes a seus países de origem ou de reemigração para a Argentina ou o Uruguai diga respeito a colonos de café mais do que a operários.[75] As condições de vida dos trabalhadores da cidade não eram as melhores para custear essa nova migração. Ainda assim, há indicações de que operários também foram forçados, em face da situação econômica desfavorável e do subemprego, motivado pela redução dos dias de serviço nas indústrias, a engrossar o número de embarques para fora do Brasil. Na crise de 1901, "muitos operários emigraram", assinala um observador da época.[76] Mas não se trata de trabalhadores que tenham feito a América, e sim daqueles que mais uma vez foram levados à migração por força das condições de vida desfavoráveis dos trabalhadores de São Paulo.

Essas condições estão diretamente relacionadas com as características da indústria e do processo de industrialização em São Paulo nessa época. Ao lado de grandes estabelecimentos, em que o processo de trabalho estava organizado segundo o padrão da grande indústria,[77] havia ainda um número enorme de pequenas oficinas, como já vimos, organizadas em bases artesanais, em que, além do proprietário e sua família, trabalhavam escassos operários, de modo que na maioria dos casos o número dos trabalhadores não chegava a cinco. A maior parte dos trabalhadores em greve, em 1907, eram operários desses pequenos estabelecimentos.[78] É muito significativo que as lideranças operárias desse tempo fossem em grande parte recrutadas entre artesãos independentes, donos de pequenas oficinas.[79]

Várias greves do começo do século foram motivadas pela modernização de equipamentos e processos de trabalho, no sentido de implantação do padrão da grande indústria. Já em 1893, num relatório enviado à Internacional Socialista, dizia-se que, "apesar da instabilidade da vida social, não havia extrema pobreza até agora, mas a miséria e a penúria do trabalho mecanizado começam a se fazer sentir".[80] Uma das greves contra a fábrica de tecidos Dell'Acqua, nas vizinhanças de São Paulo, pertencente à Societá Italiana de Esportazione Enrico Dell'Acqua, de Milão, foi realizada em 1904 justamente em consequência de demissões provocadas por transformações na organização da empresa.[81] Em 1905, caso semelhante ocorreu no setor de calçados. A Fábrica Rocha, por ter importado maquinismos aperfeiçoados do estrangeiro "que vieram suprir o trabalho de muitos operários", a pretexto de evitar dispensas promoveu uma diminuição dos salários.[82] A greve de 1906 na Cia. Paulista de Estradas de Ferro teve motivo semelhante; por isso mesmo orientada diretamente contra o engenheiro Monlevade, promotor das inovações que redundavam em prejuízo dos trabalhadores.[83]

Mesmo quando não houvesse a modernização do processo de trabalho e a introdução do padrão produtivo da grande indústria, havia risco real de subjugação da produção artesanal pela grande empresa. O fiscal de trabalho, na pesquisa de 1911, encontrou um grande número de teares manuais instalados no recinto das fábricas, cujo trabalho era extremamente penoso, ao lado de equipamento mecânico moderno.[84] Na indústria de sacaria e de roupas feitas, uma parte importante do trabalho era realizado a domicílio, sob empreitada. Havia mesmo industriais que instalavam teares manuais nas casas dos operários, como verdadeiras extensões da grande empresa industrial.

O universo dos trabalhadores de São Paulo estava, pois, muito centrado numa experiência de trabalho que era a do trabalho artesanal. Muitos operários secundavam a exploração de seus filhos menores, obrigando-os a se empregarem nas fábricas muito cedo, muitas vezes até para trabalharem gratuitamente, para que aprendessem a arte ou o ofício, duas palavras anacrônicas no universo fabril, profundamente comprometidas com a concepção de trabalho das corporações de ofício. Por isso, os adultos toleravam em relação a seus filhos já trabalhadores abusos que escandalizavam os militantes anarquistas e socialistas. Para eles, as penosas condições da fábrica eram uma escola, com o que, aliás, concordavam os patrões: "têm esses menores a vantagem de adquirir hábitos de trabalho, aprendendo um ofício que lhes garante o futuro, ao passo que não aumentam a falange dos menores vagabundos que infestam esta Cidade".[85]

O caráter artesanal do trabalho impregnou a consciência dos trabalhadores muito mais ativamente do que a sua identidade nacional. Estabeleceu entre eles uma espécie de culto ao trabalho que foi percebido muito mais facilmente pelos industriais de origem italiana do que pelos intelectuais anarquistas e socialistas. A concepção de trabalho que organizava a inteligência do imigrante italiano a respeito das suas relações na fábrica era uma concepção de trabalho autônomo ou de trabalho que, embora subjugado pelo capital, tinha plena possibilidade de recuperar a sua autonomia desde que o trabalhador pudesse libertar-se da fábrica. O trabalho que se realiza na grande indústria não apresenta essa característica, pois é trabalho coletivo, cada trabalhador realizando um fragmento do processo de trabalho que, autonomamente, não tem o menor sentido, pois não liberta o trabalhador. Já o imigrante concebia o trabalho como atividade artesanal, inteira, que abre a possibilidade da autonomia para o operário. Acumular e sair da fábrica para organizar a pequena oficina com os irmãos ou com os filhos; ou então preservar a pequena oficina a qualquer preço e quem sabe transformá-la numa grande fábrica foi o sonho do imigrante.

Matarazzo simbolizou esse sonho, o da libertação pelo trabalho. Legiões de operários acreditavam que ele tinha levado uma vida de trabalho intenso, penoso, sofrido, cheio de privações iguais às que milhares de imigrantes italianos sofriam em São Paulo, para acumular e tornar-se o rico e poderoso industrial que foi. Essa suposição era inteiramente falsa, já que Matarazzo procedia de uma família de classe média e chegara ao Brasil trazendo recursos para instalar-se como negociante. Mais tarde, graças ao apoio financeiro de banqueiros ingleses e graças às economias que seus patrícios pobres depositavam em suas mãos para que fossem remetidas à Itália, que ele usava temporariamente como capital de terceiros, conseguiu ampliar e dar grande impulso aos seus empreendimentos. Mesmo assim, ele não ousava desmentir a suposição popular. Sempre que se dirigia aos trabalhadores, falando de si mesmo, construía uma autobiografia da qual eram cuidadosamente omitidas referências às condições reais da sua vinda para o Brasil, de modo que seus ouvintes alimentassem a suposição de que ele havia sido um trabalhador que se tornara patrão.

Para esses operários, a grande dificuldade em ver claramente a exploração que sofriam residia na convicção de que era o trabalho que produzia a riqueza, mas não conseguiam perceber que a riqueza era fruto do trabalho explorado do trabalhador assalariado. Como era muito significativo o número de pequenas oficinas e indústrias de fundo de quintal em que o patrão era também um trabalhador, difundia-se a concepção de que o trabalho produzia a riqueza, o capital era o trabalho do próprio patrão, o trabalho árduo, submetido aos rigores de uma ética ascética que fazia do patrão o primeiro dos trabalhadores. A acumulação do capital parecia, assim, um processo individual, decorrente do esforço pessoal do trabalhador e sua família, garantido pelas virtualidades de uma modalidade pré-capitalista de trabalho que ainda não havia sido destruída pelo capital. Por isso, em vez de transformar-se num crítico radical do capitalista, o operário tendia a legitimar a acumulação individual da riqueza, como produto legítimo do trabalho do próprio patrão. A identidade de italiano, que os trabalhadores também assumiam, estava na verdade vinculada a esse pressuposto. Conceber-se como italiano era para os imigrantes conceber-se como trabalhador, no duplo sentido de quem trabalha e trabalha muito. Os italianos e seus descendentes gostavam e ainda gostam de distinguir-se do brasileiro nativo, mobilizando para isso a categoria "trabalho": eles consideram as outras "raças", como dizem, menos devotadas ao trabalho, indolentes. Consideram-se a si mesmos, e são considerados pelos outros, como pessoas trabalhadoras, isto é, devotadas ao trabalho, amantes do trabalho. O sentido popular da palavra "trabalhador" no Brasil deve muito ao imigrante italiano: não quer dizer necessariamente empregado, mas quer dizer necessariamente pessoa que trabalha muito, que faz do trabalho o centro da sua vida, dos seus princípios, da sua ética.

* Trabalho apresentado no Simpósio sobre o Papel da Imigração Italiana no Desenvolvimento Industrial Latinoamericano, Fondazione Luigi Einaudi, Turim (Itália), 29 de setembro a 3 de outubro de 1980. Publicado em *Dados – Revista de Ciências Sociais*, v. 24, n. 2, Rio de Janeiro, Campus, 1981, p. 237-64.

Notas

[1] Cf. Franco Cenni, op. cit., p. 172.
[2] Da carta de um colono vêneto, de Belém do Descalvado, escrita em 1883 à família que ficara na Itália: "me toca trabalhar junto com os negros". Cf. Emilio Franzina, op. cit., p. 128; Amelia de Rezende Martins, op. cit., p. 325-326: Maria Paes de Barros, op. cit., passim.
[3] Maurizio Gnerre, "Os italianos do Espírito Santo: de qual Itália emigraram?", em *Revista de Cultura*, ano 1, n. II, Universidade Federal do Espírito Santo, 1979, p. 21-31; Thales de Azevedo, *Italianos e gaúchos*, Porto Alegre, Instituto Estadual do Livro, 1975; Olívio Manfroi, *A colonização italiana no Rio Grande do Sul*, Porto Alegre, Instituto Estadual do Livro, 1975; Vitalina Maria Frosi, *Imigração italiana no nordeste do Rio Grande do Sul*, Porto Alegre, Movimento, 1975; Rovílio Costa et al., *Imigração italiana no Rio Grande do Sul*, Porto Alegre, Livraria Sulina, 1975; José Vicente Tavares dos Santos, *Colonos do vinho*, São Paulo, Hucitec, 1978; Ítalo Dal'Mas, *São Caetano do Sul e seus fundadores*, São Caetano do Sul (SP), Gráfica Michalany, 1957; Franco Cenni, op. cit., passim; José de Souza Martins, *A imigração e a crise do Bragil agrário*, cit.
[4] Secretaria da Agricultura, Indústria e Commercio, *Boletim da Diretoria de Terras, Colonização e Immigração*, anno I, n. 1, São Paulo, out. 1937; B. Belli, *Note sull'emigrazione in America dei contadini della provincia di Treviso*, Oderzo, Tipografia di Giovanni Battista Bianchi, 1888.
[5] Cf. a coleção do *Boletim do Departamento Estadual do Trabalho*, São Paulo, Secretaria da Agricultura, Commercio e Obras Públicas do Estado de São Paulo, anno I, n. 1 e 2 ss., 1912 em diante.
[6] Cf. Carlo Castaldi, "O ajustamento do imigrante à comunidade paulistana: estudo de um grupo de imigrantes italianos e de seus descendentes", em Bertram Hutchinson (ed.), *Mobilidade e trabalho*, Rio de Janeiro, Centro Brasileiro de Pesquisas Educacionais, 1960, p. 281-359.
[7] Cf. Michel M. Hall, *The Italians in São Paulo, 1880-1920*, New Orleans, Tulane University, 1971, p. 1-2, mimeo.
[8] Cf. Paula Beiguelman, *A formação do povo no complexo cafeeiro*, cit., passim; José de Souza Martins, *A imigração e a crise do Brasil agrário*, op. cit.
[9] Cf. Secretaria da Agricultura, Industria e Commercio, loc. cit.
[10] Cf. Nazareth Prado, op. cit., p. 287-8.
[11] Cf. Caio Prado Junior, "Contribuição para a análise da questão agrária no Brasil", em *Revista Brasiliense*, n. 28, mar.-abr. 1960, p. 215 e 218; Caio Prado Junior, *A revolução brasileira*, São Paulo, Brasiliense, 1966, p. 52.
[12] Cf. José Graziano da Silva, *Progresso técnico e relações de trabalho na agricultura paulista*, Campinas, Unicamp, 1980, v. II, p. 155, mimeo.
[13] Cf. Augusto Ramos, *O café no Brasil e no estrangeiro*, cit., p. 207-8.
[14] Cf. Caio Prado Junior, *História econômica do Brasil*, cit.
[15] Cf. Michael M. Hall, "Reformadores de classe média no Império brasileiro: a Sociedade Central de Imigração", loc. cit., p. 169.
[16] Cf. Maria Thereza Schorer Petrone, *A lavoura canavieira em São Paulo*, cit.; Maria Thereza Schorer Petrone, *O Barão de Iguape*, cit.; Darrel E. Levy, *A família Prado*, trad. José Eduardo Mendonça, São Paulo, Cultura 70, 1977.
[17] Cf. Adolfo Augusto Pinto, *Minha vida*, São Paulo, Conselho Estadual de Cultura, 1970; Odilon Nogueira de Matos, *Café e ferrovias*, São Paulo, Alfa-Omega, 1974; Célio, Debes, *A caminho do oeste*, São Paulo, s. e., 1968.
[18] Cf. Nuto Sant'Anna, "A primeira fábrica de tecidos", em *O Estado de S. Paulo*, 24 de dezembro de 1941; p. 5; F. Nardy Filho, "A primeira fábrica de tecidos, a vapor, em S. Paulo", em *O Estado de S. Paulo*, 22 de fevereiro de 1944, p. 3; Garibaldi Dantas, "A primeira fábrica de tecidos de algodão em São Paulo - Itu ou Sorocaba?", em *O Estado de S. Paulo*, 26 de fevereiro de 1944. p. 4; John Hough, "A primeira fábrica de tecidos de algodão em S. Paulo - Itu ou Sorocaba?", em *O Estado de S. Paulo*, 9 de março de 1944, p. 8; F. Nardy Filho, "A primeira fábrica de tecidos, a vapor, em São Paulo", *O Estado de S. Paulo*, 30 de março de 1944, p. 5; Aluísio de Almeida, "Algodão de Sorocaba", em *O Estado de S.*

EMPRESÁRIOS E TRABALHADORES DE ORIGEM ITALIANA 265

Paulo, 23 de novembro de 1944, p. 4; "São Paulo de 1870 e o início da indústria de tecidos de algodão", em *Digesto Econômico*, ano I, n. 4, Associação Comercial de São Paulo, março de 1945; Sergio Buarque de Holanda, "Fiação e tecelagem em São Paulo na era colonial", em *Digesto Econômico*, ano III, n. 36, novembro de 1947; Sergio Buarque de Holanda, "A mais antiga fábrica de tecidos de São Paulo", em *Digesto Econômico*, ano IV, n. 41, abril de 1948; Sergio Buarque de Holanda, "Fiação doméstica em São Paulo", em *Digesto Econômico*, ano IV, n. 47, outubro de 1948; Ernani Silva Bruno, "Indústria e comércio no 'Almanaque' de 1885", *O Estado de S. Paulo*, 24 de dezembro de 1948, p. 7; Aluísio de Almeida, "Primórdios da indústria paulista", *O Estado de S. Paulo*, 1º de abril de 1951, p. 8; Ernani Silva Bruno, *História e tradições da cidade de São Paulo*, Rio de Janeiro, Livraria José Olympio, 1954, v. 3, p. 1.169-86.
[19] David Joslin, op. cit.; Frederic M. Halsey, *Investments in Latin America and the British West Indies*, Washington, Department of Commerce, 1918.
[20] Cf. Warren Dean, *The Industrialization of São Paulo, 1880-1945*, Austin & London, University of Texas Press, 1969, p. 19-33.
[21] Cf. Affonso d'E. Taunay, op. cit.
[22] Cf. José Maria Whitaker, *O milagre de minha vida*, São Paulo, Hucitec, 1978, p. 27 ss.
[23] Cf. Elias Antonio Pacheco e Chaves et al., op. cit., p. 258-65.
[24] Cf. Reginald Lloyd et al., op. cit., p. 630.
[25] Cf. Franco Cenni, op. cit., p. 182.
[26] Cf. J. R. de Araújo Filho, loc. cit.
[27] Cf. Richard Graham, *Britain and the Onset of Modernization in Brazil: 1850-1914*, Cambridge, Cambridge University Press, 1968, p. 135.
[28] Cf. *Almanak da província de São Paulo para 1873*, organizado e publicado por Antonio José Baptista de Luné e Paulo Delfino da Fonseca, anno 1, São Paulo, Typographia Americana, 1873. Na organização e tabulação dos dados numerosos contidos neste almanaque, contei com a ajuda inestimável de Antonio Gonçalves de Oliveira e César Augusto Oller do Nascimento.
[29] Cf. Julio Brandão Sobrinho, "Lavouras de canna e de algodão e Industrias de assucar e de tecidos, no Estado de S. Paulo", *Boletim da Agricultura*, 4ª série, n. 12, dez. 1903, São Paulo, "Revista Agricola", 1903, p. 577-8 e 582.
[30] Idem, p. 592 e 589.
[31] Idem, p. 590.
[32] Cf. Antonio Francisco Bandeira Junior, *A indústria no estado de São Paulo em 1901*, São Paulo, Typographia do Diario Official, 1901, p. XI.
[33] Dados do Arquivo da Junta Comercial de São Paulo, Secretaria de Estado dos Negócios da Justiça.
[34] Cf. Carlo Castaldi, op. cit.
[35] Cf. José de Souza Martins, *Conde Matarazzo – O empresário e a empresa*, cit., p.32-4. Cf., também, a coleção de documentos da Junta Comercial de São Paulo.
[36] Cf. Antonio Francisco Bandeira Junior, op. cit., passim; Franco Cenni, op. cit., p. 204-5.
[37] Cf. Warren Dean, op. cit., p. 51.
[38] Cf. Alfredo Moreira Pinto, *A cidade de São Paulo em 1900 (impressões de viagem)*, Rio de Janeiro, Imprensa Nacional, 1900, p. 9.
[39] Cf. Florestan Femandes, *A integração do negro na sociedade de classes*, São Paulo, Dominus, 1965, v. I, p. 41.
[40] Idem, p. 11.
[41] Cf. Michael M. Hall, *Immigration and the Early São Paulo Working Class*, s/d, mimeo., p. 1-2.
[42] Cf. Antonio Francisco Bandeira Junior, op. cit., p. XII; Michael M. Hall, op. cit., p. 2.
[43] Cf. Richard M. Morse, *De comunidade a metrópole*, trad. Maria Aparecida Kerberg, São Paulo, Comissão do IV Centenário da Cidade de São Paulo, 1954, p. 189.
[44] Cf. "Condições do trabalho na indústria têxtil no Estado de S. Paulo", *Boletim do Departamento Estadual do Trabalho*, anno I, n. 1 e 2, São Paulo, Secretaria da Agricultura, Commercio e Obras Publicas do Estado de São Paulo, 1912, p. 60 e 74-5.
[45] Cf. Paulo Sergio Pinheiro e Michael M. Hall (orgs.), *A classe operária no Brasil (documentos: 1889 a 1930)*, São Paulo, Alfa-Omega, 1979, v. I, p. 63.
[46] Cf. Jacob Penteado, *Belenzinho, 1910*, São Paulo, Livraria Martins, 1962, p. 57 e 148; Florestan Fernandes, op. cit.
[47] Cf. Franco Cenni, op. cit., p. 231
[48] Cf. Carlo Castaldi, "O ajustamento do imigrante à comunidade paulistana", op. cit., p. 349-51.
[49] Cf. Paulo Sérgio Pinheiro e Michael M. Hall, op. cit., p. 62-3 e 24-5; Antonio Piccarolo, *Il socialismo in Brasile*, apud Everardo Dias, *História das lutas sociais no Brasil*, São Paulo, Edeglit, 1962, p. 18; Michael M. Hall, *Immigration and the Early São Paulo Working Class*, op. cit., p. 6.

50 Cf. Michael M. Hall, *The Italians in São Paulo, 1880-1920*, cit., p. 12.
51 Cf. Carlo Castaldi, op. cit., p. 291; Constantino Ianni, *Homens sem paz*, São Paulo, Difusão Europeia do Livro, 1963.
52 Cf. Carlo Castaldi, op. cit., p. 296.
53 Cf. Jacob Penteado, op. cit., p. 129
54 Cf. Carlo Castaldi, op. cit., passim.
55 Cf. Azis Simão, *Sindicato e Estado – Suas relações na formação do proletariado em São Paulo*, São Paulo, Dominus, 1966; Everardo Dias, op. cit.; Paula Beiguelman, *Os companheiros de São Paulo*, São Paulo, Edições Símbolo, 1977; Silvia I. L. Magnani, "A classe operária vai à luta: a greve de 1907 em São Paulo", *Cara a cara*, Centro de Estudos Everardo Dias, ano I, n. 1, maio 1978, p. 105-24; Hermínio Linhares, "As greves operárias no Brasil durante o primeiro quartel do século XX", *Estudos Sociais*, n. 2, jul.-ago. 1958, p. 215-28; John W. Foster-Dulles, *Anarquistas e comunistas no Brasil*, trad. César Parreiras Horta, Rio de Janeiro, Nova Fronteira, s/d.
56 Cf. J. Pandiá Calógeras, op. cit., p. 320-50.
57 Cf. João Pedro da Veiga Filho, *Estudo econômico e financeiro sobre o estado de S. Paulo*, São Paulo, Typographia do Diario Official, 1896, p. 119-33.
58 Cf. Antonio Francisco Bandeira Junior, op. cit., p. 9-10.
59 Cf. Carlos Ruysecco, "As nossas industrias: Regoli, Crespi & Comp., Fabrica de Tecelagem e Malharia", *Correio Paulistano*, 7 de maio de 1903, p. 2. Esse artigo é parte de uma interessante série de 26 artigos sobre as indústrias de São Paulo, publicados no mesmo jornal durante o ano de 1903. Embora até hoje, segundo sei, nenhum pesquisador tenha lançado mão desses dados sobre a industrialização em São Paulo e de outros, como os da Junta Comercial, são informações que atualizam e ampliam aquelas que foram colhidas por Bandeira Junior, em 1901.
60 Cf. "Condições do trabalho na indústria têxtil no Estado de S. Paulo", loc. cit., p. 73.
61 Cf. Paulo Sérgio Pinheiro e Michael M. Hall, op. cit., p. 114; Antonio Piccarolo, loc. cit., p. 18; Everardo Dias, op. cit., p. 393.
62 Cf. J. Pandiá Calógeras, op. cit.
63 Cf. Michael M. Hall, *Immigration and the Early São Paulo Working Class*, cit ., p. 7 e 21.
64 Cf. Salvio de Almeida Azevedo, "Imigração e colonização no estado de São Paulo", em *Revista do Arquivo Municipal*, v. LXXV, São Paulo, Departamento de Cultura, abr. 1941, p. 121.
65 Cf. Paulo Sérgio Pinheiro e Michael M. Hall, op. cit., p. 31.
66 Cf. Antonio Francisco Bandeira Junior, op. cit., p. XIX
67 Idem, p. XIX.
68 Cf. Richard M. Morse, op. cit., p. 210-211; Ecléa Bosi, *Memória e sociedade – Lembranças de velhos*, São Paulo, T. A. Queiroz, 1979, p. 60; Everardo Dias, op. cit., p. 45; Michael M. Hall, *The Italians in São Paulo, 1880-1920*, cit., p. 10.
69 Cf. Carlo Castaldi, loc. cit.
70 Cf. Antonio Francisco Bandeira Junior, op. cit., p. XIII.
71 Cf. "Condições do trabalho na indústria têxtil no Estado de S. Paulo", loc. cit., p. 44.
72 Cf. Jacob Penteado, op. cit., p. 119-38.
73 Cf. Reginald Lloyd, op. cit., p. 685 ss.
74 Cf. Paulo Sérgio Pinheiro e Michael M. Hall, op. cit., p. 93; Everardo Dias, op. cit., p. 46; Jacob Penteado, op. cit., p. 29, 61, 79, 117, 125, 130; Paula Beiguelman, op. cit., p. 22, 26-27, 63; Ecléa Bosi, op. cit., p. 84.
75 Cf. Michael M. Hall, *Immigration and the Early São Paulo Working Class*, cit., p. 8.
76 Cf. Antonio Francisco Bandeira Junior, op. cit., p. xv.
77 Cf. Sergio Silva, *Expansão cafeeira e origens da indústria no Brasil*, cit.
78 Cf. Silvia I. L. Magnani, loc. cit., p. 118-9.
79 Cf. Everardo Dias, op. cit , p. 47.
80 Cf. Paulo Sérgio Pinheiro e Michael M. Hall (orgs.), op. cit., p. 27.
81 Cf. Paula Beiguelman, op. cit., p. 31.
82 Idem, p. 32-3.
83 Cf. Everardo Dias, op. cit., p. 257 ss.; Paula Beiguelman, op. cit., p. 35 ss.
84 Cf. "Condições do trabalho na indústria textil no Estado de S. Paulo", loc. cit.
85 Cf. Antonio Francisco Bandeira Junior, op. cit., p. XIII.

O imaginário da ascensão social pelo trabalho

Antonio Lerario, filho de camponeses na Itália, que veio jovem para o Brasil e começou a vida vendendo jornais nas ruas de São Paulo, acabaria se tornando atacadista de cereais na rua Santa Rosa. Antes de falecer, encomendou a um escultor o conjunto escultórico que, em seu túmulo, narraria a história de sua vida e de sua família. Nesse conjunto, são celebrados o triunfo do trabalho e a ascensão social que o expressa.

Preparo da terra.
(Fotos: José de Souza Martins)

O IMAGINÁRIO DA ASCENSÃO SOCIAL PELO TRABALHO 269

Semeadura do trigo.

Colheita

Despedida.

A viagem.

O IMAGINÁRIO DA ASCENSÃO SOCIAL PELO TRABALHO 273

Primeiro trabalho no Brasil: jornaleiro.

Último trabalho: cerealista na rua Santa Rosa.

A morte do burguês mítico

O falecimento do conde Francisco Matarazzo Júnior (conde Chiquinho), no domingo, dia 27 de março de 1977, em seu palacete da avenida Paulista (em São Paulo), última residência burguesa de uma via pública tomada hoje por altos edifícios de escritórios dos grandes grupos econômicos, põe a pá de cal sobre o mito da ascensão pelo trabalho.

O falecido conde chegou ao topo do império econômico fundado por seu pai, imigrante italiano chegado ao Brasil em 1881, quando do falecimento deste último em 1937. Ele, na verdade, não nasceu predestinado à posição que finalmente veio a ocupar. Seu pai tinha uma concepção nada burguesa sobre a empresa capitalista. Em consequência, até o fim da vida dirigiu os seus negócios de forma autoritária e pessoal, o que o levava a visitar as suas fábricas diariamente, com o objetivo de controlar as decisões dos seus auxiliares, especialmente os gerentes e administradores. Por isso mesmo, até o fim da vida não abriu mão do seu poder de controle do império econômico. Somente em 1934, aos 80 anos, é que decidiu transferir parcela das responsabilidades ao filho que escolhera, na sua prole, para substituí-lo. O escolhido foi o conde Chiquinho que, durante os últimos quarenta anos, dividiu-se entre preservar o estilo empresarial anacrônico do pai (na verdade, um estilo de pequena empresa) e, em consequência, levar o império econômico ao desastre, e admitir uma diminuição no seu poder pessoal em favor de uma gerência compartilhada e moderna.

O conde Chiquinho, porém, chegou à direção dos negócios de seu pai em consequência de um acidente. O predestinado à sucessão era seu irmão Ermelino, que viria a falecer num desastre automobilístico na Itália, nos anos 1920. Ermelino estava muito mais próximo do velho conde, porque imigrara da Itália com o pai, acompanhara-o nos primeiros anos de construção do império econômico. Já o conde Chiquinho nascera quando seu pai havia se transformado num grande empresário, já residente no palacete que mandara erguer na avenida Paulista, local que a burguesia de então escolhera para construir o seu bairro residencial, depois de saturado o espaço do pretensioso bairro dos Campos Elíseos. O conde Chiquinho veio à luz no ambiente das pretensões aristocráticas de seu pai. De fato, o velho conde viveu sempre o tormento de uma divisão ideológica, que jamais conseguiu compreender, entre conceber-se como o burguês que conquistara a sua posição pelo trabalho árduo e pela privação constante ou conceber-se como o aristocrata, cujas origens nobres recuariam (segundo os seus corifeus intelectuais) até os remotos tempos de Carlos Magno; que se tornava cada vez mais rico porque esse era o resultado necessário da sua condição estamental.[1]

Nessa altura, já o velho conde estava empenhado não apenas em ficar cada vez mais rico, mas, também, em ficar cada vez mais nobre. No Brasil, na era dos coronéis do sertão, chegou a ser chamado de coronel. Mas não era isso que ele queria. O seu universo de referência foi, até o fim da vida, a Itália, sua hierarquia social. Os sociólogos encamparam muitas afirmações de literatura teatral dos quatrocentões sobre as tentativas de ascensão social e de reconhecimento feitas por essa burguesia imigrante. Confundiram-se, porém, ao imaginar que a pretensão do reconhecimento estamental voltava-se para o casamento no interior das famílias dos antigos barões do café. Na verdade, isso não aconteceu na escala suposta. Em particular, entre os Matarazzo mais antigos isso não foi verdadeiro. O velho conde estava interessado, isso sim, em vincular seus filhos a antigas famílias italianas. E isso ele conseguiu.

Depois de ser "cavaliere ufficiale" (cav. uff.), título que adornou os nomes de muitos imigrantes do começo do século, mediante concessões do governo italiano, que assim agia para preservar a lealdade dos seus súditos ricos, cujas remessas em dinheiro constituíam importante fonte de receita, Matarazzo finalmente tornou-se conde. Em reconhecimento pelo muito dinheiro com que ajudou o governo de seu país no período da Primeira Guerra Mundial, o rei decidiu oferecer-lhe o título. Mas, o seu filho, o conde Chiquinho, só veio a ser conde em consequência de uma decisão de Mussolini, em 1926, que transformou o título originalmente concedido pelo rei, em caráter individual, num título hereditário.

Para isso muito contribuiu a adesão de Matarazzo ao fascismo. Do "Duce" ele recebeu várias gentilezas – além de recebê-lo em audiência privada por mais de uma vez, tinha-o na conta de um embaixador informal no Brasil. Por isso e pelos recursos que empregou na formação da juventude fascista italiana, o velho conde recebeu a Tessera d'Onore Fascista, além da Medaglia d'Oro di Benemerenza dell'Opera Nazionale Balila. Não por menos é que, quando da sua morte, em 1937, obedeceu-se ao pé do túmulo um elaborado ritual fascista.

Justamente as pretensões aristocráticas do pai, que têm muito a ver com o seu populismo fascista, fizeram do filho uma espécie de intocável de ouro – um homem afastado da realidade, das aspirações e do pensamento dos seus 22 mil operários, já para não dizer de toda a classe operária. Enquanto o velho conde viveu dividido entre o reconhecimento popular do burguês que se teria feito pelo trabalho sofrido, de um lado, e o reconhecimento elitista da sua nobreza de sangue, o filho viveu apenas a condição do aristocrata.

Com isso, sem o saber, personificou a decadência do mais importante mito de sustentação da exploração da classe operária. É essa morte que importa discutir nesta oportunidade: a deterioração histórica do mito da ascensão social pelo trabalho árduo e pela privação sistemática. Entre o conde real e o conde mítico, o mais importante é desvendar este último, isto é, desvendar os mecanismos ideológicos de sustentação da dominação de classe. Mesmo porque, sem a referência ao Matarazzo mítico é praticamente impossível entender o pensamento e a ação da classe operária em São Paulo, os freios conservadores à sua prática transformadora.

A proletarização das aspirações burguesas

Quando, no século XIX, ficou claro que a vigência do trabalho escravo estava chegando ao fim, a burguesia agrária, em particular os fazendeiros de café, não se inquietou apenas com a necessidade urgente de substituição do trabalhador cativo pelo trabalhador livre. A sua principal inquietação foi com a forma que deveria assumir a preservação da dominação burguesa.[2] De fato, como mostrou Marx, na sua discussão sobre o processo de valorização do capital, o importante não é apenas a extração da mais-valia, mas, também, o mecanismo ideológico que faz com que o crescimento da riqueza seja concebido por empresários e trabalhadores como produto da própria riqueza. No regime do trabalho escravo, o trabalhador não precisava de outra justificativa para trabalhar além do cativeiro. A sujeição do cativo ao capital era principalmente física, através de instrumentos e procedimentos de violência física. A sujeição do trabalhador livre, ao contrário, é principalmente ideológica. No regime escravista, o problema de justificar ideologicamente a coerção física e a exploração que, por meio dela, se fazia, era rebatido para a desigualdade de origem de brancos e negros. É conhecido hoje o uso que então se fazia da história de Abel e Caim para justificar essa desigualdade: os brancos seriam filhos de Abel e os negros seriam filhos de Caim, razão porque estes últimos estavam condenados ao cativeiro – para purgar o crime original.[3]

O advento do trabalho livre, no entanto, separou a pessoa do trabalhador da sua capacidade de trabalho, da sua força de trabalho. Os mecanismos ideológicos que legitimavam a sujeição da pessoa e a desigualdade de que ela provinha perderam a sua eficácia. A sujeição da pessoa foi substituída pela sujeição do trabalho ao capital. Logo, o mito anterior da desigualdade de origem entre as pessoas já não servia para justificar e legitimar as novas relações, baseadas na compra e venda da força de trabalho. Através destas últimas instituía-se a igualdade formal entre o patrão e o operário. Como, então, sendo eles formalmente iguais, um ficava cada vez mais rico e o outro não? Essa é a indagação oculta que norteia todo o debate sobre a Abolição. Como fazer com que o novo trabalhador (isto é, o trabalhador produzido pela nova modalidade de sujeição do trabalho ao capital) aceitasse, sob o pretexto da igualdade jurídica, a realidade da desigualdade econômica?

O primeiro passo foi reconhecer abertamente aquilo que todo trabalhador livre sabe, ao menos por intuição: o trabalho é a fonte da riqueza. Mas esse reconhecimento não ajudava em nada na legitimação e justificação da exploração do trabalho. Esse reconhecimento, na verdade, abria caminho para que o trabalhador decidisse trabalhar para si, ocupando a ampla faixa de terras livres que o país então possuía. Para evitar que isso ocorresse, já em 1850, quando cessa quase completamente o tráfico negreiro (dificultando o abastecimento das fazendas com mão de obra escrava), a mesma elite fundiária obtém a aprovação da já mencionada Lei n. 601, conhecida como Lei de Terras, que impedia o acesso às terras devolutas por outro meio que não fosse a compra. A Lei de Terras garantiu a mobilização das instituições jurídicas e policiais na defesa da propriedade fundiária, garantindo, ao mesmo tempo, o caráter compulsório do trabalho, da venda da força de trabalho ao fazendeiro por parte dos trabalhadores que não dispusessem de outro meio de viver senão a sua capacidade de trabalhar.

Ora, a "riqueza" da época, para os desprovidos de meios, era principalmente a terra, neste país ainda carente de grandes capitais. A Lei de Terras consagrava aquilo que não existia plenamente: a terra como equivalente de capital, como renda territorial capitalizada. Ao mesmo tempo, torna-se explícito, enfatizado e socialmente reconhecido que o trabalho é o fundamento da riqueza, que o trabalho é a virtude essencial do trabalhador. Para se ter acesso à propriedade, isto é, à riqueza, é preciso trabalhar e poupar. Já nos discursos de Antonio da Silva Prado, o fazendeiro paulista que era ministro do Império quando do encaminhamento da questão abolicionista, essa ideia adquire os seus contornos definitivos para daí passar a fundamento da política trabalhista do Estado. Já dizia ele que o Brasil precisava de um trabalhador livre que fosse morigerado, sóbrio e laborioso. Ao que acrescentava outro fazendeiro paulista que o trabalhador com essas características podia ser mais facilmente encontrado entre os imigrantes italianos.[4]

O caminho da implantação do trabalho livre passou, pois, pela ideia de que era preciso trabalhar para enriquecer. Ao mesmo tempo, as circunstâncias históricas definiram esse percurso: o trabalhador não tinha como trabalhar para si, pois a terra era monopolizada conjuntamente pelos proprietários e pelo Estado. Por isso, ele precisava trabalhar para um terceiro, um fazendeiro, um patrão – aquele que estava necessitado de sua força de trabalho. A ideia-chave passava a ser esta: o fazendeiro precisava da força de trabalho do trabalhador para enriquecer e o trabalhador precisava do emprego do fazendeiro para ganhar o dinheiro que comprasse a terra que supostamente o enriqueceria. Esse enriquecimento do trabalhador resultaria, pois, não somente do esforço para ganhar, mas, também, do esforço para não gastar. A riqueza não frutificaria do trabalho que se acrescentava à riqueza já criada, à riqueza que sujeitava o trabalho, mas sim da ética que associava trabalho e privação. A vida penosa e sofrida resultante dessa sujeição, resultante da exploração do trabalhador, legitimava-se, pois, na concepção do trabalho como condição da riqueza própria.

Já se disse, equivocadamente, que essa ética constituía uma característica cultural e psicológica do trabalhador imigrante, uma espécie de privilégio cultural, da qual não seria partidário o trabalhador brasileiro.[5] Na verdade, entretanto, essa é a versão proletária da ética burguesa, produzida pela própria burguesia. Aliás, ela chocava com as aspirações de trabalho independente do trabalhador imigrante. A ética do trabalho tem sido a camisa de força mediante a qual o trabalhador é levado a ver a sua libertação (isto é, o trabalho independente, o trabalho não subjugado diretamente pelo capital) na perspectiva do patrão.

O que a burguesia fez, portanto, foi "democratizar", isto é, traduzir em termos congruentes com a preservação da legitimidade da exploração do trabalho, a sua própria necessidade: a necessidade da reprodução crescente e incessante do capital.

O aburguesamento das aspirações operárias

É aí que nasce o mito Matarazzo, o burguês mítico por excelência (pois houve em São Paulo outros capitalistas que contribuíram para a elaboração desse mito). De fato, desde o século XIX, estabelecidas as grandes correntes migratórias de trabalhadores livres para o Brasil, a elite agrária empenhou-se em buscar evidências de que o trabalho e a privação com ele combinada levavam, efetivamente, ao enriquecimento do trabalhador. Muita literatura de propaganda foi produzida, especialmente para divulgação na Europa, nos centros de recrutamento de trabalhadores, para apresentar casos, provas e indicações de que o enriquecimento pelo trabalho não era apenas uma aspiração, uma ideia, mas um fato comprovado no Brasil de então.

A gênese e a expansão da indústria na área cafeeira abriram uma possibilidade, mais ampla do que a agrícola, de comprovação da validade dessa concepção mítica do trabalho. O pequeno estabelecimento, mais artesanal do que industrial, operado por pessoas que estavam muito mais próximas da condição proletária do que da condição de capitalista, veio com muita frequência e durante muitos anos coroar as aspirações de ascensão e independência do trabalhador paulista. Aliás, a legislação trabalhista de Getúlio Vargas, instituindo a indenização por tempo de serviço para o trabalhador despedido sem justa causa, veio a acrescentar um reforço significativo a essa concepção do trabalho. Por esse meio, justamente no momento mais crítico da vida de um operário, que é o da dispensa do emprego, ele recebia um pecúlio que podia ser transformado em capital de um pequeno empreendimento comercial ou artesanal independente. Receber a indenização e ser "mandado embora" passou a ser o sonho de muitos operários. O momento crítico, que devia expressar as tensões das relações de classe, passou, ao contrário, a se constituir num momento de júbilo e de adesão.

Os muitos imigrantes que enriqueceram a partir do final do século XIX integraram-se na validação da ideia de que o trabalho e a privação enriquecem o trabalhador. Mas, um deles acabou sendo destacado como a prova absoluta de que a ideia era verdadeira. Foi o conde Francisco Matarazzo, o velho, o que viria a falecer em 1937. Um ingrediente fundamental para tanto foi a habilidade com que o velho conde tratou essa concepção. Sempre que se dirigia aos trabalhadores, enfatizava os dados da sua biografia que podiam ser tomados como indicação de que havia sido um imigrante pobre e sem recursos que enriquecera no Brasil graças ao trabalho árduo e à aspiração de independência. Quando, porém, dirigia-se à própria burguesia, procurava enfatizar os componentes da sua biografia que destacavam a sua origem fidalga, mais do que burguesa. Em decorrência, difundiu-se entre os trabalhadores, durante mais de meio século, a concepção de que Matarazzo havia sido um imigrante muito pobre que, após trabalhar sofridamente nas fazendas de café, como colono, tornara-se vendedor ambulante, vivendo de pão e banana. Com isso conseguira guardar dinheiro, montar de início uma pequena fábrica de banha e, depois, outras indústrias, para finalmente tornar-se milionário, dono de muitas empresas, patrão de milhares de operários (em 1929, ele seria objeto de uma gigantesca demonstração de apreço por parte de 20 mil trabalhadores nas ruas de São Paulo). Numa pesquisa, de 1974, em vários bairros da cidade de São Paulo, tive oportunidade de comprovar a amplitude desse mito, compartilhado até mesmo por trabalhadores oriundos de remotas regiões do Nordeste, que já o conheciam antes de migrarem.

A industrialização brasileira encontrou no mito do burguês enriquecido pelo trabalho e pela vida penosa um ingrediente vital. Ao contrário da burguesia agrária, que tivera que enfrentar o problema da produção e elaboração da ideologia de transição do trabalho escravo para o trabalho livre, a burguesia industrial já encontrou prontas a justificativa e a legitimação da exploração do trabalhador, ainda que com base numa concepção pré-capitalista de trabalho independente.

Foi a partir daí que a dominação burguesa se apresentou como legítima para o operário. O enriquecimento do burguês foi entendido como resultado do seu próprio trabalho, das suas privações e sofrimentos, e não como o produto da exploração do trabalhador. A dominação e a exploração do capital passaram a ser concebidas como legítimas porque a riqueza não seria fruto do trabalho proletário, mas sim do trabalho do empresário. Enfim, o trabalho que cria o capital não seria o trabalho expropriado, e sim o trabalho próprio. Em consequência, o emprego oferecido pelo patrão passou a ser visto como a dádiva do capitalista, a oportunidade do trabalho, isto é, o acesso ao trabalho redentor – o trabalho que, ao enriquecer, liberta. O paternalismo e o populismo de empresa estão diretamente fundados nessa concepção do trabalho. O velho conde, ainda que intimamente dividido quanto à ideologia do trabalho, cultivou amplamente esse paternalismo (inclusive por sua adesão ao fascismo) para validar, também ele enquanto patrão, o componente ideológico que revestia de legitimidade a exploração do trabalhador.

A vida do burguês é a morte do mito

Os últimos quarenta anos de vida do conde Chiquinho foram os quarenta anos de morte do mito Matarazzo. Nesses anos todos, conforme revelou a pesquisa que mencionei, os operários descobriram que, ao contrário do que supunham os seus companheiros da primeira metade do século XX, o trabalho do operário não enriquece o próprio operário. A deterioração do mito burguês foi facilitada pela constatação de que o conde rico não era a consequência do seu próprio trabalho.

O burguês mítico deixou de ter contrapartidas reais, pessoas vivas comprovando a sua procedência, ao contrário do que ocorria no tempo do velho conde, que expunha aos trabalhadores uma autobiografia pontilhada de sacrifícios e mistérios, mediante a qual identificava o destino dos operários com o seu próprio. O burguês mítico expressa operacionalmente a ideologia de reprodução do capitalismo na sua fase de expansão, de recriadas oportunidades para recrutamento de novos capitalistas pela classe dominante. A morte do burguês mítico ocorre com a emergência ampla do processo de concentração do capital. Foi uma longa agonia, marcada pelas vacilações da classe operária que se exprimiram numa consciência ambígua – consciência que procurou revestir de coerência o antagonismo entre o trabalho proletário criador e a concepção capitalista do trabalho.

* Uma versão ligeiramente diferente deste trabalho foi publicada no jornal *Movimento*, n. 92, 4 de abril de 1977, p. 11-14.

Notas

[1] Cf. José de Souza Martins, *Conde Matarazzo - O empresário e a empresa*, cit., cap. II.
[2] Cf. José de Souza Martins, *A imigração e a crise do Brasil agrário*, cit., esp. cap I.
[3] Cf. Florestan Fernandes, *A integração do negro na sociedade de classes*, cit.
[4] Cf. Paula Beiguelman, *A formação do povo no complexo cafeeiro*, cit.
[5] Cf. Leôncio Martins Rodrigues, *Conflito industrial e sindicalismo no Brasil*, São Paulo, Difusão Europeia do Livro, 1966, p. 108.

O autor

José de Souza Martins

É um dos mais importantes cientistas sociais do Brasil. Professor titular de Sociologia da Faculdade de Filosofia, Letras e Ciências Humanas da Universidade de São Paulo (FFLCH-USP), foi eleito *fellow* de Trinity Hall e professor da Cátedra Simon Bolívar da Universidade de Cambridge (1993-1994). É mestre e doutor em Sociologia pela USP. Foi professor visitante na Universidade de Flórida (1983) e na Universidade de Lisboa (2000). Autor de diversos livros de destaque, ganhou o prêmio Jabuti de Ciências Humanas, em 1993 – com a obra *Subúrbio* – e em 1994 – com *A chegada do estranho*. Recebeu o prêmio Érico Vannucci Mendes do Conselho Nacional de Desenvolvimento Científico e Tecnológico (CNPq), em 1993, pelo conjunto de sua obra e o prêmio Florestan Fernandes da Sociedade Brasileira de Sociologia, em 2007. Em 2008, lançou *A aparição do demônio na fábrica*. Pela Contexto, publicou os livros *A sociabilidade do homem simples*, *Sociologia da fotografia e da imagem* e *Fronteira*.

LEIA TAMBÉM

50 GRANDES SOCIÓLOGOS CONTEMPORÂNEOS
John Scott

A compreensão da cultura, da estrutura social, da socialização, da ação, do conflito e da mudança passou por significativos debates e importantes elaborações teóricas no último século. Questões como gênero e raça ganharam muito espaço entre os pensadores contemporâneos.

Organizado de maneira objetiva e fácil de consultar, este livro traz como diferencial o perfil e a análise dos principais pensadores de dentro e de fora do campo da Sociologia à luz do século xxi, como Michel Foucault, Jürgen Habermas, Claude Lévi-Strauss, Norbert Elias, Melanie Klein, Roland Barthes e Edward Said.

Dando continuidade e incluindo referências cruzadas ao livro 50 sociólogos fundamentais - também publicado pela Editora Contexto -, esta obra é essencial para sociólogos, historiadores, antropólogos, psicólogos e todos os interessados nas ciências da sociedade.

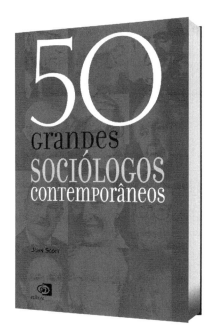

50 SOCIÓLOGOS FUNDAMENTAIS
John Scott

A Sociologia - ciência nascida no século XIX como resposta aos desafios da modernidade - procura compreender e explicar as estruturas da sociedade. Elaborado de forma didática, este livro trata da vida, obra, idéias e impacto de alguns dos mais importantes sociólogos da nossa história, como Auguste Comte, Émile Durkheim, Karl Marx, Theodor Adorno, Max Weber e Frédéric Le Play. A obra conta ainda com uma rica indicação de livros e artigos, estimulando e facilitando estudos mais aprofundados sobre o assunto. 50 sociólogos fundamentais é um guia abrangente e indispensável para sociólogos, historiadores, psicólogos, administradores e demais interessados nas ciências da sociedade.

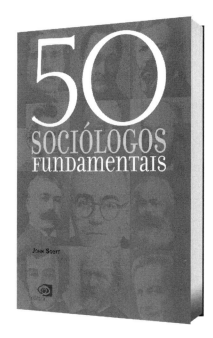

CADASTRE-SE
EM NOSSO SITE,
FIQUE POR DENTRO DAS NOVIDADES
E APROVEITE OS MELHORES DESCONTOS

LIVROS NAS ÁREAS DE:

História | Língua Portuguesa
Educação | Geografia | Comunicação
Relações Internacionais | Ciências Sociais
Formação de professor | Interesse geral

ou
editoracontexto.com.br/newscontexto

Siga a Contexto
nas Redes Sociais:
@editoracontexto